权威·前沿·原创

皮书系列为
"十二五""十三五""十四五"时期国家重点出版物出版专项规划项目

BLUE BOOK

智库成果出版与传播平台

河北蓝皮书
BLUE BOOK OF HEBEI

河北人才发展报告
（2025）

TALENT DEVELOPMENT REPORT
OF HEBEI (2025)

深化人才发展体制机制改革
Deepening the Reform of the Institutional Mechanism for Talent Development

主　编／吕新斌
执行主编／王建强
副主编／姜　兴　赵　萌

社会科学文献出版社
SOCIAL SCIENCES ACADEMIC PRESS (CHINA)

图书在版编目(CIP)数据

河北人才发展报告.2025：深化人才发展体制机制改革/吕新斌主编.--北京：社会科学文献出版社，2025.8.--（河北蓝皮书）.-- ISBN 978-7-5228-5521-9

Ⅰ.C964.2

中国国家版本馆CIP数据核字第2025H10W79号

河北蓝皮书
河北人才发展报告（2025）
——深化人才发展体制机制改革

主　　编／吕新斌
执行主编／王建强
副 主 编／姜　兴　赵　萌

出 版 人／冀祥德
组稿编辑／高振华
责任编辑／方　丽　张丽丽
文稿编辑／王雅琪
责任印制／岳　阳

出　　版／社会科学文献出版社·生态文明分社（010）59367143
　　　　　地址：北京市北三环中路甲29号院华龙大厦　邮编：100029
　　　　　网址：www.ssap.com.cn
发　　行／社会科学文献出版社（010）59367028
印　　装／天津千鹤文化传播有限公司

规　　格／开本：787mm×1092mm　1/16
　　　　　印张：15.75　字数：233千字
版　　次／2025年8月第1版　2025年8月第1次印刷
书　　号／ISBN 978-7-5228-5521-9
定　　价／128.00元

读者服务电话：4008918866

▲ 版权所有 翻印必究

《河北蓝皮书（2025）》编委会

主　任　吕新斌

副主任　彭建强　肖立峰　袁宝东　孟庆凯　吕雪松

委　员　（按姓氏笔画排序）
　　　　　王建强　边继云　李　靖　李会霞　李鉴修
　　　　　汪　洋　张　芸　张　波　陈　璐　樊雅丽

主编简介

吕新斌　河北省社会科学院党组书记、院长，中共河北省委讲师团主任，河北省社会科学界联合会第一副主席，中国李大钊研究会副会长。

吕新斌同志先后在原中国吴桥国际杂技艺术节组委会办公室、原河北省文化厅、河北省委宣传部、河北省社会科学院工作。在河北省委宣传部工作期间，先后在文艺处、城市宣传教育处、宣传处、办公室、研究室（舆情信息办）、理论处等多个处室工作，后任河北省委宣传部副部长、省文明办主任，2023年10月到河北省社会科学院履新任现职。

吕新斌同志长期从事和负责河北省意识形态、理论武装、哲学社科、宣传领域政策研究、文化艺术、舆情信息、精神文明建设等工作，参与组织全省性重大活动，多次参与河北省党代会等全省性重大会议报告和主要文件起草工作。在《人民日报》《光明日报》《学习时报》《中国社会科学报》《新华智库研究》《河北日报》等报刊发表多篇文章，参与编写或主编完成《战略机遇期的文化建设》《走向沿海强省》《文明让我们的城市更美好》等多部著作。担任中央马克思主义理论研究和建设工程重大项目和重点项目首席专家。参与完成《习近平新时代中国特色社会主义思想学习纲要》《习近平新时代中国特色社会主义思想三十讲》等多部重要读物编写任务，获中宣部办公厅致函表扬、省委主要领导同志高度肯定、省委宣传部通报表扬；曾获"全省政研系统先进个人""全国法制宣传教育先进个人"等称号。

摘 要

《河北人才发展报告（2025）》以贯彻落实党的二十大、二十届三中全会精神以及河北省委十届六次、七次全会要求为指引，聚焦为加快建设经济强省、美丽河北提供人才支撑这一目标，围绕人才发展体制机制改革等重点问题展开深入研究。报告由河北省社会科学院组织专家学者撰写，涵盖人才培养、评价、队伍建设以及劳动经济等多个领域。

在研究方法上，报告综合运用文献研究、数据分析、实地调研等手段，对河北人才工作的现状、问题及对策进行系统梳理与分析。研究结果显示，河北在后备人才培养、高层次人才队伍建设、人才投入、创新平台建设及科技成果产出等方面取得新进展，但也面临统筹推进教育科技人才体制机制一体改革、加快培养战略科技人才等新要求。报告据此提出统筹推进改革、打造一批战略科技人才、培育卓越工程师、下好京津冀人才一体化发展"一盘棋"等对策建议。

人才培养篇聚焦河北省新型人才及青年科技人才，分析其发展机遇与困境，提出有针对性的培养对策。人才评价篇围绕设区市科技人才聚集水平、青年群体就业创业问题、企业人才需求等开展评价研究，建立相关指标体系并提出建议。人才队伍建设篇通过分析养老服务人才队伍、企业家队伍、战略性新兴产业技能人才队伍建设情况，提出加强人才队伍建设的具体建议。劳动经济篇研究工时制度改革、新就业形态从业者权益保障、易地搬迁安置区人口融入新型城镇化等问题，总结现状并提出对策。年度热点篇围绕京津冀人才一体化协同发展路径、平台经济促进劳动就业、科技人才制度影响机

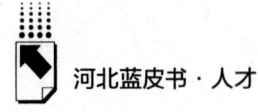

制等展开研究，指出河北在京津冀人才一体化中的发展思路，分析平台经济促进劳动就业的对策及科技人才制度对企业劳动生产率的影响。

报告强调，河北需紧密结合国家及省委战略要求，以改革创新为动力，以人才队伍建设为重点，以体制机制完善为保障，全面提升人才发展水平，为河北高质量发展提供坚实的人才支撑。

关键词： 人才培养　人才评价　人才队伍　人才一体化　河北

Abstract

Talent Development Report of Hebei (2025) is guided by the spirit of the 20th CPC National Congress and the 3rd Plenary Session of the 20th CPC Central Committee, as well as the requirements of the 6th and 7th Plenary Sessions of the 10th CPC Central Committee of Hebei Province, and focuses on the goal of providing talent support for the accelerated construction of an economically strong and beautiful Hebei, with in-depth research on the reform of the institutional mechanism for the development of talent and other key issues. The report is written by experts and scholars organized by Hebei Academy of Social Sciences, covering various fields such as talent cultivation, evaluation, team building and labor economy.

In terms of research methodology, the report comprehensively utilizes literature research, data analysis, field research and other means to systematically sort out and analyze the current situation, problems and countermeasures of talent work in Hebei. The research results show that Hebei has made new progress in the reserve talents cultivation, construction of high-level talents team, investment in talents, construction of innovation platforms and output of scientific and technological achievements, etc. However, it is also facing the new requirements of promoting the reform of the system and mechanism of education, science and technology talents in an integrated manner and accelerating the cultivation of strategic scientific and technological talents. Accordingly, the report puts forward eight countermeasures and suggestions, such as promoting reforms in an integrated manner, building a team of strategic scientific and technological talents, cultivating outstanding engineers, and promoting the integrated development of talents in Beijing-Tianjin-Hebei.

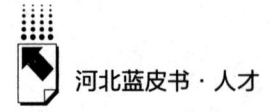

Chapter on talent cultivation focuses on new-type talents and young scientific and technological talents in Hebei Province, analyzes their development opportunities and difficulties, and puts forward targeted cultivation countermeasures. Chapter on talent evaluation focuses on the gathering level of scientific and technological talents in the cities of Hebei Province, the employment and entrepreneurship cognition of young people, and the talent demand of enterprises, etc. The report establishes a relevant index system and puts forward suggestions. Chapter on talent team building analyzes the construction of elderly care talent team, entrepreneurial team and strategic emerging industry skill talents team, and puts forward specific suggestions to strengthen the construction of talent team. Chapter on labor economy examines issues such as reform of working-hour system, protection of labor rights and interests for new employment practitioners, and integration of relocated populations into urbanization, summarizing the current situation and putting forward countermeasures. Chapter on annual hotspots focuses on the synergistic path of Beijing-Tianjin-Hebei talent integration, labor and employment in the platform economy, and the influence mechanism of scientific and technological talent system, pointing out Hebei's development ideas in Beijing-Tianjin-Hebei talent integration, analyzing countermeasures for platform economy to promote labor employment and the influence of the scientific and technological talent system on the labor productivity of enterprises.

The final conclusion of the report emphasizes that Hebei needs to closely integrate with the strategic requirements of the state and provincial committees, take reform and innovation as the driving force, focus on the construction of the talent team, and take the improvement of the system and mechanism as the guarantee to comprehensively improve the level of talent development, and provide solid talent support for the high-quality development of Hebei.

Keywords: Talent Cultivation; Talent Evaluation; Talent Team; Talent Integration; Hebei

目 录

Ⅰ 总报告

B.1 2024~2025年河北省人才发展报告 …………………… 王建强 / 001

Ⅱ 人才培养篇

B.2 河北省培养发展新质生产力的新型人才研究…………… 王彦君 / 020
B.3 河北省青年科技人才培养与创新能力提升路径研究
　　………………………………………… 鲍志伦　徐　健　郭卫东 / 034

Ⅲ 人才评价篇

B.4 河北省设区市科技人才聚集水平评价及提升对策研究
　　……………………………………………………… 张亚宁　索文莉 / 045
B.5 河北青年群体就业创业问题及对策研究…………………… 赵恒春 / 060
B.6 2024年石家庄市六类企业人才需求抽样调查分析报告
　　………………………………………………………………… 王丽锟 / 079

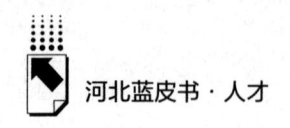

Ⅳ 人才队伍建设篇

B.7 老龄化背景下养老服务人才队伍建设研究
——以保定市为例 ………………………… 赵　萌　罗　坤 / 094
B.8 河北省企业家队伍四十年建设成效、问题与发展研究
　　　　…………………………………… 罗振洲　冯　鹤　张继军 / 109
B.9 新质生产力视域下河北省战略性新兴产业技能人才队伍
建设研究 ……………………………………………… 姜　兴 / 126

Ⅴ 劳动经济篇

B.10 劳动弹性化趋势下的制度回应：工时制度改革对地方行政审批的
传导机制研究 ……………………………… 苏建宁　邢明强 / 140
B.11 河北省新就业形态从业者权益保障研究
　　　　…………………………………… 陈剑峰　吴博帆　王晓峰 / 156
B.12 河北易地搬迁安置区人口融入新型城镇化的实践与优化路径
　　　　……………………………………………… 王建强　鲍志伦 / 169

Ⅵ 年度热点篇

B.13 京津冀人才一体化背景下河北协同发展路径研究 …… 周爱军 / 187
B.14 河北省平台经济促进劳动就业研究
　　　　…………………………………… 郝雅辉　杨卓异　邢明强 / 202
B.15 河北省科技人才制度对企业劳动生产率的影响机制研究
　　　　……………………………………………… 张　博　张玉涛 / 214

皮书数据库阅读使用指南

CONTENTS

I General Report

B.1 2024-2025 Hebei Talent Development Report　　*Wang Jianqiang* / 001

II Talent Cultivation

B.2 Research on Cultivating New-type Talents for Developing New
　　　Productive Forces in Hebei Province　　*Wang Yanjun* / 020
B.3 Research on the Path of Cultivating Young Scientific and Technological
　　　Talents and Enhancing Innovation Ability in Hebei Province
　　　　　　　　　　　Bao Zhilun, Xu Jian and Guo Weidong / 034

III Talent Evaluation

B.4 Research on the Evaluation of Aggregation Level of Scientific and
　　　Technological Talents and Countermeasures for Enhancement in
　　　Regional Cities in Hebei Province　　*Zhang Yaning, Suo Wenli* / 045

B.5　Research on Employment and Entrepreneurship Problems and Countermeasures of Hebei Youth Groups　*Zhao Hengchun* / 060

B.6　Analytical Report on Sampling Survey of Talent Demand of Six Types of Enterprises in Shijiazhuang City in 2024　*Wang Likun* / 079

Ⅳ　Talent Team Building

B.7　Research on the Construction of Elderly Service Talent Team in the Context of Aging
　　—A Case Study of Baoding City　*Zhao Meng, Luo Kun* / 094

B.8　Research on the Effectiveness, Problems and Development of Entrepreneurial Team in Hebei Province in the Past Forty Years
　　Luo Zhenzhou, Feng He and Zhang Jijun / 109

B.9　Research on the Construction of Skilled Personnel Team for Strategic Emerging Industries in Hebei Province Under the Perspective of New Quality Productivity　*Jiang Xing* / 126

Ⅴ　Labor Economy

B.10　Institutional Response to the Trend of Labor Flexibility: A Study on the Transmission Mechanism of Working Hour System Reform on Local Administrative Approval　*Su Jianning, Xing Mingqiang* / 140

B.11　Research on the Protection of Labor Rights and Interests of New Employment Patterns in Hebei Province
　　Chen Jianfeng, Wu Bofan and Wang Xiaofeng / 156

B.12　Practice and Optimization of the Integration of the Population in Relocation Areas of Hebei into the New Urbanization Path
　　Wang Jianqiang, Bao Zhilun / 169

VI Annual Hotspots

B.13 Research on the Path of Synergistic Development of Hebei in the Context of Beijing-Tianjin-Hebei Talent Integration *Zhou Aijun* / 187

B.14 Research on Promoting Labor Employment Through Platform Economy in Hebei Province

Hao Yahui, Yang Zhuoyi and Xing Mingqiang / 202

B.15 Research on the Influence Mechanism of Scientific and Technological Talent System on Labor Productivity of Enterprises in Hebei Province *Zhang Bo, Zhang Yutao* / 214

总报告

B.1 2024~2025年河北省人才发展报告

王建强*

摘　要： 2024年以来，河北省全面贯彻落实党的二十大、二十届三中全会精神，全省人才工作取得重要成效，后备人才数量不断增加、质量持续提升，高层次人才队伍稳步扩充，人才投入力度不断加大，人才创新平台及科技成果产出总体增加，各地人才政策和创新改革逐步深化，人才对经济社会发展的贡献更为突出，但仍面临统筹推进教育科技人才体制机制一体改革，加快培养战略科技人才，加强产业链、创新链与人才链融合发展等新形势新要求，需要在统筹推进教育科技人才体制机制一体改革、打造战略科技人才、培育卓越工程师、培养造就高技能人才、推进人才治理体系和治理能力现代化等方面持续发力，推动人才工作再创佳绩。

关键词： 人才工作　人才政策　体制机制改革　河北

---

* 王建强，河北省社会科学院人力资源与劳动经济研究所所长、研究员，主要研究方向为人才制度与人才开发。

党的二十届三中全会提出，教育、科技、人才是中国式现代化的基础性、战略性支撑。认真学习宣传贯彻党的二十届三中全会和省委十届六次、七次全会精神，奋力谱写中国式现代化建设河北篇章，必须坚持"人才是第一资源"的战略理念，必须深入实施科教兴国战略、人才强国战略、创新驱动发展战略，统筹推进教育科技人才体制机制一体改革，深入推进京津冀协同发展和高标准高质量建设雄安新区，大力实施人才强省战略，不断深化人才发展体制机制改革，推动河北人才工作再上新台阶。

一 新时代新征程河北人才工作新进展

2024年以来，河北坚持以习近平新时代中国特色社会主义思想为指导，全面贯彻落实党的二十大、二十届三中全会及中央经济工作会议精神，深入学习贯彻习近平总书记视察河北重要讲话精神，坚持把人才工作放在全省大局中的突出位置来抓，全省经济社会发展对人才发展的内生动力作用日益提升，各级党委、政府的人才战略意识不断增强，人才在经济社会发展战略全局中的地位、作用日益凸显。全省上下努力推进人才强省战略的实施，人才发展体制机制改革迈出新步伐，重点区域重点领域人才政策体系建设取得重要进展，各级党委、政府及其有关部门从实际出发，制定出台了一系列政策文件，推动全省人才工作迈上新台阶。

（一）后备人才数量不断增加、质量持续提升

《河北省2023年国民经济和社会发展统计公报》[①] 显示，2023年全省研究生教育招生3.0万人，比2022年增长4.4%；在校生有8.7万人，比2022年增长6.3%；毕业生有2.4万人，比2022年增长24.5%。全省共有普通高

---

① 《河北省2023年国民经济和社会发展统计公报》，河北省人民政府网，2024年3月1日，https://www.hebei.gov.cn/columns/3bbf017c-0e27-4cac-88c0-c5cac90ecd73/202403/06/c5cd8698-2ec9-40d5-9a4b-5f4128266b0d.html。

等学校128所，普通、职业本专科招生58.3万人，比2022年增长4.5%；在校生有184.0万人，比2022年增长3.7%；毕业生有50.9万人，比2022年增长4.2%（见表1）。中等职业学校在校生有89.2万人，普通高中在校生有182.6万人，总体呈增长趋势。

表1 2023年河北省普通、职业本专科及研究生教育情况

单位：万人

分类	招生数	在校生数	毕业生数
研究生	3.0	8.7	2.4
普通、职业本专科	58.3	184.0	50.9

资料来源：《河北省2023年国民经济和社会发展统计公报》。

（二）高层次人才队伍稳步扩充

2024年评选出河北新一批享受国务院政府特殊津贴人员共83人，其中高层次专业技术人才61人、高技能人才22人。2024年认定了51名全职引进的国家高层次创新型科技人才。

（三）人才投入力度不断加大

2023年，全国共投入研究与试验发展（R&D）经费33357.1亿元，比上年增加2574.2亿元，增长8.4%；R&D经费投入强度（与国内生产总值之比）为2.65%，比上年提高0.09个百分点[①]；按R&D人员全时工作量计算的人均经费为46.1万元。2023年，河北省共投入R&D经费912.1亿元，比上年增加63.2亿元，增长7.4%；R&D经费投入强度为2.08%，比上年提高0.08个百分点（见表2、图1、图2）。

---

① 《2023年全国科技经费投入统计公报》，中国政府网，2024年10月2日，https://www.gov.cn/lianbo/bumen/202410/content_6978191.htm。

表2　2019~2023年河北省R&D经费及投入强度

单位：亿元，%

指标	2019年	2020年	2021年	2022年	2023年
R&D经费	566.7	634.4	745.5	848.9	912.1
R&D经费投入强度	1.61	1.75	1.85	2.00	2.08

资料来源：2019~2023年《全国科技经费投入统计公报》。

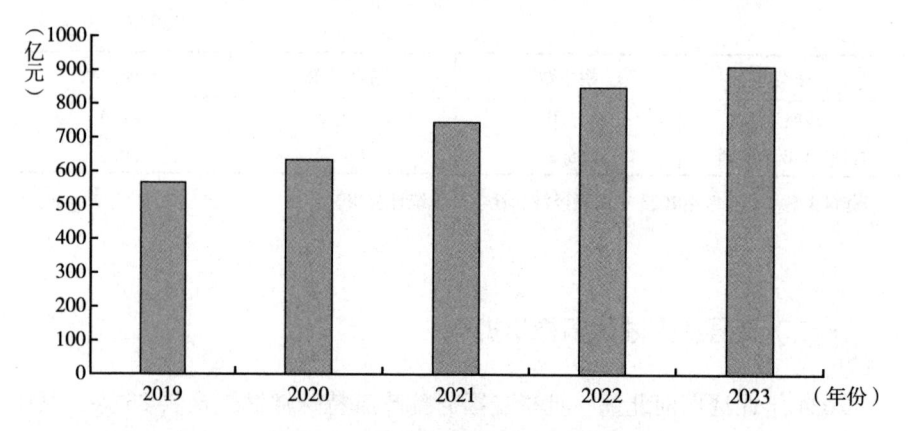

图1　2019~2023年河北R&D经费

资料来源：2019~2023年《全国科技经费投入统计公报》。

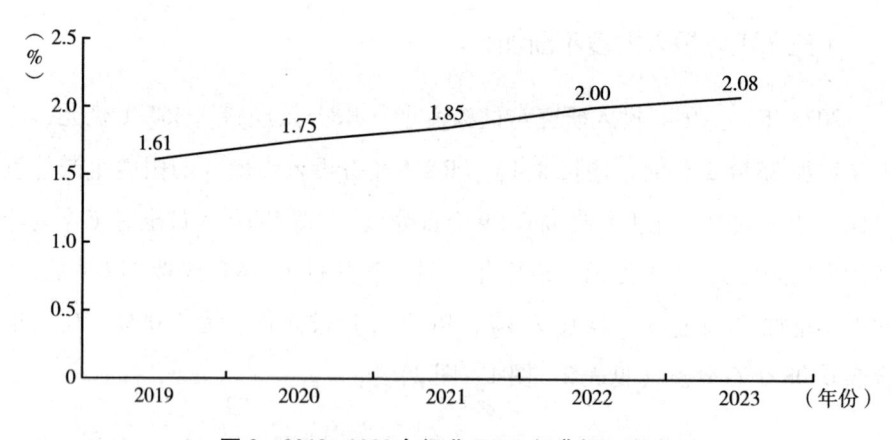

图2　2019~2023年河北R&D经费投入强度

资料来源：2019~2023年《全国科技经费投入统计公报》。

（四）人才创新平台及科技成果产出总体增加

《河北省2023年国民经济和社会发展统计公报》[①]显示，2023年全省省级及以上企业技术中心有887家，比上年增加76家；技术创新中心（工程技术研究中心）有1113家，比上年增加85家；重点实验室有367家，比上年增加33家；组织实施的国家和省高新技术产业化项目有574项，其中在建国家重大专项和示范工程项目有16项，与上年持平，新增国家高技术产业化示范项目2项；全年共签订技术合同22613项，比上年增加7367项，技术合同成交金额为1789.9亿元，比上年增加780.2亿元（见表3）。2023年，全省新增专利授权91976件，比上年减少20.24%。截至2023年底，全省有效发明专利有64618件，比上年增长24.39%。

表3　2022~2023年河北省人才创新平台及科技成果产出情况

年份	省级及以上企业技术中心（家）	技术创新中心(工程技术研究中心)（家）	重点实验室（家）	组织实施的国家和省高新技术产业化项目（项）	在建国家重大专项和示范工程项目（项）	全年共签订技术合同（项）	技术合同成交金额（亿元）
2022	811	1028	334	609	16	15246	1009.7
2023	887	1113	367	574	16	22613	1789.9

资料来源：《河北省2023年国民经济和社会发展统计公报》。

（五）各地人才政策和创新改革逐步深化

石家庄市作为省会，其人才政策一直引领全省。近年来，石家庄市人才工作坚持需求导向、以用为本，坚持对标先进、高端引领，持续实施"人才绿卡"制度，制定出台"15条人才新政"，从科研资助、平台建设、教

[①] 《河北省2023年国民经济和社会发展统计公报》，河北省人民政府网，2024年3月1日，https：//www.hebei.gov.cn/columns/3bbf017c-0e27-4cac-88c0-c5cac90ecd73/202403/06/c5cd8698-2ec9-40d5-9a4b-5f4128266b0d.html。

育医疗、住房保障等方面为人才创新创业提供全方位支持，吸引集聚河北清华发展研究院、河北工业大学创新研究院等一批高端平台，探索创新以编引才、以才引才、机构引才、赛事引才等多种方式，不断完善人才创业投资基金、天使投资基金、"人才贷"等人才金融支持体系，全方位引才、育才、惜才、用才，营造了"近者悦，远者来"的人才发展环境，在全省起到了很好的示范引领作用，连续3年获评"年度最佳引才城市"。

邢台市推进人才强市建设，始终把人才作为最宝贵的资源、最核心的竞争力，在"立体化、信息化、集成化"上持续做优人才服务，以人才口碑带动提升城市软实力，激活人才发展"一池春水"。2023年，邢台市全职引进国家级创新型人才5人，柔性引进院士15人，引进高层次人才492人，用人单位自主引才246人，各项数据均创历年新高。[①] 邢台市人力资源和社会保障局发布了《邢台市2024年主导产业、县域特色产业集群企业人才需求目录》（第二批），详细列出各企业所需的人才类型、数量及专业要求，涵盖172家企业2046个岗位。发布人才需求的包括邢台钢铁有限责任公司、邢台金沙河面业有限责任公司、华兴宠物食品有限公司等多家知名企业，人才需求涉及钢材制造、汽车贸易、新材料、互联网、医药、教育、航空、酒店餐饮等60余个行业，其中硕士及以上高层次人才需求56人，本科及以上人才需求508人，合计占人才需求总量的27.6%。专业要求较为宽泛，多个岗位不限制专业背景，薪酬待遇从月薪3000元到年薪40万元不等。高薪岗位主要集中在业务经理、生产部经理、质量部经理、销售部培训师、机械工程师、电气工程师、外贸业务员、销售专员、数控操作工等。[②]

廊坊市制定《廊坊市骨干人才项目选拔管理办法》，纳入"廊才工程"人才计划，每两年选拔40名优秀专业技术人才和10名高技能人才；印发

[①]《邢台推进人才强市建设 "三化联动"打造人才服务综合体》，邢台电视台网，2024年8月1日，https://www.xttv.com.cn/index/article/view/id/82622.html。

[②]《172家企业！2046个岗位！2024年第二批人才需求目录来了》，"邢台发布"微信公众号，2024年9月1日，https://mp.weixin.qq.com/s?__biz=MzA3MTk5MTcyMg==&mid=2653822648&idx=2&sn=603fd00059b47d545433b6d59b2a4a7c&chksm=85523d19c6a611ad6c7a8e6747fb2662659e052089185df69776d69fd64cbcefd78c94f6cf70&scene=27。

《廊坊市贯彻落实〈河北省技能强省行动合作协议推进工作方案〉的实施方案》，明确技能人才队伍建设的中长期目标和重点任务；举办"廊坊市春季、秋季公益网上人才交流会"和"京津冀协同暨通武廊招聘会"等系列活动，柔性引进人才1021人，其中高级职称419人、中级职称602人，同时引进博士27人、硕士255人，为全市高质量发展提供了有力的人才智力支撑。人才评价机制不断健全，制定《关于进一步做好民营企业职称工作的实施意见》，从畅通民营企业职称申报渠道、加大民营企业倾斜支持力度、完善民营企业职称评审工作、提高民营企业职称服务水平、加强民营企业职称评审监管5个方面提出19条措施，充分激发和释放民营企业专业技术人才创新创业活力。支持廊坊人力资源服务产业园、京津冀（河北三河）人力资源服务产业园与京津产业园协同共建，积极促进人才项目对接，为人才创新创业提供服务。截至2025年2月，廊坊市是全省唯一有两个省级人力资源服务产业园的设区市，其中京津冀（河北三河）人力资源服务产业园入驻机构42家，涵盖北京市机构20家、天津市机构4家，为京津冀三地1200余家企业提供以技能、服务、管理等为主的各类人才3800余人次，提供3200余个岗位，实现8200余人次就业。[①]

保定市大力实施人才强市战略和"智汇保定"聚才计划，出台了《关于建设新时代"人才保定"争创国家高水平人才平台的若干措施》（以下简称"保才十八条"），围绕大力引进高层次人才、科技创新人才、青年人才、技能人才等提出18条政策措施，涵盖人才"引、育、留、用"各环节以及服务保障、体制机制等方面，聚力打造招贤引才"强磁场"，实现城市与人才的"双向奔赴"。"保才十八条"针对不同的人才层次和人才类别分别提出相应的支持政策。对全职到保定市工作的国家级高层次人才，给予每人100万~500万元的科研经费补贴；对带技术、带项目、带资金到保定市创办科技型企业并实现产业化的创新型人才，最高给予100万元科技项目经费；对青年人才，给予相应的租房、购房补贴；对海外留学归国人才，优先

---

① 《我市多措并举构建人才发展新格局》，《廊坊日报》2025年2月24日。

推荐申报人力资源和社会保障部高层次留学人才回国资助项目，给予30万元经费支持。"保才十八条"力求以最大诚意、最大力度、最优政策增强对各类人才的吸引力。围绕吸引汇聚疏解单位人才，提出对承接的央企总部及其二级、三级子公司等疏解单位的各类人才，不受平台性质、个人档案限制，在子女教育、医疗、住房、薪酬、社保、医保、公积金等方面享受保定市同层次人才最高最优政策待遇。围绕吸引顶尖人才，提出实行人才政策"漫游制"，对引进的顶尖人才和团队，参照或高于国内城市招才引智最优政策执行。围绕建立引进高层次人才"周转编制池"，提出拿出1000个事业编制专门用于高层次人才引进，对市直满编超编事业单位引进的重点领域和关键技术岗位急需紧缺高层次人才，可使用周转编制按政策程序办理调动或招聘。与此同时，在探索建立新型研发机构方面，支持国内外高等院校、科研院所和创新创业团队与地方政府及各类功能区等合作共建新型研发机构，拥有充分自主权。在"人才飞地"建设方面，支持各类企业在北京、天津、上海等创新资源丰富的城市设立研发基地等平台，给予补贴资金，相关人才享受保定市人才奖补政策。发挥市场作用引才，在国内发达城市或欧美等海内外人才密集地区设立"引才工作站"，聘请"引才大使"，给予活动经费支持。在做好服务保障方面，全力为人才提供"古城老院落""保定小院""人才住房"3种形式的住房，满足不同层次人才的住房需求。同时，建立人才特事特办制度，对符合保定发展需要的特别优秀人才和优质项目，实行"一事一议"、特岗特薪、特事特办，支持政策"上不封顶"，吸引汇聚更多优秀人才助力保定发展。①

二 新时代新征程河北人才发展面临的新形势新要求

人才是第一资源，是引领经济社会创新发展的力量源泉，是实现民族振

---

① 《保定出台18条措施广迎四海英才》，保定市人民政府网，2024年2月28日，https://www.baoding.gov.cn/content-173-415818.html。

兴、赢得国际竞争主动的战略资源，是富国之本、兴邦大计。党中央、国务院历来高度重视人才工作，特别是党的十八大以来，以习近平同志为核心的党中央统筹中华民族伟大复兴战略全局和世界百年未有之大变局，全面深入实施人才强国战略，高瞻远瞩谋划人才事业布局，大刀阔斧改革创新，广开进贤之路、广聚天下英才，深刻回答了什么是人才强国、为什么建设人才强国、怎样建设人才强国的重大理论和实践问题。党中央做出"人才是实现民族振兴、赢得国际竞争主动的战略资源"的重大判断，对全方位培养、引进、使用人才做出重大战略部署，我国人才工作取得了历史性成就、发生了历史性变革：党对人才工作的领导全面加强，中央人才工作协调小组升格为中央人才工作领导小组；人才队伍快速壮大，全国人才资源总量由2012年的1.2亿人增长到2022年的2.2亿人以上，主要劳动年龄人口受高等教育比例由2010年的12.5%提高到2021年的24.9%，R&D人员全时当量由2012年的324.7万人年提高到2022年的635.4万人年；人才效能持续增强，人才在服务创新驱动发展、决胜全面建成小康社会、区域协调发展、乡村振兴等国家重大战略和重大工作中发挥了重大作用；人才比较优势稳步增强，各类高层次创新型科技人才数量超过4万人，我国创新指标在全球的排名已经从2012年的第34名跃升到2022年的第11名，我国顺利进入创新型国家行列。可见，我国的人才工作已站在了新的历史起点上。

从今后一个时期来看，党的二十大、二十届三中全会，中央人才工作会议及河北省委十届六次、七次全会的召开，为推进新时代人才强国战略擘画了新的蓝图、指明了新的方向，使河北人才工作面临新的形势，也对河北人才工作提出了新的更高要求。

（一）统筹推进教育科技人才体制机制一体改革

党的二十届三中全会提出要统筹推进教育科技人才体制机制一体改革，这是继党的二十大报告设"实施科教兴国战略，强化现代化建设人才支撑"专章，将教育、科技、人才确定为全面建设社会主义现代化国家的基础性、战略性支撑后从改革的角度提出的新要求，突出了三者在推进中国式现代化中的协同作用。教育科技人才体制机制一体改革是我国改革史上的里程碑，具有重要的现实意义和深远的战略考量。统筹推进教育科技人才体制机制一体改革，不仅是对现有教育体系和人才培养模式的一次深刻变革，更是适应新时代发展要求、激发创新活力、促进经济社会发展的战略举措。这一改革的核心在于打破传统体制机制的壁垒，优化资源配置，提高教育质量和科研效率，构建相互支持、相互促进的生态系统，为人才培养和科技创新提供更加广阔的平台。统筹推进教育科技人才体制机制一体改革，可以使教育资源更加集中于关键领域和关键环节，有助于提升教育质量，构建更加完善的教育体系，使教育内容更加贴近实际需求，不断增强学生适应经济社会发展需求的能力，培养更多高素质的人才。统筹推进教育科技人才体制机制一体改革，可以打破科研机构之间的壁垒，促进科研资源共享和科研成果交流，有助于营造更加开放的科研环境，激发科研人员的创新活力，不断推动科技成果产出和转化。从改革效果看，统筹推进教育科技人才体制机制一体改革还有助于吸引和留住高端人才，为人才提供更加广阔的发展空间和更加优越的发展环境，激发人才潜力，形成良好的创新氛围。在全球化竞争日益激烈的今天，统筹推进教育科技人才体制机制一体改革可以提升国家的人才竞争力和科技创新能力，从而提升国家的国际竞争力，以促进经济的持续增长，提高人民的生活水平，实现社会的和谐稳定，进而为国家的经济社会发展提供源源不断的动力。面对新的要求，河北省必须紧跟形势，加快统筹推进教育科技人才体制机制一体改革步伐。

（二）加快培养战略科技人才

治国理政，人才为本。2010年，我国出台《国家中长期人才发展规划纲要（2010—2020年）》，提出"服务发展、人才优先、以用为本、创新机制、高端引领、整体开发"的指导工作方针，提出要"培养造就一批善于治国理政的领导人才，一批经营管理水平高、市场开拓能力强的优秀企业家，一批世界水平的科学家、科技领军人才、工程师和高水平的哲学社会科学专家、文学家、艺术家、教育家，一大批技艺精湛的高技能人才，一大批社会主义新农村建设带头人，一大批职业化、专业化的高级社会工作人才，充分发挥高层次人才在经济社会发展和人才队伍建设中的引领作用"。党的十八大以来，习近平总书记在两院院士大会、全国科技大会及考察视察地方等不同场合对加强人才队伍建设做出重要指示，在2021年的中央人才工作会议上提出大力培养使用战略科学家，打造大批一流科技领军人才和创新团队，下大气力全方位培养、引进、用好人才。[①] 党的二十大报告提出，加快建设国家战略人才力量，努力培养造就更多大师、战略科学家、一流科技领军人才和创新团队、青年科技人才、卓越工程师、大国工匠、高技能人才。党的二十届三中全会强调，要深化教育综合改革，深化科技体制改革，深化人才发展体制机制改革。面对新的形势，河北省必须有的放矢，以重点人才队伍建设统领人才工作，加快形成区域人才竞争比较优势。

（三）加强产业链、创新链与人才链融合发展

加强产业链、创新链与人才链的融合发展，对于推动经济高质量发展具有深远的意义。在全球化和技术革新的浪潮中，这种融合发展不仅是提升国家竞争力的关键，也是实现可持续发展的必经之路。产业链是经济活动的物质基础，它连接着生产与市场，是财富的直接源泉；创新链则是产业链发展的驱动力，它通过不断的技术创新，推动产业转型升级，增强产业的核心竞争力；人才链则是连接产业链和创新链的纽带，为两者提供必要的智力支持和人力资源，是创新和产业发展的根本。

创新链与人才链的融合发展能够确保科技创新与人才培养紧密结合，使教育和培训更加贴近实际需求，提高人才的创新能力和实践技能。这种融合发展有助于构建一个动态循环的创新生态系统，使人才的创意和智慧被充分利用，同时使创新成果反哺教育和人才培养，形成良性互动，从而加速科技成果的转化应用，提高产业竞争力，促进经济结构优化升级，带来更大的经

---

① 《习近平出席中央人才工作会议并发表重要讲话》，中国政府网，2021年9月28日，https://www.gov.cn/xinwen/2021-09/28/content_5639868.htm。

济效益和社会效益。产业链与人才链的融合发展可以促进产业结构优化升级和产业竞争力提高，产业链的发展依赖人才的创新能力和专业技能，而人才链的构建可以满足产业链的需求。同时，人才链的构建需要以产业链的需求为导向，产业链为培养各类人才提供方向和实践载体，使人才培养更加精准，使教育和培训更加符合产业所需，产业链可以吸引大量人才，同时有助于激发人才的潜能，推动新产品的研发和产业发展。

产业链、创新链与人才链的融合发展是实现科技创新、产业转型升级和社会进步的必经之路，河北省必须适应当前形势，从政策、机制等多个层面进行深入探索和实践。

（四）推进人才治理体系和治理能力现代化

推进人才治理体系和治理能力现代化是适应新时代发展要求、提升国家竞争力的战略举措，核心在于激发人才的创新能力和发展潜力。通过改革人才培养、引进、评价、激励和流动等体制机制，构建科学规范、开放包容、运行高效的人才发展体系，吸引和留住优秀人才，促进人才成长、成果转化、科技进步和产业升级，不仅有利于人才的个人发展，也有利于社会整体创新能力和竞争力的提升。

推进人才治理体系和治理能力现代化是提高党的执政能力和有效履行党的执政使命的客观需要，不断加强党对人才工作的领导正是推进人才治理体系和治理能力现代化的具体体现。构建科学规范、开放包容、运行高效的人才发展体系，能够促进人才资源的合理配置和高效利用，在这一体系下，人才的培养、引进、评价、激励和流动等体制机制将更加完善，人才的创新能力和发展潜力将得到更加充分的发挥。在全球化竞争日益激烈的今天，国际人才流动日益频繁，各国对人才的争夺也日趋激烈，推进人才治理体系和治理能力现代化，可以不断提升国家的国际竞争力，赢得国际竞争主动，推动经济社会高质量发展。

推进人才治理体系和治理能力现代化还意味着要打破传统的人才管理体制，建立以市场为导向的人才配置和竞争机制，同时充分发挥政府在人才发展中的引导和服务作用。这就要求河北省必须适应新的形势，坚持党对人才工作的领导，发挥党管人才优势，同时充分发挥市场和社会的作用，形成党管人才和市场规律相结合的人才治理新模式。

三 加强新时代河北人才工作的对策建议

党的二十大报告提出以中国式现代化全面推进中华民族伟大复兴，党的二十届三中全会提出统筹推进教育科技人才体制机制一体改革，新时代新征程要想在新一轮竞争中奋力谱写中国式现代化建设河北篇章，必须将人才工作放在更加突出的位置，坚持人才引领驱动和产才融合并举，坚持"四个面向"，突出高端引领和急需紧缺导向，创新人才政策，对引才措施、推进机制、服务配套等环节进行总体部署，紧扣河北发展实际，统筹谋划和高位推动人才工作布局，构建以战略科学家人才为引领、以一流科技领军人才和创新团队为重点、以青年人才为支撑、以潜力人才为基础的人才发展"雁阵"格局，充分激发人才创新创造活力，营造良好的人才发展环境。

（一）统筹推进教育科技人才体制机制一体改革

充分发挥高校基础研究主力军、重大科技突破策源地作用，畅通教育、科技、人才的良性循环，为提升国家创新体系整体效能做出贡献。围绕构建科技创新策源地和人才培养主阵地，推动教育理念、体系、制度、评价、治理等的变革。鼓励高校、科研机构、企业结合自身特点和发展目标，进一步创新体制机制，大胆探索、不断突破，以改革激活力、增动力。

实现教育均衡发展，加大对河北省教育资源薄弱地区的投入力度，通过远程教育、教师轮岗交流等方式，确保城乡教育质量差距逐步缩小，建议在偏远农村地区建设智能教室，实现与城市优质学校课程教学同步，让农村学生也能享受高质量教育资源。

深化产教融合，结合河北省钢铁、医药、装备制造等优势产业，推动职业院校与企业深度合作，企业要为职业院校提供真实的生产环境和实践项目，职业院校要根据企业需求定制人才培养方案，为企业输送大量熟练技术工人。健全高校技术成果转移转化机制，推动高校和企业"双向奔赴"，促进高校科研成果高水平创造、高效率转化。聚焦提高人才自主培养水平和质量，优化高等教育布局，建立以科技发展、产业需求为牵引的学科调整机制和人才培养模式，支持河北省高校围绕京津冀协同发展不断优化学科布局，加强与京津高校的学科共建，不断提升学科建设水平。适度超前布局急需学科专业，实施"强基计划"和基础学科拔尖人才培养计划，持续推进卓越工程师教育培养改革，强化科技教育和人文教育协同，有的放矢培养国家战略人才和急需紧缺人才。

强化发展科技金融，支持企业创新，促进企业科技成果转化。在雄安新区、石家庄等地打造科技创新高地，大力加强国家级和省级高新技术产业开发区、科技企业孵化器等的建设，吸引国内外知名科研机构和企业集聚，形成创新集聚效应。充分利用河北省科技成果转化基金，引导金融机构加大对科技企业的信贷支持力度，降低科技企业研发和创新风险。鼓励企业通过资本市场融资，支持科技企业在科创板、新三板等上市融资，拓宽企业发展资金来源渠道。利用河北省科技成果转化服务联盟，加快科技成果的转移转化速度。

（二）重点打造一批战略科技人才

强化高校基础培养作用，紧密贴合河北省钢铁、医药、新能源等优势产业及战略性新兴产业需求，与企业共建实践教学基地，提升学生的理论与实践结合能力，为战略科技人才成长筑牢根基。优化企业自主培养体系，鼓励河北大型企业如河钢集团等设立专门研发机构、制订人才培养计划。给予科研人员充足资源与自主权，推动其参与重大科研项目。通过"传帮带"机制，让经验丰富的专家带领年轻人才在项目实践中积累经验、提升创新能力，培养契合企业战略发展方向与行业需求的科技人才。加强科研平台协同培养，充分利用雄安新区的创新高地优势以及省内各类高新技术产业开发区、实验室等平台，推动高校、企业、科研机构人才交流与合作，联合开展前沿技术攻关项目，整合各方人才资源，实现知识共享与技术互补，加速战略科技人才的成长与突破，为河北的创新发展提供强劲人才动力。

（三）大力培育卓越工程师

卓越工程师能够通过技术创新和管理创新提高生产效率、降低成本，从而提高社会生产力，他们已成为科技创新的主力军。大力培育卓越工程师，是今后河北省加强人才队伍建设的重点任务之一。深化产教融合，借鉴河北工业大学"工学并举"的办学理念，强化高校与企业的联合培养，实施工程人才培养综合改革，通过校企合作优化培养目标，调整培养标准，制订专业培养计划，提升工程教育师资队伍水平。实施多元培养模式，通过引入现代化手段和方式开展培训，举办数字技术技能竞赛、数字经济技术技能人才论坛等，以赛促学、以会促育。优化人才评价体系，破除"唯论文""唯学历"等评价导向，构建以创新价值、质量、实效、贡献为导向的工程技术人才绩效管理与评价体系，并建立与国际接轨的注册工程师资质认证制度。实施工程大师和卓越工程师培育与支持奖励计划，增强工程师战略人才力量及自主创新能力，不断拓展其职业发展通道。同时，支持事业单位科研人员按规定离岗创新创业或进入企业转型为卓越工程师，促进工程师与高校教师、科研人员双向流动。高校要以新工科建设和卓越工程师培养计划为引领，持续深化工程教育综合改革，有效提升工程人才自主培养质量，探索形成具有河北特色的卓越工程师培养体系。

（四）培养造就更多高技能人才

高技能人才以精湛的技能和丰富的经验实现生产技术创新和工艺改进，推动制造业转型升级。他们作为产业工人中的核心骨干和技术引领者，是现代化产业体系的"锻造器"，也是推进人才强国和创新驱动发展战略、建设制造强国的骨干力量。实施人才强省战略，必须培养造就更多高技能人才。

根据河北省主导产业和县域特色产业集群发展需求，适度超前部署战略性新兴产业相关专业，改造传统优势专业，撤销合并竞争力弱的专业，加强急需紧缺专业建设,通过专业建设直接培养大批实体经济发展所需的高技能人才。围绕国家重大战略、重大工程、重大项目、重点产业需求,特别是针对河北省的先进制造业、现代服务业、康养服务业等领域加大急需紧缺高技能人才培养力度。支持企业健全"新八级工"技能岗位等级制度,增设特级技师和首席技师技术职务(岗位),推进特级技师和首席技师评聘工作,打破学历、资历、年龄、比例等限制,直接认定高级工以上职业技能等级。引导企业建立健全基于岗位价值、能力素质和业绩贡献的技能人才薪酬分配制度,对在技术革新或技术攻关中做出突出贡献的高技能人才,企业要以奖金、股权等多种形式给予奖励。依托职业院校和企业,建设一批高技能人才培训基地、技能大师工作室,带动技能人才梯次发展,提升职业教育供给与经济社会发展需求的匹配度。推行终身职业技能培训制度,增加人才供给,加快技能强省建设速度。

(五)下好京津冀人才一体化发展"一盘棋"

深入推进京津冀区域人才协同创新体制机制建设,深化京津冀高端人才合作机制改革,增强大局意识,强化全局观念,努力将京津冀地区建成世界高端人才集聚区,推动京津冀协同发展持续迈向更高水平,在对接京津、服务京津中加快发展自身。

建立长效合作机制,定期召开京津冀人才一体化发展部际协调小组会议,审议重大议题,确保政策的连贯性和执行的一致性。实施重点人才项目,启动"联系京津冀"人才合作项目,通过"才知京津冀""才聚京津冀""才通京津冀"等子项目,加强人才交流与合作。优化人才服务体系,在教育、医疗、社保、文旅、养老等领域逐步实现共建共享,提高公共服务水平,促进人才跨区域合理流动。推动政策衔接,缩小政策落差,深化户籍制度改革,打破人才流动的制度性障碍,实现人才政策互通共融。构建统一人才市场,建立区域一体化治理机制,统筹谋划区域人才政策,促进人力资源服务业跨区域经营,制定一体化人力资源服务标准。加强产业人才布局,立足三地功能定位,围绕产业布局人才,实现人才协同共赢,推动人才与产业互促互融。

实施人才安居工程，对跨区域流动发展的高层次人才，通过新建、租赁等方式提供住房保障，并给予相关政策支持，解决人才住房问题。推进人才互联工程，依托京津冀高级专家数据库链接区域各类人才，逐步覆盖全球高端人才，构建区域人才信息互联系统。提供定制化人才服务，为共同认定的优秀人才发放京津冀人才卡，在创新创业、落户居留、住房保障、医疗保健、子女入学等方面提供定制化服务。加强京津冀区域内重点领域人才交流，鼓励京津高端人才通过柔性流动参与河北省重点领域项目开发、成果转化、知识创新、产业培育和管理咨询等，进一步推动河北省科技计划（项目）对外开放，支持京津高层次人才领衔或参与，全力推进京津冀人才一体化发展提质增效。

（六）加强重大平台载体建设

面向国家和省重大战略需求，主动布局高能级科技创新平台和新型研发机构，形成强大创新策源优势。大力支持企业与高校、科研院所共建院士专家工作站、重点实验室、企业技术中心等平台，并根据平台发挥的作用给予相应奖励或补助。紧密围绕国家区域发展总体战略和主体功能区规划、京津冀产业调整及河北省重点领域产业发展规划，改造提升传统产业、大力发展战略性新兴产业、布局未来产业，建设一批具有核心竞争力、彰显中国特色河北优势、产学研合作共享的重点领域示范基地和产业集群，提高对人才的吸引力。

采用"各市牵头、省市共建"方式，在钢铁、网络通信、新能源与智能电网等领域加快组建河北省实验室，提升科技创新源头供给能力。围绕主导产业关键核心技术实施重大攻关专项，打通技术与市场通道，加快建设河北省产业技术研究院。建设一批特色鲜明、要素集聚、成果富集的创新型园区，支持有条件的园区争创国家创新型产业集群、国家新型工业化产业示范基地。

依托京津冀国家技术创新中心（北京），加快建设河北京津冀国家技术创新中心和雄安京津冀国家技术创新中心，吸引全球创新力量集聚。支持建

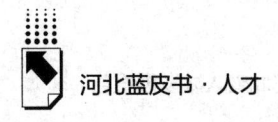

立研发机构、重点实验室、工程实验室、企业技术中心、工程（技术）研究中心、工业设计中心、院士工作站、博士后科研工作站、检验检测中心等创新平台，以平台建设吸引高端人才。

（七）推进人才治理体系和治理能力现代化

加强党对人才工作的领导，构建科学规范、开放包容、运行高效的人才发展体系。坚持党管人才，全面贯彻党的二十大、二十届三中全会精神和中央人才工作会议部署，落实省委十届六次、七次全会和省委人才工作会议要求，坚持创新引领和服务发展需要。强化组织领导，各级党委、政府要把人才工作列入重要议事日程，切实把第一资源作为第一要务来抓，构建党委统一领导，组织部门牵头抓总，有关部门各司其职、密切配合的人才工作新格局。建立人才工作目标责任制，研究制定具体的实施意见，探索建立以人才投入强度、人才数量素质、人才成果贡献为主要内容的综合评价指标体系，细化人才考核目标。将人才工作纳入各级领导班子和领导干部综合考核重要内容，严格落实党委（党组）书记人才工作第一责任人职责，形成科学的人才工作考核机制。

加强对人才的关心关爱，建立领导干部直接联系人才机制，实行专家决策咨询制度，发挥新型智库作用。健全高层次人才和特殊一线人才医疗保健制度，实行人才荣誉激励制度。理顺人才工作部门落实政策、提供服务的职责，压实用人单位引才聚才主体责任，形成上下联动的运行机制。

（八）优化人才发展环境

人才创新活力的形成既受内部因素影响，又受外部环境影响。做好人才工作，必须为人才发展营造良好的环境。

坚持"四个尊重"，大力弘扬科学家精神、企业家精神和工匠精神，大力宣传表彰优秀人才、团队，推动形成识才、爱才、敬才、用才的社会风尚。紧盯制约人才发展的突出问题，深化人才发展体制机制改革，加大人文关怀力度，强化服务意识，完善服务体系，拓展服务内容，建立完善服务人才的"绿色通道",建立省、市、县、产业四级人才服务联盟,优化服务模式,持续探索创新"揭榜挂帅"等新型项目组织管理方式,对能干事、干成事的人才在平台、荣誉和激励方面要多给予支持。积极营造鼓励创新、勇于创新、包容失败的工作环境,建立保障科研人员专心科研的制度,减少科研人员非科研工作。

在生活上关心爱护人才,妥善解决人才在住房置业、配偶安置、子女入学、医疗保健、出入境和居留暂住等方面面临的问题,消除各类人才的后顾之忧,使各类人才能够安心工作、潜心研究。鼓励用人单位为人才建立企业年金,支持高校、科研院所等建立养老信托基金,为人才提供高标准、全方位的保障。落实保障各级各类人才应享待遇和权利,提高人才的满意度和获得感,使良好的人才发展环境成为不断激励各类人才为加快建设经济强省、美丽河北做出重大贡献的活力源泉。

人才培养篇

B.2
河北省培养发展新质生产力的新型人才研究

王彦君[*]

摘　要： 新质生产力由技术革命性突破、生产要素创新性配置、产业深度转型升级而催生，以劳动者、劳动资料、劳动对象及其优化组合的跃升为基本内涵，培育和发展新质生产力需要大力推进科技创新、深化人才工作机制体制创新、培育新型人才。本报告从宏观、中观和微观三个层面深入剖析了新型人才对河北省高质量发展的重要性，以及河北省对新型人才的需求情况，发现当前河北省人才培养在教育理念、人才培养模式、人才培养环境三个方面与发展新质生产力需求脱节。基于此，本报告从树立服务新质生产力发展的人才培养理念、持续创新人才培养模式、全方位优化人才培养环境三个方面提出对策建议，以加快推进河北省培养发展新质生产力的新型人才，推动河北省经济社会高质量发展。

[*] 王彦君，河北省社会科学院人力资源与劳动经济研究所助理研究员，主要研究方向为人力资源管理。

关键词： 新质生产力　人才培养　河北

2023年1月，习近平总书记在中共中央政治局第十一次集体学习时深刻指出，新质生产力由技术革命性突破、生产要素创新性配置、产业深度转型升级而催生，以劳动者、劳动资料、劳动对象及其优化组合的跃升为基本内涵，以全要素生产率大幅提升为核心标志，特点是创新，关键在质优，本质是先进生产力。[①] 新质生产力不是"力"的简单增强，而是聚焦"质"的颠覆性变革，生产力水平已不再单纯依赖体力劳动程度，转而取决于智能化的脑力劳动水平及其创造的智能工具水平。富有创造性的脑力劳动者成为推动社会发展的主体，科技创新成果持续涌现，促使生产力要素发生系统性变革，进而孕育出新质生产力。

在发展新质生产力的过程中，新型人才扮演着至关重要的角色，是推动新质生产力形成的主体性力量。科技发展离不开高素质人才，要让科技从知识形态转化为生产工具，进而让劳动资料成为现实的物质生产力，必须依靠高素质劳动者。人才无疑是新质生产力形成的决定性因素，没有人力资本的跃升，新质生产力无从谈起。所以，唯有切实提高劳动者的素质和技能，精心培养与现代科技和社会生产力发展相适应、契合新质生产力发展需求的新型人才，才能有效提升新质生产力发展效能，为河北省高质量发展注入磅礴力量。

一　新型人才对河北省高质量发展的重要性

（一）宏观层面：新型人才是经济高质量发展的引擎

劳动力是推动经济发展的关键要素，随着现代科技飞速发展、新一轮产

[①]《习近平在中共中央政治局第十一次集体学习时强调：加快发展新质生产力　扎实推进高质量发展》，中国政府网，2024年2月1日，https://www.gov.cn/yaowen/liebiao/202402/content_6929446.htm。

业革命深度演进，人力资本高级化已成为经济高质量发展的重要动力，具备高端知识、创新能力和专业技能的新型人才正成为推动产业升级和经济发展的核心力量。河北省正处于经济转型的关键时期，经济结构亟待优化，传统产业亟须升级，新兴产业有待培育壮大。同时，河北省拥有规模庞大的人力资源，若能通过科学合理的培养方式优化人才激励机制，着力培养适应发展新质生产力需求的新型人才，将人口红利转变为人才红利，无疑将为河北省实现高质量发展提供坚实保障，并助力河北省在全国经济格局中实现跨越发展。

（二）中观层面：新型人才是高质量教育体系建设的关键支撑

建设高质量教育体系是河北省教育改革的重要任务，新质生产力对人才的新要求为河北省教育改革描绘了蓝图。尽管河北省教育不断进步，但教育体系仍存在不足，制约着教育质量的提升，凸显了教育改革的紧迫性。

发展新质生产力离不开高技能、高素质的人才，而教育是培育这些人才的基础。河北省在一般性人才培养上有一定的经验，但在新型人才培养方面尚处于探索阶段。新质生产力对劳动者的综合素质提出了更高要求，要求劳动者既要有科技创新思维，又要具备专业技能和高素质。

新型人才培养在河北省教育改革和高质量教育体系建设中的关键作用愈加凸显。培养发展新质生产力的新型人才是补齐当前教育体系短板的一项有力举措，能够有效提升河北省的人才优势，助力河北省在全国乃至全球的人才竞争中占据更加有利的地位，进而增强国际竞争力。同时，这对于高效推进新质生产力培育以及实现高质量发展都具有极其重要的现实意义。

（三）微观层面：新型人才是人才培养模式转变的引领旗帜

人才队伍壮大和专业化水平提升不是一蹴而就的，而是一个内涵不断深化、结构持续优化的动态过程。在这一过程中，人才队伍在知识储备、技能水平、思维模式等方面逐步实现质的飞跃，进而促使生产力加速迭代跃升，形成新质生产力。在微观层面，培养发展新质生产力的新型人才需要聚焦个体发展，以全方位提升劳动者个体的能力和素质为目标，不再局限于传统的整齐划一的培养模式，而是深入挖掘个体的特长、潜能与优势，注重多元化、个性化，使培养模式更加科学合理。河北省积极探索新型人才培养体系无疑是一项具有前瞻性的举措。为劳动者营造良好的成长环境，推动他们掌握高水平技能、实现高素质发展，能够为河北省经济高质量发展提供坚实的人才基础，推动河北省在新时代实现跨越发展。

二　河北省对新型人才的需求情况

在经济飞速发展与产业加速转型升级的大背景下，新型人才对于河北省的重要性愈加显著。从产业发展现状来看，河北省急需大量具备创新能力、跨学科知识以及数字化技能的新型人才。当前，河北省积极推动民营经济发展，民营经济在全省经济体系中占据重要地位。2024年，全省民营经济保持平稳增长，实现增加值31249.6亿元，按不变价格计算，同比增长5.4%，与全省地区生产总值（GDP）增速持平；占全省GDP的比重为65.8%，与2023年持平；对全省经济增长的贡献率为67.3%，拉动全省GDP增长3.6个百分点，成为支撑经济增长的主要力量。[1] 同时，河北省大力发展先进钢铁、高端装备、绿色化工、健康食品、现代轻纺、新材料、新一代信息技术、生物医药、新能源九大主导产业。2024年，九大主导产业中高端装备、新一代信息技术、绿色化工、新材料产业增加值增长较快，累计拉动全省GDP增长4.5个百分点。[2] 这些产业以强劲的发展态势成为推动河北省经济增长的关键力量，在稳经济、促转型、增就业等方面发挥了重要作用，为河北省产业结构优化升级与经济高质量发展做出了显著的贡献。而这些产业的高质量发展，都离不开新型人才的有力支撑。

在数字经济领域，河北省展现了对新型人才的强烈需求。2024年3月，

---

[1]　资料来源：河北省统计局。
[2]　资料来源：河北省工业和信息化厅2024年上半年全省工业经济发展情况新闻发布会。

河北省人力资源和社会保障厅、河北省数据和政务服务局在成都市电子科技大学举办了2024年"冀才高校行"全国巡回引才首场活动——数字人才专场，高校、驻冀央企、上市公司、雄安新区企业等重点用人主体参加活动，发布本硕博人才需求1568人，其中数字人才需求1100余人，占比达70%，主要涉及人工智能、计算机、大数据、软件工程、电子信息、通信、网络空间安全等相关专业。河北省数字经济规模持续扩大，2024年达到1.2万亿元，同比增长12%。[1] 在数字经济蓬勃发展的态势下，掌握前沿技术的新型人才缺口不断扩大，相关部门预计，到2025年底，河北省数字经济领域新型人才的供需缺口将达到3万人以上。[2] 这充分说明，在数字经济领域，河北省对于掌握前沿技术的新型人才需求旺盛，以满足产业数字化和数字产业化需要。

从民营企业角度来看，《2024年河北省民营企业人才需求目录》通过对1235家民营企业6475个岗位28982条人才需求信息的全面调研发现，企业经理、计算机硬件工程技术人员、市场营销专业人员、国际商务专业人员、设备工程技术人员等143个关键岗位需求量较大。其中，计算机硬件工程技术人员等岗位与新型人才的范畴相契合，反映了民营企业在创新发展、拓展业务等方面对具备新技能和创新能力的新型人才的需求。调研显示，有超过60%的民营企业在未来3年内有扩大业务规模和开展创新项目的计划[3]，而这些计划的实施高度依赖新型人才的引进和培养。预计到2026年，河北省民营企业对新型人才的需求将增长30%以上。[4]

在工业主导产业方面，《2024年河北省工业主导产业人才需求目录》调研了556家用人单位2266个岗位6931条人才需求信息，结果显示铸造工程技术人员、轧制工程技术人员、水产养殖技术人员、食品工程技术人员、营养师等139个岗位需求突出。随着工业主导产业向高端化、智能化、绿色化

---

[1] 资料来源：《河北省数字经济发展报告（2024年）》。
[2] 资料来源：《河北省数字经济人才需求分析报告（2024—2025）》。
[3] 资料来源：《2024年河北省民营企业人才需求目录》调研数据。
[4] 资料来源：基于《2024年河北省民营企业人才需求目录》的预测分析。

发展，其对于能够运用新技术、新方法推动产业升级的新型人才的需求也在不断增长。例如，河北作为钢铁大省，2024年粗钢产量达到19985.76万吨，占全国总产量的19.88%。[①] 但随着钢铁产业竞争加剧和环保要求的提高，需要新型人才引入先进的生产技术和管理理念，提升产业的竞争力。据统计，河北省钢铁产业中掌握先进生产技术和管理理念的新型人才占比仅为8%[②]，远低于行业平均水平，预计2024~2027年该产业对新型人才的需求将增长50%以上[③]。

综上所述，河北省在数字经济、民营企业以及工业主导产业等多个领域对新型人才需求显著。随着产业持续升级和新经济模式不断涌现，河北省对新型人才的需求还将进一步增长，涉及的领域和专业也将更加多元化。

三 河北省培养新型人才面临的困境

（一）教育理念与发展新质生产力需求脱节

1. 人才培养方向与产业需求不匹配

新兴产业（如氢能、人工智能、空天信息等）对高端技术人才的需求迫切，但教育体系仍以传统学科为主导，前沿领域的专业设置尚未满足时代需求。例如，氢能产业需要跨学科复合型人才，但河北省高校在新能源技术、材料科学等领域的人才培养能力落后，导致企业需引进外籍专家或京津资源。职业教育的技能培训未能跟上产业智能化、绿色化转型的步伐。例如，钢铁产业缺乏既懂传统工艺又掌握人工智能技术的复合型人才，需通过企业自主培训或政策补贴弥补缺口。

2. 产学研协同机制不完善

高校科研成果转化率低，未能有效支撑产业创新。例如，本地高校虽在

---

① 资料来源：国家统计局。
② 资料来源：河北省钢铁行业协会调研统计。
③ 资料来源：《河北省钢铁产业人才发展规划（2024—2027）》。

理论研究上有所积累，但与企业共建的联合研发平台较少，导致关键技术攻关（如钢铁高端材料研发）仍依赖外部合作。企业反映，高校课程内容与产业实际应用场景脱节，如智能制造、工业互联网等领域的技术教学缺乏实践案例，学生难以快速适应企业需求。

3. 新兴学科建设滞后于产业布局

河北省重点发展的"六链五群"产业对卫星互联网、人工智能、新能源等前沿领域的人才需求迫切，但河北省高等教育体系仍以机械、冶金等传统工科为主导。以雄安新区为例，尽管规划建设空天信息与卫星互联网科技创新基地，并已吸引中国星网等60余家空天信息企业落户，但本地高校在卫星制造、北斗导航、商业航天等学科领域的科研实力薄弱，专业师资和实验室资源匮乏，不得不依赖清华大学、北京航空航天大学等京津高校的联合培养模式，甚至通过中国空天信息和卫星互联网创新联盟引入外部科研力量支撑技术攻关。这种"产业先行、教育滞后"的现象，导致河北省人才供给长期依赖外部，制约了产业链自主创新能力提升。

（二）人才培养模式创新性不足

1. 多学科交叉融合不足

传统人才培养模式下，学科壁垒仍然存在，跨学科人才培养机制不完善，难以培养出具有跨界思维和创新能力的复合型人才，不利于满足多学科交叉融合的技术创新和产业发展需求。河北省高校学科设置呈现明显的"条块分割"特征，跨学科协同机制尚未有效建立。全省仅有河北工业大学、燕山大学等5所高校开设交叉学科研究中心，且研究方向多聚焦传统工科领域，对人工智能、生命科学、量子信息与能源技术等关键交叉领域的探索不足。以新能源产业为例，新能源产业的快速发展使其对具备材料科学、电力电子、储能技术等多学科知识的复合型人才需求大增，但传统人才培养体系未能有效整合相关知识，导致学生知识结构单一，难以满足产业发展需求。从课程体系看，多数院校仍沿用单一学科知识传授模式，跨学科课程占比不足10%。例如，河北科技大学能源与动力工程专业的课程体系中，传统热力学、流体力学等课程占比达70%，而氢能技术、电池管理系统等新兴交叉领域课程仅占12%，且缺乏系统性跨学科实践项目。此外，教师队伍学科背景单一，全省高校中具备两个以上学科研究经历的教师不足8%，导致跨学科教学和科研难以有效开展，无法满足发展新质生产力对新型人才的需求。

2. 专业设置滞后

河北省部分高校和职业院校的专业设置未能紧跟产业发展步伐。随着人工智能、新能源、生物医药等新兴产业的快速崛起，市场对相关领域人才的需求急剧增长，但一些院校的专业更新速度缓慢，传统专业占比较高，新兴专业开设不足。以人工智能领域为例，截至2024年，全省仅有河北大学、河北师范大学等8所高校开设人工智能相关专业，且多侧重于理论教学，缺乏机器学习工程应用、智能系统开发等实践内容。相比之下，同期江苏省开设人工智能专业的高校有36所，获批的人工智能相关国家级一流本科课程有47门。

3. 实践教学薄弱

实践教学资源相对匮乏，学生参与科研项目和创新创业实践的机会有限，导致实践能力培养不足，培养出的人才在将理论知识转化为实际创新成果方面存在困难，难以适应新质生产力对人才能力的高要求。例如，在制造业领域，部分实践基地缺乏先进的智能制造设备，学生无法接触行业前沿技术。

（三）人才培养环境有待优化

1. 政策落实不到位

河北省虽然出台了一系列人才政策，旨在吸引、培养和留住各类人才，推动新质生产力发展，然而在实际执行过程中仍存在诸多问题。一方面，部分政策与发达地区相比缺乏竞争力，对高端人才和创新团队的吸引力有限。例如，在住房补贴、子女教育、配偶就业等方面的条件不够优厚，难以消除人才的后顾之忧。另一方面，政策在落实过程中存在各种障碍，一些针对科创人才的刚性限制仍然存在,"看不见的硬约束"远强于"写在纸上的软激励"。烦琐的审批流程、复杂的申报手续以及部门之间的协调不畅,导致人才政策难以有效落地,严重削弱了科创人才的活力和积极性。

2. 政策协同机制尚未贯通

河北省教育政策、产业政策与人才战略存在断层。例如,《雄安新区机器人产业创新发展三年行动计划（2024—2026年）》提出培育100家产业链企业,但机器人工程、智能感知技术等学科尚未纳入高校"双一流"学科支持范围;制造业推行的首席质量官制度也因高校质量管理课程体系更新滞后难以落地,人才培养标准与企业实践要求存在差距。此外,县域引才政策过度依赖短期合作项目,缺乏像保定市"科技小院"那样的产教融合长效平台,难以形成稳定的人才"造血"机制。

3. 资金投入不足

充足的资金投入是人才培养和科技创新的重要保障。在新质生产力的发展过程中,无论是基础研究、应用研究还是技术开发,都需要大量的资金支持,但是河北省对基础研究和前沿领域的投入相对较少,使高校、科研机构等在新质生产力相关领域中的研究和人才培养能力受到限制。在投入强度方面,2023年,河北省研究与试验发展（R&D）经费投入强度为2.08%[1],同年全国平均水平为2.65%[2],北京、上海等科技创新前沿城市投入强度更大。在基础研究方面,2023年,河北省用于基础研究的经费为26.0亿元,占全省R&D经费的比重为2.80%,与全国平均水平（6.77%）存在差距。[3]另外,从前沿领域项目看,以2023年河北省科学技术厅发布的"新一代电子信息和新能源领域拟立项重点研发计划项目"为例,人工智能领域只有智慧互通（AICT）公司申报的"城市路侧场景高位感知关键技术和示范应用"项目入选。同时,资金不足限制了创新创业项目的开展,使许多有潜力的创新成果难以转化为实际生产力,影响了人才的发展空间和创业热情。

---

① 资料来源:河北省统计局。
② 资料来源:《2023年全国科技经费投入统计公报》。
③ 资料来源:河北省统计局。

四　河北省培养新型人才的对策建议

当前，河北省进入新发展阶段，区域经济高质量转型的需求更为迫切，培育和发展新质生产力成为时代重任。新质生产力的发展对人才高质量发展提出了新要求，河北省需要按照新质生产力的发展要求，畅通教育、科技、人才的良性循环，在人才培养理念、内容、方法和模式上进行根本性变革，面向新技术、新产业、新业态的需求，加快培养具有独立思考能力和强大学习能力的复合型、创新型技术技能人才，着力提升人才与经济社会发展的匹配度，助力人才队伍实现"量质双升"，为新质生产力的蓬勃发展提供坚实的人才支撑。

（一）树立服务新质生产力发展的人才培养理念

一是牢固树立高等教育和职业教育服务新质生产力发展的理念。新质生产力作为一种全新的生产力形态，其核心驱动力是创新，关键支撑要素是人才。职业教育和高等教育不能再局限于传统的人才培养模式，必须深刻洞察新质生产力的内涵与外延。一方面，要敏锐捕捉战略性新兴产业和未来产业的发展动态，精准把握行业发展趋势，动态调整学科布局。建立"六链五群"产业人才需求预警系统，推动高校增设氢能技术、空天信息、卫星互联网等前沿学科。例如，依托雄安新区空天信息产业集聚优势，支持河北科技大学、燕山大学等高校与龙头企业（如中国星网、河北新合芯电子科技）共建产业学院，定向培养卫星制造、北斗导航等领域的复合型人才。针对氢能产业，可借鉴唐山的经验，在职业院校开设氢能材料与工程专业，强化材料科学、化工工艺与数字化技术的交叉融合。另一方面，要打破以往只注重技能训练、理论学习的狭隘观念，把培养学生的创新思维、批判性思维以及终身学习能力放在突出位置，培养不仅能适应现有工作，更能引领未来产业变革的高素质人才。

二是强化"产学研用"全链条协同创新。一方面，搭建校企联合研发平台，支持燕山大学等本地高校与钢铁、机器人企业共建联合实验室，聚焦高端材料研发、智能制造等"卡脖子"技术攻关。例如，可参考雄安新区中国空天信息和卫星互联网创新联盟模式，由政府牵头成立跨行业协同创新联盟，促进高校科研成果转化。推广沧州北斗数据中心与鑫翰种植专业合作社的合作经验，将企业真实场景（如智慧农业、港口管理）嵌入高校课程设计，开发"北斗+行业应用"实践案例库。另一方面，优化科技成果转化机制，设立省级科技成果转化基金，对校企合作项目（如卫星通信组件研发）给予研发补贴，并简化知识产权共享流程。借鉴雄安新区空天信息产业支持政策，对高校联合企业落地的中试基地给予最高1000万元的设备购置补助，加速技术产业化。

三是加速新兴学科与产业布局的同步发展。一方面，集中资源补齐学科短板，针对空天信息产业，建议雄安新区将空天信息企业税收优惠按比例定向用于本地高校实验室建设，并引入京津高校（如北京航空航天大学）师资团队，联合培养卫星通信、商业航天领域研究生。推动河北经贸大学、河北科技大学等高校增设人工智能与先进制造交叉学科，整合算力资源（如张家口中明算力中心）开发人工智能算法与工业场景相结合的课程。另一方面，构建县域产教融合生态，在特色产业集聚区试点"一县一技工学校"模式，由地方政府、企业与职业院校共同投资建设实训中心，聚焦本地化技能培训。例如，定州市氢能产业可通过"燃料电池汽车示范应用"项目，联合职业院校开设氢能运维技术短期认证课程。构建"周末专家河北行"长效化机制，建立京津专家与县域企业的技术对接平台，形成"柔性引才+在地培养"双轨制。

（二）持续创新人才培养模式

一是强化跨学科融合机制，构建复合型人才培养体系。一方面，搭建新型人才培养协同发展平台，加速教育资源与产业需求无缝对接。整合区域内高校、科研院所、高新技术企业以及专业人才服务机构等多元力量，打造全方位、多层次的新型人才培养协同发展平台。在平台建设中，专门设置跨学科融合板块，组织开展跨学科的创新创业大赛、学术交流活动等，为不同学科的人才提供交流合作的机会。借鉴河北工业大学等高校的交叉学科建设经验，加快交叉学科研究中心建设，重点布局人工智能与生命科学、量子信息与能源技术等新质生产力关键领域。例如，支持燕山大学、河北工业大学等高校联合龙头企业（如中国星网）成立空天信息与智能制造交叉研究院，整合机械、材料、计算机等多学科资源，培养卫星通信与智能制造复合型人才。另一方面，鼓励高校与企业共建跨学科的人才培养基地、创新创业孵化中心等创新平台，在项目合作中，引导具有不同学科背景的人员共同参与，促进知识的融合与创新。实现创新人才联合培养、前沿技术协同攻关、科研成果高效转化等核心功能的有机融合，加快科研成果从实验室走向市场的进程，为学生提供丰富的实践机会与广阔的创新空间，全方位提升学生的创新能力与就业竞争力。

二是加速专业动态调整，对接新兴产业发展需求。一方面，建立专业动态调整机制，制定"人工智能+"专业集群发展规划，推动河北大学、河北师范大学等高校增设智能系统开发、机器学习工程等实践导向课程，并支持高校申报国家级一流本科课程。利用教育部新增专业备案政策，重点布局智能制造、新能源汽车工程、应急装备技术等新兴领域，缩短专业审批周期至1年以内。另一方面，强化专业与产业协同，依托雄安新区人才需求目录，建立校企联合专业评估委员会，定期发布河北省新兴产业人才需求白皮书，动态调整专业招生规模。例如，针对人工智能领域，可借鉴河北石油职业技术大学自主研发数控机床的模式，联合企业开发智能制造工程定制化专业；推广河北经贸大学与县域经济合作的模式，将专业与县域特色产业深度绑定，开设县域产业定向班。

三是深化实践教学改革，构建产教融合生态。各类院校应联合行业领军企业共同优化课程设置，依据科技创新趋势与产业升级需求及时更新课程内容，提高实践教学与能力训练的比重。在课程设计上，增设跨学科选修课程，打破专业界限，鼓励学生跨学科选课。例如，开设人工智能与生物医学交叉应用、大数据与金融创新等课程，融合不同学科的知识。同时，着重培养学生的创新思维与批判性思维，将创新方法、创新意识、科学精神等要素融入课程教学全过程。在教学活动中引入企业实际研发项目，开展探究式、合作式教学活动，这些项目往往涉及多个学科领域，可以让学生在攻克实际难题的过程中深化专业知识，提高创新能力与解决复杂问题的能力，促进学科交叉融合，为社会输送具备扎实理论基础与卓越创新能力的高素质人才。

（三）全方位优化人才培养环境

一是健全人才培养政策保障体系，推动政策精准落地与有效反馈。紧密对接国家创新人才培养战略方针，因地制宜制定契合本地发展需求的创新人才培养政策指南，清晰界定各阶段的人才培养目标与责任主体。在政策中明确鼓励学科交叉融合，对积极开展跨学科项目的企业和机构给予资金扶持、荣誉表彰、知识产权保护倾斜，还可设立专项补贴用于支持跨学科研究与教学活动。制定详细的政策执行流程与标准，引导高校打破学科壁垒，鼓励不同学科的教师联合申报科研项目和教学改革项目。例如，将"六链五群"产业规划与高校"双一流"学科建设挂钩，将机器人工程、智能感知技术等纳入省级重点学科支持范围，配套专项招生指标，并建立教育、工信、人社等多部门联席机制，统筹解决技能认证滞后问题。支持企业设立"首席技师"岗位，对培养复合型技能人才的企业给予税收优惠。

二是设立专项资金并逐年递增。参考山东省设立专项资金支持新质生产力发展的做法，河北省可设立省级新质生产力专项资金，并制订逐年递增计划，如未来3年每年增加15%。这笔资金重点用于基础研究和前沿领域项目，直接资助高校、科研机构的相关研究。同时，提高基础研究经费占比，调整科研经费分配结构，将基础研究经费在全省R&D经费中的占比逐步提升至全国平均水平。

三是吸引社会资本投入。首先，提供资本市场服务，参考其他省份对企业上市的支持措施，加强对新质生产力企业上市的培育和辅导。建立上市后备企业资源库，为入库企业提供财务规范、法律合规等方面的专业指导，帮助企业解决上市过程中遇到的问题。对成功在科创板、创业板上市的新质生产力企业，给予一次性奖励。其次，定期举办新质生产力项目投资对接会，邀请知名投资机构、企业家等参与，搭建线上线下相结合的项目展示与投资平台，为项目方和投资方提供便捷的沟通渠道，促进社会资本与新质生产力项目对接，吸引更多社会资本投入。

参考文献

宋凤轩、王丽：《新质生产力背景下拔尖创新人才培养的时代要义、现实隐忧与行动前瞻》，《河北师范大学学报》（哲学社会科学版）2024年第3期。

宋锦：《夯实新质生产力发展的人才支撑》，《中国教育报》2024年7月11日。

赵永乐：《以人才新质态推动新质生产力加快发展》，《中国人才》2024年第4期。

祝智庭、戴岭、赵晓伟等：《新质人才培养：数智时代教育的新使命》，《电化教育研究》2024年第1期。

B.3
河北省青年科技人才培养与创新能力提升路径研究

鲍志伦　徐健　郭卫东*

摘　要： 青年科技人才是河北省未来科技创新的主力军，其培养与创新能力提升对于推动河北省乃至整个京津冀地区的科技创新和经济发展具有重大意义。近年来，河北省大力培养青年科技人才，人才数量稳步增长，结构不断优化，相关政策持续发力，校企合作成为重要培养模式。然而，河北省在培养青年科技人才方面仍面临人才数量不足、质量不高、结构不均、素质不高，人才培养体系不完善，创新环境不够优越等问题。借鉴国内其他城市培养青年科技人才的经验，本报告提出构建完善政策支持与激励机制，注重梯次培养、加强队伍建设，加强科研平台建设、优化创新环境，推动科技成果转化与创新创业等对策建议。

关键词： 青年科技人才　创新能力　河北

2024年6月24日，习近平总书记在全国科技大会、国家科学技术奖励大会、两院院士大会上强调，要突出加强青年科技人才培养，对他们充分信任、放手使用、精心引导、热忱关怀，促使更多青年拔尖人才脱颖而出。[①] 2025年2月24日，河北省委人才工作小组全体会议强调，要建立健全以创

---

* 鲍志伦，河北省社会科学院人力资源与劳动经济研究所副研究员，主要研究方向为人力资源管理与人才学；徐健，石家庄现代文化传媒学校校长，主要研究方向为青年创新创业能力培养；郭卫东，河北省教育考试院自学考试部研究实习员，主要研究方向为教育管理。

① 《突出加强青年科技人才培养和使用》，《中国青年报》2024年6月30日。

新能力、质量、贡献为导向的科技人才评价体系，完善科技奖励、收入分配、成果赋权等激励制度，加强青年科技人才培养。河北省作为京津冀地区的重要组成部分，在科技创新和人才培养方面肩负着重要使命。青年科技人才是河北省未来科技创新的主力军[①]，其培养与创新能力提升对于推动河北省乃至整个京津冀地区的科技创新和经济发展具有重大意义。研究河北省青年科技人才培养与创新能力提升的路径和规律，为相关政策制定提供科学依据，有助于优化河北省科技创新生态环境，吸引和培育更多优秀青年科技人才。

一 河北省青年科技人才培养现状

（一）人才规模与结构

在人才规模方面，河北省青年科技人才的数量呈现稳步增长的趋势。这一增长趋势不仅反映了河北省对青年科技人才培养的高度重视，也体现了青年科技人才在推动区域科技创新和经济发展中的重要作用。

在人才结构方面，河北省青年科技人才结构不断优化。从学科领域来看，信息技术、生物技术、新材料等前沿科技领域的青年科技人才占比逐年上升，形成了多元化的科技人才结构。这种结构上的优化，不仅增强了河北省在关键科技领域的竞争力，也为科技创新提供了更为有力的人才支持。

（二）人才培养与引进政策措施

在河北省青年科技人才的培养与引进方面，河北省委、省政府制定并实施了一系列旨在加强青年科技人才队伍建设、提升科技创新能力的政策措施。

在人才培养方面，河北省委、省政府高度重视青年科技人才的成长与发展，制定了一系列专项政策。这些政策涵盖了从基础教育到高等教育的各个

---

① 殷春兰：《新时期青年人才培养建设研究》，《长春大学学报》2021年第6期。

阶段，旨在通过系统化的培养体系，提升青年科技人才的专业素养和创新能力。例如，政府鼓励高校开设与科技创新紧密相关的专业和课程，加强实践教学和创新能力培养，通过设立奖学金、提供科研实习机会等方式，激发青年科技人才的学习兴趣和科研热情。同时，政府积极推动校企合作，鼓励企业参与青年科技人才培养，通过提供实习实训岗位、联合开展科研项目等方式，增强青年科技人才的实践能力和市场竞争力。

在人才引进方面，河北省委、省政府采取了一系列积极措施，以吸引国内外优秀青年科技人才来河北创新创业。政府通过提供优厚待遇、优越工作环境等，积极引进高层次人才和紧缺人才。对于引进的青年科技人才，政府不仅提供具有竞争力的薪酬待遇，还给予住房补贴、子女教育保障等全方位的支持。此外，政府制订了一系列人才计划，如高层次人才引进计划、青年拔尖人才支持计划等，为青年科技人才提供科研经费支持、职业发展平台，助力他们在河北实现个人价值和社会价值。

除了直接的政策支持，河北省委、省政府还注重优化人才发展环境，营造良好的创新创业氛围。政府通过加强科技创新基础设施建设、完善科技创新服务体系、推动产学研深度融合等措施，为青年科技人才提供更多的创新资源和机会。同时，政府积极开展各类科技创新活动，如科技创新大赛、科技成果展览会等，为青年科技人才提供展示自我、交流学习的平台，激发他们的创新热情和创造力。

总的来说，河北省委、省政府在青年科技人才培养与引进方面实施了多项有力的政策措施，为青年科技人才的成长和发展提供了坚实的政策保障和良好的发展环境。这些政策措施不仅有助于提升河北省青年科技人才的整体素质和创新能力，还将为河北省乃至全国的科技创新和经济发展注入新的活力和动力。

（三）人才培养模式

在河北省青年科技人才培养过程中，校企合作模式发挥了不可替代的作用。通过与企业的紧密合作，高校能够及时调整教学内容和课程设置，确保青年科技人才能够适应市场需求。据统计，河北省规模以上实现产品创新的企业数量从2019年的3297家增长到2022年的5545家（见表1），这充分证明了企业对青年科技人才的需求在持续增长，也反映了校企合作在培养青年科技人才方面的有效性。

表1 2019~2022年河北省规模以上实现产品创新的企业数量

单位：家

年份	数量	年份	数量
2019	3297	2021	4475
2020	4206	2022	5545

资料来源：中经数据。

在校企合作模式下，企业不仅为青年科技人才提供了实习实训岗位和联合科研项目，还通过资金支持、技术指导等方式，助力青年科技人才的成长。例如，一些企业通过设立专项基金支持青年科技人才的创新项目；同时，企业专家会定期走进高校，为青年学子分享行业前沿动态和实战经验，拓宽他们的视野。

河北省在校企合作方面已经取得了一定成效，正加快进一步深化合作的步伐。河北省持续加强政府、高校、企业之间的沟通与协作，打造了完善的青年科技人才培养体系。同时，河北省注重培养青年科技人才的创新意识和实践能力，鼓励他们勇于探索未知领域、敢于挑战传统观念。

二 河北省青年科技人才培养存在的问题与挑战

（一）人才数量、质量与结构素质问题

人才数量不足。尽管近年来河北省青年科技人才的数量有所增加，但与科技创新的需求相比仍然不足。特别是在一些关键前沿技术领域，青年科技人才的数量更是难以满足需求。高端人才和创新型人才短缺，已经成为制约

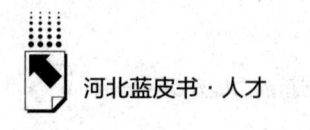

河北省科技创新的重要因素。

人才质量不高。部分青年科技人才虽然具备一定的专业知识和技能，但在创新能力、实践能力以及跨学科融合能力等方面还有待提高。这在一定程度上影响了科技创新的深度和广度，也限制了河北省在科技领域的竞争力。

结构素质存在问题。在结构上，青年科技人才分布不均衡，一些领域人才短缺。在素质上，部分青年科技人才缺乏创新意识和实践能力，难以满足当前科技创新和产业发展的要求。

（二）人才培养体系不完善

培养机制不健全。目前，河北省在青年科技人才培养方面还缺乏一套科学、系统、完整的培养机制。高校、科研机构和企业之间的合作不够紧密，导致人才培养与市场需求脱节。同时，对于青年科技人才的职业生涯规划和发展指导不够充分，使一些青年科技人才在成长过程中感到迷茫和困惑。

教育资源配置不均衡。在河北省内，教育资源的配置存在不均衡的现象。一些经济发达的城市和地区拥有更多的优质教育资源，而一些经济发展相对滞后的城市和偏远地区则面临教育资源匮乏的问题。这种不均衡不仅影响了青年科技人才的成长和发展，也拉大了区域间科技创新能力的差距。

（三）创新环境不够优越

创新氛围不浓厚。在河北省内，部分地区和行业的创新氛围不够浓厚，难以吸引和留住优秀的青年科技人才。一些企业和科研机构对于科技创新的重视程度不够高，缺乏鼓励创新、容忍失败的氛围，在一定程度上抑制了青年科技人才的创新创业热情。另外，由于资源和资金的限制，一些青年科技人才难以获得足够的支持和保障，他们在科研和创业过程中面临诸多困难。

政策措施支持力度不够。虽然河北省已经出台了一系列支持科技创新和青年科技人才培养的政策措施，但在实际操作过程中，这些政策措施的支持力度和执行力度还有待加大。特别是在资金支持、税收优惠、知识产权保护等方面，还需要进一步优化政策环境。

（四）地域差异显著

资源分配不均。在河北省内，青年科技人才资源的分配存在显著的地域差异。经济发达的城市和地区集中了大量的青年科技人才，而一些偏远地区和经济发展相对滞后的城市人才匮乏。资源分配不均影响了河北省整体科技创新水平的提升。

合作机制不健全。地域间合作机制不健全，导致青年科技人才在流动上面临诸多障碍，难以形成有效的协同创新网络。这不仅限制了青年科技人才的成长和发展，也影响了科技创新资源的优化配置和高效利用。

三 国内其他城市青年科技人才培养经验

（一）上海市

上海市在青年科技人才培养方面注重构建多层次、宽领域的培养体系。一方面，上海市通过实施青年科技人才专项计划，如青年科技启明星计划、浦江人才计划等，资助青年科技人才开展科研活动，通过定期举办学术交流、成果展示等活动，促进青年科技人才成长。另一方面，上海市积极推动产学研合作，鼓励青年科技人才深入企业、科研机构等一线，通过实践提升创新能力和解决实际问题的能力。同时，上海市注重加强与国际科技界的交流与合作，为青年科技人才提供国际视野和跨国合作机会。

（二）广东省

广东省在青年科技人才培养方面注重发挥市场和政府的双重作用。一方面，广东省通过实施珠江人才计划、广东特支计划等，加大对青年科技人才的引进和培养力度。这些计划不仅为青年科技人才提供丰厚的科研经费和生活补贴，还为青年科技人才提供职业发展通道和创新创业支持。另一方面，广东省积极推动创新平台建设，如建设高水平创新研究院、新型研发机构等，为青年科技人才提供高水平的科研平台和资源。同时，广东省注重加强科技成果转化和产业化，通过设立科技成果转化基金、推动产学研深度融合等措施，促进青年科技人才的创新成果转化为现实生产力。

（三）北京市

北京市在青年科技人才培养方面注重构建开放协同的创新生态体系。一方面，北京市通过实施北京学者计划等人才计划，为青年科技人才提供全方位的成长支持。相关人才计划不仅关注青年科技人才的科研能力和创新成果，还注重培养其团队协作、领导力等综合素质。另一方面，北京市积极推动不同领域、不同学科的交叉融合，通过设立交叉学科研究中心、推动科研交流与合作等措施，为青年科技人才营造多元化的学术氛围和创新环境。同时，北京市注重加强与国际一流科研机构和高校的交流与合作，为青年科技人才提供国际化的学习和工作机会。

四 促进河北省青年科技人才培养与创新能力提升的对策建议

（一）构建完善政策支持与激励机制

政策支持是青年科技人才培养与创新能力提升的重要保障。河北省应继续加强政策支持，构建科学合理的科技人才评价体系，注重创新能力和实际贡献，为青年科技人才提供更广阔的成长空间。政府应出台更多针对青年科技人才的优惠政策，如提供科研经费支持、住房补贴、子女教育保障等，以吸引和留住更多优秀青年科技人才。同时，优化科研项目申报流程，简化审批手续，提高项目资助的透明度和效率，减轻青年科技人才的负担，让他们能够更专注于科研。

在激励机制方面，河北省应建立科学合理的奖励制度，对在科技创新中取得突出成果的青年科技人才给予表彰和奖励，包括荣誉称号、职称晋升、研究经费支持等多种形式。这不仅能够提高青年科技人才的荣誉感和归属感，还能激发他们的创新活力和创造力。

（二）注重梯次培养，加强队伍建设

梯次培养是提升青年科技人才创新能力的重要途径。河北省应建立从青年学生到青年科学家的全链条人才培养体系，涵盖基础教育、高等教育、职业教育和继续教育等阶段。在基础教育阶段，注重培养学生的科学素养和创新精神；在高等教育阶段，鼓励高校增设与科技创新相关的专业和课程，加强实践教学和创新能力培养；在职业教育阶段，通过校企合作、订单式培养等方式，提高学生的就业创业能力。

同时，河北省应加强青年科技人才队伍建设，注重引进和培养具有国际视野和创新能力的领军人才。通过实施更加积极的人才政策，吸引国内外高端人才和复合型人才来河北创业。加强本地人才培养，优化教育资源配置，提高教育质量，培养更多具有创新精神和实践能力的青年科技人才。此外，还应加强青年科技人才的职业规划和发展指导，帮助他们明确职业发展目标和路径，提高职业竞争力和创新能力。

（三）积极搭建平台，促进交流合作

河北省应积极搭建学术交流平台，提供合作机会，促进青年科技人才之间的交流与合作。通过设立创新研究群体项目，支持优秀青年科技人才围绕重要研究方向合作开展创新研究。建立高水平青年科技人才评审专家库，在科技活动中充分发挥青年科技人才的作用。加强与国内外高校、科研机构的交流与合作，为青年科技人才提供更多的学习和交流机会，拓宽他们的学术视野。

（四）加强科研平台建设，优化创新环境

在科研平台建设方面，河北省应鼓励高校、科研院所和企业建立联合科

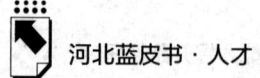

研机构，促进科研资源的共享和优化配置。加强科研设施建设，提高科研设备的先进性和实用性，为青年科技人才提供有力的支撑。同时，推动产学研深度融合，深化校企合作，为青年科技人才提供更多的实践机会和创新平台。

优化创新环境与文化氛围同样重要。河北省应营造勇于创新、敢于探索的良好氛围，鼓励青年科技人才敢于创新、敢于冒险、敢于挑战。通过设立科技创新奖励，举办科技创新大赛、科技成果展览会等活动，激发青年科技人才的创新热情和创造力。加强科技创新文化的建设，为青年科技人才提供良好的工作环境和氛围。

（五）推动科技成果转化与创新创业

推动科技成果转化是提升青年科技人才创新能力的重要环节。河北省应深化产学研合作，促进高校和科研院所的科技成果更加贴近市场需求，提高科技成果的转化率。加强科技成果转化平台建设，为青年科技人才提供更多的实践机会和展示平台，提高他们的科技成果转化能力。同时，鼓励创新创业，通过设立创新创业基金、举办创新创业大赛等方式，为青年科技人才提供广阔的创新创业平台，激发他们的创新精神和创业热情。

（六）强化国际交流与合作

在全球化背景下，国际交流与合作对于提升青年科技人才的创新能力具有重要意义。河北省应积极拓展与国际一流科研机构和高校的合作渠道，通过联合研究、学术访问、国际会议等方式，为青年科技人才提供国际化的学习和交流机会。鼓励青年科技人才参与国际科研项目，与国际同行共同攻克科技难题，拓宽国际视野，提升跨文化交流能力。同时，吸引海外优秀青年科技人才来河北工作，为河北省的科技创新注入新的活力和动力。

（七）注重跨学科培养与综合创新

随着科技发展日新月异，现代社会对复合型科技人才的需求大大提升。

河北省应鼓励高校和科研机构设立交叉学科课程和研究项目，推动青年科技人才进行跨学科学习和研究。通过跨学科培养模式拓宽青年科技人才的视野，提升他们的综合创新能力。同时，促进学科交叉与融合创新，为青年科技人才提供更多元化的发展机会。

（八）加强科普教育与公众参与

科普教育是提升全民科学素养、培养青年科技人才创新意识的重要途径。河北省应广泛开展科普活动，利用多种渠道和方式普及科学知识，提高公众的科学素养。通过举办科普讲座、科学展览、科技体验活动等，激发青少年对科学的兴趣和探索精神。同时，鼓励青年科技人才参与科普工作，通过科普志愿服务、科普作品创作等方式，将科学知识传递给更广泛的社会群体，增强他们的社会责任感和使命感。

参考文献

《打通成果转化"最后一公里" 河北首批立项支持6家科技成果中试示范平台》，"长城网"百家号，2024年12月8日，https://baijiahao.baidu.com/s?id=1817824802651535577&wfr=spider&for=pc。

《顶尖科学家齐聚！雄安新区举办"百家创新平台雄安行"活动》，邯郸新闻网，2024年11月17日，http://www.handannews.com.cn/news/content/2024-11-17/content_20221701.html。

《发掘颠覆性技术、培养前瞻性人才，江苏为培育新质生产力注入"源头活水"》，南报网，2023年12月25日，http://www.njdaily.cn/news/2023/1225/5565509984841325909.html。

《河北科技师范学院：校企合作双向赋能 助力产学研共赢》，河北新闻网，2024年12月5日，http://qhd.hebnews.cn/2024-12/05/content_9272812.htm。

《河北全力提升全民科学素养》，央广网，2024年12月7日，https://www.cnr.cn/hebei/yw/20241207/t20241207_527001581.shtml。

《辽宁：2024版"兴沈英才计划"政策措施重磅发布！五部门权威解读！》，神州学人网，2024年2月23日，http://www.chisa.edu.cn/talents/202402/t20240223_211115

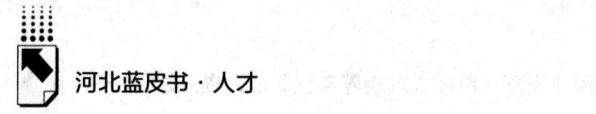

6922. html。

《培养更多适应新质生产力发展的大国工匠》，人民网，2024年5月1日，http：//theory. people. com. cn/n1/2024/0501/c40531-40227766. html。

《突出加强青年科技人才培养》，山西组工网，2024年7月29日，http：//www. sxdygbjy. gov. cn/bgz/zgwz/art/2024/art_2e577afa758d466abc59bd9d7f028e1f. html。

《新闻纵深｜首个省实验室，将为河北钢铁业带来什么》，张家口新闻网，2024年12月8日，http：//www. zjknews. com/news/hebei/202412/08/453652. html。

《大学是培养青年科技人才的重要阵地》，中国教育新闻网，2024年3月8日，http：//www. jyb. cn/rmtzgjyb/202403/t20240308_2111164105. html。

谢静：《新时期下的青年人才培养》，《四川劳动保障》2025年第1期。

人才评价篇

B.4
河北省设区市科技人才聚集水平评价及提升对策研究

张亚宁 索文莉[*]

摘 要： 科技人才作为区域高质量发展的核心资源，其聚集水平直接决定了区域创新能力与产业竞争力。然而，河北省各设区市科技人才分布不均衡、结构性短缺与流失问题并存，成为区域协同效能释放的关键瓶颈。基于此，本报告分析了影响河北省科技人才聚集水平的主要因素，据此建立了河北省设区市科技人才聚集水平评价指标体系，对河北省各设区市进行实证研究。结果表明，城市科技人才聚集水平呈现双核引领格局，中游城市差异显著，后发城市受创新能力影响较大，经济环境双极化、科技创新环境马太效应与自然环境倒挂现象并存。由此，本报告提出强化双核引领作用、培育中游增长极、突破后发城市约束等提升河北省设区市科技人

---

[*] 张亚宁，博士，河北省社会科学院人力资源与劳动经济研究所助理研究员，主要研究方向为区域产业发展与人才队伍建设；索文莉，陆军军事交通学院副教授，主要研究方向为数据分析、机器学习方法等。

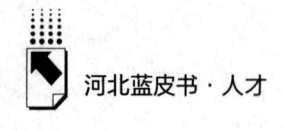

才聚集水平的有效路径。

关键词： 科技人才　人才聚集水平　河北

在创新驱动发展战略深入实施与京津冀协同发展纵深推进的背景下，科技人才作为区域高质量发展的核心资源，其聚集水平直接决定了区域创新能力与产业竞争力。河北省作为京津冀世界级城市群的重要支撑，肩负着承接京津资源溢出、推动传统产业转型与新兴产业培育的双重使命。然而，省内各设区市科技人才分布不均衡、结构性短缺与流失问题并存，成为区域协同效能释放的关键瓶颈。如何科学评价河北省设区市科技人才聚集水平，识别其影响因素并提出精准提升对策，对于优化全省创新资源配置、加快实现"经济强省、美丽河北"战略目标具有重要现实意义。

一　影响河北省科技人才聚集的主要因素

（一）经济环境

区域经济发展水平与科技人才聚集存在密切的关系。河北省经济发展水平既为科技人才聚集创造了基础条件，又对科技人才结构提出了更高要求。首先，经济发展为科技人才聚集提供了坚实的物质基础。2023年河北省地区生产总值突破4.39万亿元[①]，雄安新区建设稳步推进，京津冀协同发展持续深化，这些都为科技人才发展提供了广阔平台，特别是在新一代信息技术、高端装备制造等领域，催生了大批高质量就业岗位，为科技人才提供了施展才华的舞台。其次，经济发展也对科技人才结构提出了更高要求。河北

---

① 资料来源：河北省人民政府。

省正处于产业转型升级的关键期，传统产业优化升级与战略性新兴产业发展并进，对高水平科技人才的需求日益迫切。以钢铁产业为例，在压减产能的同时，对掌握绿色冶炼技术、具备创新能力的科技人才的需求大幅增长。这种结构性矛盾要求科技人才供给必须与产业升级同步。

（二）科技创新环境

科技创新环境是科技人才聚集的关键要素。首先，科技创新环境为科技人才聚集提供了制度保障与激励机制。河北省依托人才强省战略，构建多层次政策体系，有效提升了科技人才聚集水平。随着近年来科技体制改革的进一步深化，科研单位被赋予更大自主权，科技成果转化激励机制不断优化，显著提升了科技人才的创新活力。相关政策不仅为科技人才提供了发展空间，还通过"赋权松绑"增强了区域吸引力。其次，科技基础与创新平台为科技人才聚集提供了硬件支撑。河北省通过建设大学科技园、重点实验室等平台，为科技人才提供科研载体。高校创新采用项目制、订单式等人才培养模式，为本地输送了大量科技人才。同时，河北省优化科技人才评价体系，强化对科技人才在住房、子女教育等方面的生活保障，减少了科技人才的后顾之忧。

（三）教育与医疗环境

教育与医疗环境是科技人才集聚的核心要素。在河北省，这两大环境的持续优化不仅提升了本地居民的幸福感，更成为吸引和留住科技人才的关键因素。

教育环境的优化为科技人才聚集奠定了坚实基础。近年来，河北省大力实施教育强省战略，教育质量显著提升，基础教育实现优质均衡发展，高等教育和科研领域取得突破，职业教育也迈向提质培优的新阶段。在2025年全省教育工作会议上，河北省进一步提出谋划并实施十大行动和五大专项。高质量的教育不仅为科技人才的子女发展提供了坚实保障，也

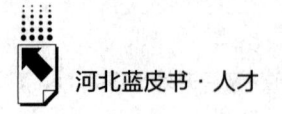

进一步增强了河北省对科技人才的吸引力，成为留住科技人才的有利条件。

优化医疗环境可显著提升对科技人才的吸引力。2024年，河北省首次组织医疗卫生用人单位赴外地开展引才活动，共吸引1043名高校毕业生参与，其中275人达成引进意向，包括29名博士和235名硕士。[①] 与此同时，廊坊市积极推进医疗卫生强基工程，促进优质医疗资源下沉，致力于打造环京地区中医药协同发展示范城市。这些举措不仅有效提升了医疗服务水平，也为科技人才提供了坚实的健康保障。

教育与医疗的协同发展为科技人才聚集创造了良好生态。河北省通过优化教育资源配置、提升医疗服务能力，形成了吸引科技人才的优质"软环境"。教育和医疗的共同进步，为河北省吸引科技人才提供了强大的动力，已成为科技人才聚集的重要推动力。

（四）生活与人文环境

在科技人才聚集的过程中，生活与人文环境是影响其创新活力的重要因素。生活水平的持续提升不仅增强了居民的幸福感，更成为吸引和留住科技人才的核心竞争力。河北省历史悠久、文化底蕴深厚，燕赵文化中的务实精神和创新"基因"为科技人才提供了良好的文化土壤。近年来，河北省通过举办创新创业大赛、科技论坛等活动，营造了尊重创新、鼓励创业的社会氛围。例如，雄安新区作为国家级新区，致力于打造国际化、现代化的创新生态，吸引了大量高端科技人才。然而，与长三角、珠三角等发达地区相比，河北省在文化包容性和国际化程度上仍有提升空间。部分设区市对多元文化的接纳度较低，创新失败的社会容忍度不足，可能影响科技人才的归属感和创新积极性。

[①] 《河北省首次举办医疗卫生用人单位赴外引才活动》，人民网，2024年5月11日，http://he.people.com.cn/n2/2024/0511/c192235-40840664.html。

（五）自然环境

自然环境是区域人才聚集的重要基础。自然环境的持续优化不仅能提升区域生态品质，更成为吸引和留住科技人才的关键因素。对河北省来说，生态环境的持续改善大幅增强了其对科技人才的吸引力。近年来，河北省持续打好蓝天、碧水、净土保卫战，2024 年 $PM_{2.5}$ 平均浓度同比下降 2.3%，优良天数为 267 天，同比增加 22 天，优良天数占比达 72.9%，重污染天数为 5 天，同比减少 7 天。全省 55 家钢铁企业全部达到环保绩效 A 级，位居全国第一。[①] 良好的自然环境成为科技人才聚集的重要因素。

二 河北省设区市科技人才聚集水平评价指标体系

（一）数据来源

评价所需的数据采集与处理工作严格遵循科学研究的规范性与系统性原则，基础数据主要来源于四个层级：第一层级为省级经济数据，从《河北统计年鉴（2023）》中获取全省及各设区市宏观经济指标，涵盖地区生产总值、产业结构、创新环境等核心变量；第二层级整合国家统计局发布的《中国统计年鉴（2023）》中的全国性基准数据，用于横向比较分析参照系构建；第三层级从《中国科技统计年鉴（2023）》中提取区域创新体系关键指标，包括研究与试验发展（R&D）经费及投入强度、专利授权量、技术市场交易额等；第四层级通过《中国城市统计年鉴（2023）》补充城市层面微观数据，重点关注人口密度、财政收支、公共服务设施等城市化相关变量。此外，为增强数据的时效性与完整性，还收集了河北省 11 个设区市 2022 年国民经济和社会发展统计数据，通过交叉验证方式修正统计口径差

[①] 《央视新闻客户端：新鲜出炉！河北发布 2024 年十大生态环境新闻》，河北省生态环境厅网站，2025 年 2 月 19 日，https://hbepb.hebei.gov.cn/hbhjt/laoren/mtbb/101739355718834.html。

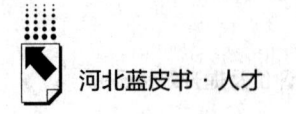

异，最终形成数据集。

研究样本的确定基于区域经济地理特征与数据可得性双重标准。选取石家庄市、唐山市、保定市、邢台市、邯郸市、廊坊市、秦皇岛市、承德市、衡水市、沧州市、张家口市11个设区市作为观测对象，这些设区市不仅覆盖全省，还完整呈现了环京津地区、沿海经济带、冀中南城市群等差异化发展板块的空间特征。需要特别说明的是，由于辛集市和定州市（均为省直管县级市）多项指标数据在统计年鉴中未单独列出，本报告根据实际情况，未将辛集市和定州市作为单独的城市进行研究，石家庄市的数据包括了辛集市，保定市的数据包括了定州市。

（二）评价指标体系

本报告构建了城市科技人才聚集水平综合评价指标体系，共包含5个一级指标和26个二级指标（见表1），系统揭示了影响科技人才聚集水平的核心要素。

表1 城市科技人才聚集水平综合评价指标体系

一级指标	二级指标	单位	指标属性
经济环境	人均地区生产总值 X1	元	正向
	实际使用外资 X2	亿元	正向
	第三产业增加值占地区生产总值的比重 X3	%	正向
	亿元以上商品交易市场数 X4	个	正向
	一般公共预算收入 X5	亿元	正向
科技创新环境	财政科技支出占比 X6	%	正向
	规模以上工业企业 R&D 经费 X7	万元	正向
	规模以上工业企业新产品销售收入 X8	万元	正向
	规模以上工业企业 R&D 人员全时当量 X9	人年	正向
	规模以上工业企业专利申请数 X10	件	正向
教育与医疗环境	财政支出中的卫生健康支出占比 X11	%	正向
	每万人拥有医师数 X12	人	正向
	万人医疗卫生机构床位数 X13	张	正向
	万人高等学校数 X14	所	正向
	财政支出中的教育支出占比 X15	%	正向

续表

一级指标	二级指标	单位	指标属性
生活与人文环境	商品房平均销售价格 X16	元/平方米	负向
	城镇居民人均可支配收入 X17	元	正向
	城镇非私营单位就业人员平均工资 X18	元	正向
	城镇居民人均消费性支出 X19	元	正向
	公共图书馆总藏量 X20	册	正向
	博物馆参观人数 X21	人次	正向
自然环境	$PM_{2.5}$ 平均浓度 X22	微克/米^3	负向
	水质达标率 X23	%	正向
	公园面积 X24	公顷	正向
	空气质量优良天数占比 X25	%	正向
	绿地面积 X26	公顷	正向

1. 经济环境

该一级指标下设置 5 个正向指标：人均地区生产总值（X1）反映经济发展水平，实际使用外资（X2）体现开放程度，第三产业增加值占地区生产总值的比重（X3）衡量产业结构优化程度，亿元以上商品交易市场数（X4）体现商贸活力，一般公共预算收入（X5）评估财政支撑能力。该组指标通过衡量生产要素配置效率与经济运行质量，构建科技人才聚集的经济基础评价框架。

2. 科技创新环境

该一级指标下设置 5 个正向指标：财政科技支出占比（X6）体现政府投入力度，规模以上工业企业 R&D 经费（X7）与规模以上工业企业 R&D 人员全时当量（X9）衡量创新投入，规模以上工业企业新产品销售收入（X8）与规模以上工业企业专利申请数（X10）表征创新产出效能。该组指标从"投入—产出"链式视角系统量化区域创新生态系统的运行效能。

3. 教育与医疗环境

该一级指标下设置 5 个正向指标：财政支出中的卫生健康支出占比（X11）与财政支出中的教育支出占比（X15）体现政府资源配置水平，每万

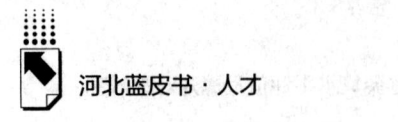

人拥有医师数（X12）与万人医疗卫生机构床位数（X13）构建医疗资源评价矩阵，万人高等学校数（X14）体现高等教育供给水平。该组指标揭示了公共服务对科技人才聚集的支撑作用。

4. 生活与人文环境

该一级指标下设置了6个指标：商品房平均销售价格（X16）作为唯一的负向指标反映居住成本压力，城镇居民人均可支配收入（X17）、城镇非私营单位就业人员平均工资（X18）和城镇居民人均消费性支出（X19）反映居民生活水平，公共图书馆总藏量（X20）与博物馆参观人数（X21）反映文化软实力。该组指标创新性地将经济承受力与文化吸引力纳入综合评价。

5. 自然环境

该一级指标下设置了5个指标：$PM_{2.5}$平均浓度（X22）作为负向指标反映环境负荷，水质达标率（X23）与空气质量优良天数占比（X25）表征环境质量，公园面积（X24）和绿地面积（X26）量化生态空间供给。该组指标通过对环境约束与生态供给的双向测度，构建绿色发展导向的评价模块。

该评价指标体系具有三个显著特征：一是系统性，即通过经济基础、创新动力、服务保障、生活质量和生态约束5个子系统形成完整逻辑链；二是层次性，即采用"目标层—准则层—指标层"三级架构实现评价维度解耦；三是导向性，即设置负向指标构建约束性评价机制。该评价指标体系不仅为科技人才聚集水平测度提供量化工具，更为区域人才政策制定提供参考框架。

三 河北省设区市科技人才聚集水平分析

（一）权重的计算方法

本报告基于信息熵理论构建科技人才聚集水平多维度评价模型，通过熵权法对河北省11个设区市的评价指标数据进行系统化处理与权重计算。研究过程分为两个关键阶段：一是通过数据标准化处理消除各指标量纲差异，将全部数据归一化至[0, 1]；二是采用0.001单位值的整体偏移策略，对标准化数据进行非零化调整，以规避零值数据可能对信息熵计算产生的障碍。

（二）权重的计算结果

根据信息熵衰减原理，对原始数据进行标准化处理并计算各指标的信息效用值，最终通过归一化处理获得具有统计意义的客观权重体系。如表2所示，一级指标权重分布呈现梯度递减特征：经济环境以0.2167的权重位居第一，凸显了区域经济发展水平对科技人才聚集的核心作用；科技创新环境（0.2083）、教育与医疗环境（0.2062）的权重差异仅为0.0021，反映了创新要素与公共服务质量的协同驱动效应；生活与人文环境（0.1960）、自然环境（0.1727）分别反映了科技人才对城市软实力与生态宜居度的核心诉求。值得关注的是，排名前三的一级指标合计权重达0.6312，构成了科技人才聚集水平影响因素的主体框架，而权重标准差0.017的离散分布特征则揭示了不同指标在科技人才决策中的影响力，为后续构建有针对性的科技人才政策体系提供了量化依据。

表2 城市科技人才聚集水平综合评价指标体系一级指标的权重及排名

一级指标	排名	权重
经济环境	1	0.2167
科技创新环境	2	0.2083
教育与医疗环境	3	0.2062
生活与人文环境	4	0.1960
自然环境	5	0.1727

二级指标权重呈现显著的差异化特征（见图1）。经济环境的二级指标中，X2（0.0674）与X5（0.0450）构成核心驱动力，两个指标的权重均显著高于X3（0.0188），揭示了外向型经济要素与地方财政实力对吸引人才的

关键作用。科技创新环境的二级指标呈现"政府引导—企业主体"协同特征，X6（0.0482）与X8（0.0429）形成创新投入产出闭环，但X9（0.0334）相对弱势，反映了河北省企业研发人力资本效能有待提升。教育与医疗环境的二级指标凸显资源配置效率差异，X12（0.0550）权重显著高于X15（0.0328），反映了优质医疗资源在科技人才决策中的突出价值。生活与人文环境的二级指标呈现收入导向特征，X17（0.0458）权重高于X20（0.0430）和X21（0.0416），而X16（0.0174）作为负向指标，其约束效应需引起政策关注。自然环境的二级指标中，X26（0.0637）权重位居全体系第二，与X22（0.0171）形成鲜明对比，凸显生态空间供给相比环境治理对科技人才更具吸引力。

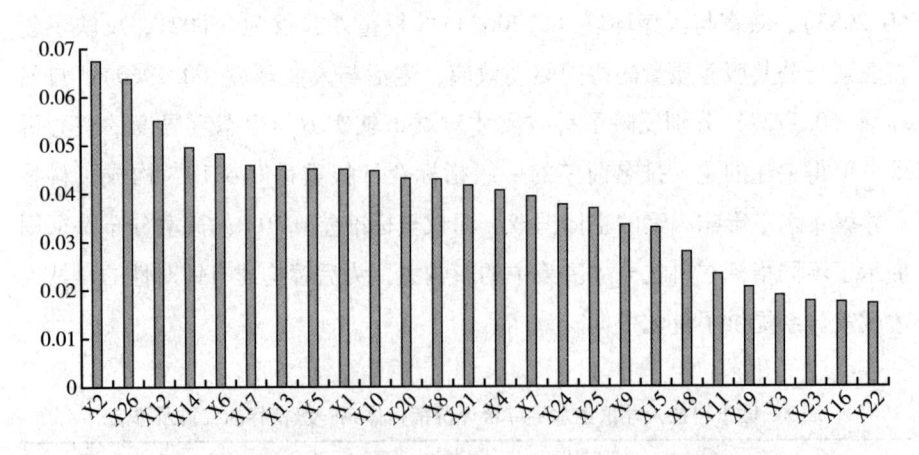

图1　城市科技人才聚集水平综合评价指标体系二级指标权重

总体来看，权重排名前五的二级指标依次为X2、X26、X12、X14和X6，揭示科技人才聚集决策呈现经济基础、生态品质、医疗服务"三位一体"的新型价值取向，传统认知中的科技创新相关指标反而排名靠后，这一发现为区域科技人才政策优化提供了重要启示。

（三）河北省设区市科技人才聚集水平

本报告基于城市科技人才聚集水平综合评价指标体系，对河北省11个设区市进行多维度测评，发现11个设区市的科技人才聚集水平呈现显著的空间分异特征（见表3）。

表3 河北省11个设区市科技人才聚集水平

指标	石家庄市	唐山市	秦皇岛市	邯郸市	邢台市	保定市	张家口市	承德市	沧州市	廊坊市	衡水市
经济环境	0.1532	0.1263	0.0444	0.0627	0.0274	0.0445	0.0327	0.0142	0.0685	0.1316	0.0204
科技创新环境	0.1220	0.1555	0.0303	0.0749	0.0400	0.1556	0.0028	0.0083	0.0632	0.0457	0.0274
教育与医疗环境	0.1359	0.0864	0.0222	0.1458	0.0451	0.0760	0.0301	0.0413	0.0534	0.0336	0.0143
生活与人文环境	0.1258	0.1674	0.0644	0.0744	0.0456	0.0972	0.0468	0.0587	0.0912	0.1076	0.0280
自然环境	0.1260	0.0897	0.0703	0.0922	0.0395	0.0730	0.0649	0.0653	0.0352	0.0338	0.0415
综合水平	0.6629	0.6253	0.2316	0.4500	0.1976	0.4463	0.1773	0.1878	0.3115	0.3523	0.1316

通过系统分析各设区市分项指标，可得出以下结论。

1. 科技人才聚集水平呈现双核引领格局

从综合水平来看，石家庄（0.6629）与唐山（0.6253）是河北省设区市科技人才聚集水平较高的头部城市，形成京津冀外围城市群的"双引擎"。石家庄具有经济环境（0.1532）和教育与医疗环境（0.1359）双项优势，唐山科技创新环境（0.1555）优势显著，展现了产业转型成效。

2. 中游城市差异显著

由邯郸（0.4500）、秦皇岛（0.2316）、邢台（0.1976）、保定（0.4463）、承德（0.1878）、沧州（0.3115）、廊坊（0.3523）组成的第二梯队综合水平差异较大。邯郸凭借教育与医疗环境（0.1458）优势实现突破，廊坊在经济环境（0.1316）和生活与人文环境（0.1076）上的优势相对突出。

3. 后发城市受创新能力影响较大

衡水（0.1316）和张家口（0.1773）面临科技创新能力不足以及教育与医疗环境有待优化的双重挑战，凸显了创新资源集聚的不平衡现象。

4. 经济环境双极化、科技创新环境马太效应与自然环境倒挂现象并存

河北省11个设区市的科技人才聚集水平评价结果表明，首先，经济环

境呈现双极化，各设区市在经济环境指标上存在差异。值得注意的是，沿海的区位优势对相关设区市的经济环境起到了积极影响。其次，科技创新环境马太效应显现，石家庄、保定、唐山的科技创新环境优势相对显著，反映了科技创新要素向产业基础扎实地区高度集聚的趋势。最后，自然环境出现倒挂现象，石家庄、唐山、邯郸都是工业重镇，对自然环境的影响较大，但这3个设区市的自然环境优势同样显著，特别是绿地面积等指标贡献较大，体现了3个设区市对环境保护的重视。

5. 发展模式类型分析

根据上述研究结果，可以将11个设区市的发展模式分为4个类型。第一类为综合优势型，包括石家庄市。石家庄市五大指标均衡发展，验证了省会城市公共服务体系的集聚效应。

第二类为创新驱动型，包括唐山市、保定市和秦皇岛市。唐山市、保定市科技创新环境优势显著，且唐山市生活与人文环境、保定市自然环境优势也相对突出，反映了同类发展模式下城市的差异化发展路径，这与城市的资源禀赋密切相关。秦皇岛市依托自然环境优势，走出了生态与科技融合发展的路径。

第三类为单项突破型，包括邯郸市、沧州市和廊坊市。邯郸市教育与医疗环境优势突出，廊坊市依托生活与人文环境优势补齐创新短板，沧州则依托港口经济大力发展临港产业，经济环境具有一定优势。三地的发展特征体现了非中心城市的功能突围策略。

第四类为复合约束型，包括衡水市、邢台市、张家口市和承德市。衡水市五大指标的优势均不明显，亟待全方位提升。邢台市仍面临传统产业转型困局，亟须优化经济环境和科技创新环境。张家口市依托"冬奥红利"显著提升了基础设施建设水平，但科技创新能力和经济发展动力有待增强。承德市虽有一定生态优势，但受到经济环境和科技创新环境的双重制约，发展活力亟待提升。此类城市需要省级层面给予更大力度的政策支持，以突破发展约束。

四 提升河北省设区市科技人才聚集水平的有效路径

根据上述研究结果，河北省11个设区市科技人才聚集水平呈现显著的不均衡特征，各设区市发展模式不同，科技人才聚集特点和模式也大不相同，未来政策设计需重点关注指标的空间差异，通过要素配置优化等方式打破"强者恒强"的路径依赖，降低设区市间科技人才聚集水平的不均衡程度，从而有效提升河北省整体的科技人才聚集水平。总体而言，必须实施梯度科技人才聚集策略，针对不同城市的特点构建不同的路径。

（一）强化双核引领作用，构建创新共同体

头部城市应强化双核引领作用和创新生态链建设，构建创新共同体。

一是打造石唐创新走廊。以增加财政资金投入、清除体制机制障碍等方式，从多个方面支持石家庄高新技术产业开发区与唐山曹妃甸经济技术开发区进行协同创新，共建"基础研究—中试转化—产业应用"全链条载体；设立技术协同转化基金，重点支持生物医药（石家庄）、智能装备（唐山）等领域的跨市联合攻关；优化人才柔性流动机制，落实双聘教授、共享工程师制度，实现两地高层次人才互联互通；共建工业互联网平台，推动石唐规模以上企业设备联网率不断提高，降低创新要素流动成本。

二是优化双核分工。石家庄应强化公共服务枢纽功能，加强科技创新平台建设，以需求为导向打造科研攻关矩阵，强化省级科技平台建设；提升三甲医院区域服务占比，建立京津冀医疗检查结果互认平台；不断加强与京津的协同创新共同体建设，通过联合开展技术攻关，解决基础科学问题，攻克"卡脖子"技术。唐山则应聚焦产业创新转型，以设立资源型城市转型专项债等形式，为传统产业转型提供资金支持；创建钢铁行业碳足迹核算中心，建立低碳技术专利池；充分利用入选2024年度国家骨干冷链物流基地建设名单的优势，大力发展冷链物流产业。

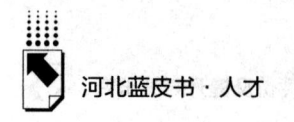

（二）培育中游增长极，消除发展断层

针对河北省中游城市发展中的要素配置失衡问题，基于差异化发展理论，应选择非对称突破路径，着力突破中游城市面临的科技创新环境与自然环境双重挑战。以廊坊和邯郸为例，廊坊属于单项突破型城市，创新是其短板所在，应依托毗邻首都的区位优势与交通便利条件，重点构建技术承接、中试转化、生态优化"三位一体"的创新生态系统。优化高新技术产业集群布局，配套实施税收优惠政策，结合创新手段有效促进科技成果跨区域转移转化。同步优化与北京等科技创新高地的协同孵化机制，建立技术、人才与资本的深度合作框架，吸引优质创新主体集聚发展。

邯郸应聚焦增强经济实力，立足资源禀赋与产业基础，推动多维度融合发展。首先，加快传统产业转型升级，通过推动绿色化、高端化、智能化转型，提升钢铁、装备制造等支柱产业的竞争力。重点发展工程机械钢、车轮钢、先进高强钢等高附加值产品，并通过优化工艺提升产品由原料级向材料级转型的能力。其次，同步培育数字经济、新能源、新材料等新兴产业，构建多元化现代化产业体系。同时，加快推动政府和社会资源数据化、数据资源资产化、数据资产资本化，不断提高传统产业数智化水平，积极布局数据产业，不断推进产业数字化、数字产业化。再次，深度融入京津冀协同发展战略，强化交通枢纽功能与物流网络建设，承接优质产业转移，打造区域性商贸中心与开放高地。最后，强化人才战略支撑，通过产学研合作平台搭建、职业技能教育体系完善以及人才引进政策创新培育高素质人才，为经济高质量发展持续注入动能。

（三）突破后发城市约束，构建新型培育体系

后发城市面临科技创新能力不足以及生活环境质量较低的双重挑战。为突破后发城市约束，应选择"数字重构—生态增值"协同发展路径，构建突破传统梯度演进模式的新型培育体系，通过数字技术创新要素配置方式与生态价值转化机制，着力破解资源禀赋不足与路径依赖困境。

在数字赋能方面，重点建设虚拟创新平台体系，整合跨区域高端科研设备资源，构建云端实验室联盟与数字化共享系统，为中小企业提供智能化改造技术支持；同步创新科技人才聚集模式，如依托张家口市算力基础设施和张家口纳入国家一体化算力网算电协同、算力监测调度建设试点等优势打造智慧化人才社区，建立柔性引才机制与专项服务保障体系。

在生态价值转化方面，系统推进生态产品总值核算体系创新，可借鉴浙江省的《生态产品总值（GEP）核算技术规范》（DB33/T 2274—2025），将自然资源资产量化评估纳入绩效考核框架，探索建立跨区域生态补偿与市场化交易机制，通过发行生态债券、建设碳汇交易平台等实现生态资本向创新资本的有效转化。

在制度设计方面，完善跨行政区域的要素协调机制，构建多维度政策保障体系，建立融合数字治理与生态监管的评估框架，运用新兴技术确保资源配置的精准性与可追溯性。通过技术创新范式变革突破物理空间限制，借助生态价值重估引导要素流动方向，形成"数字基建赋能—生态资本增值—制度创新保障"的协同演进机制，为资源型地区实现创新能级跃升提供理论与实践范式，推动后发城市在技术创新与生态保护双重维度中实现发展路径的创造性重构。

B.5
河北青年群体就业创业问题及对策研究

赵恒春*

摘　要： 本报告以河北高校在校生和毕业生为研究对象，以青年群体对就业创业的认知与评价为研究内容，以问卷形式围绕青年群体就业创业现状、困境与解决方案对该群体进行调查研究。结果显示，多数被访者认为当前就业形势严峻，并持有较低的就业期望值；就业偏好上多将体制内岗位作为首选；"灵活就业"和"慢就业"受多数被访者认可，多数被访者认为当前就业创业难度大；尚有一部分青年对就业创业服务质量不满意。为此，本报告认为应从健全河北青年群体就业创业服务全链条，进一步拓宽基层就业创业渠道，扩大政策性岗位招聘规模，加大投入力度、支持灵活就业，提升帮扶温度、鼓励自主创业等方面进一步优化河北青年群体就业创业环境。

关键词： 青年群体　就业创业　河北

　　新形势下青年群体就业创业是关系经济发展和民生福祉的重大议题。根据教育部数据，2025届全国普通高校毕业生规模预计达1222万人，同比增加43万人[①]，标志着我国高层次人才培养能力持续增强。在这一背景下，河北全省高校毕业生总规模也在持续攀升，必然给就业带来一定压力。同时，受经济螺旋式发展的影响，当前存量就业群体身处转型升级和结构性矛

---

* 赵恒春，博士，河北省社会科学院人力资源与劳动经济研究所副研究员，主要研究方向为人机协同、创新创业。

① 《教育部：预计2025高校毕业生达1222万人》，光明网，2024年11月14日，https://baijiahao.baidu.com/s?id=18156630728949308358&wfr=spider&for=pc。

盾之中。多重因素叠加，使当前青年群体就业创业面临前所未有的机遇与挑战。

就业创业关系民生福祉、社会稳定和高质量发展。从宏观层面而言，就业创业是社会稳定和发展的基石；从微观层面来说，就业创业是青年群体实现自我价值的重要途径。2024年5月17日，人力资源和社会保障部、教育部、财政部联合发布《关于做好高校毕业生等青年就业创业工作的通知》（人社部发〔2024〕44号），提出鼓励引导基层一线就业、支持自主创业和灵活就业、大规模组织招聘对接服务、强化青年求职能力训练和学徒培训、高效办成高校毕业生就业一件事、加强就业权益维护等11项政策举措，全力促进高校毕业生等青年就业创业。该通知是贯彻落实党中央、国务院关于促进高校毕业生等青年就业创业决策部署的有力抓手，对于推动人才资源与经济社会发展需求精准对接、确保国家就业优先战略在高校毕业生等青年群体中有力实施具有重要意义和作用。随后，河北省人力资源和社会保障厅、河北省教育厅等联合发布《关于促进高校毕业生等青年就业创业的十二条措施》（冀人社发〔2024〕22号），成为河北省各地各有关部门加强统筹协调、构建和完善高校毕业生等青年群体就业创业支持体系的具体细则和推进方案。

2017年4月，中共中央、国务院印发《中长期青年发展规划（2016—2025）》，将青年年龄范围界定为14~35周岁。该范围基本涵盖了高校在校生及毕业生。考虑到样本的易得性，本报告以河北省高校在校生和毕业生为研究对象，以青年群体对就业创业的认知与评价为研究内容，通过随机抽样的方式对河北省内普通本专科院校的562名研究对象进行问卷调查，问卷中包含多个问题，主要围绕青年群体就业创业的现状、困境与解决方案展开，收集期限为2个月，共收集有效问卷562份。对调查数据进行汇总分析，以期全面呈现青年群体对就业创业的认知与评价，探讨当前青年群体就业创业面临的困惑、机遇及挑战，并进一步就提高当前就业创业服务质量提出可供参考的对策建议。

一 问卷调查基本情况

（一）被访者基本情况

被访者基本情况如表1所示。从性别看，男性279人，女性283人；从出生地看，城市112人，县（乡镇）191人，农村259人；从年龄看，18~24岁的为325人，25~30岁的为192人，30岁以上的为45人；从学历看，普通本科及以上或在读为255人，职业本科或在读为87人，高职（专科）或在读为220人；从专业看，文史经济法学教育类为233人，理工类为164人，艺术类为47人，体育类为33人，管理类为85人。被访者男女比例较为均衡，出生地涵盖城市、县（乡镇）、农村，学历和专业分布较为全面，基本特征符合本报告研究要求。

表1 被访者基本情况

单位：人

基本信息	选项	人数
性别	男	279
	女	283
出生地	城市	112
	县（乡镇）	191
	农村	259
年龄	18~24岁	325
	25~30岁	192
	30岁以上	45
学历	普通本科及以上或在读	255
	职业本科或在读	87
	高职（专科）或在读	220
专业	文史经济法学教育类	233
	理工类	164
	艺术类	47
	体育类	33
	管理类	85

（二）调查问题

当今世界正经历百年未有之大变局，我国面临内外部环境变化的挑战。从外部环境看，经济全球化遭遇逆流、各国内顾倾向明显上升；从内部环境看，传统要素驱动发展向创新驱动发展转型，带来结构性失业和人力资本错配加剧。在这一关键时期，探究并厘清河北青年群体对就业创业的认知态度和行为倾向，是破解当前就业市场"技能断层、学历倒挂"供需错位难题的前提。为此，在参考前人研究的基础上，本报告设置了7个问题（见表2），深入调查青年群体对就业创业的知晓度、满意度和期望值，为了解当前青年群体就业创业面临的机遇、挑战和问题提供数据支撑，进而提出科学合理的对策建议。

表2 调查问题

序号	题目及选项			
1	您对当前就业形势的看法？			
	A. 不了解	B. 就业形势较好	C. 就业形势正常	D. 就业形势比较严峻 / E. 就业形势严峻
2	您当前的就业期望值如何？			
	A. 低期望值	B. 较低期望值	C. 较高期望值	D. 高期望值
3	您认为以下哪些职业是您就业的优先选择？			
	A. 私企、外企、合资企业	B. 自主创业	C. 国企	D. 公务员、事业单位
4	您认同"灵活就业"和"慢就业"吗？			
	A. 不认同	B. 不太认同	C. 比较认同	D. 认同
5	您认为当前就业创业难吗？			
	A. 难度小	B. 难度较小	C. 难度较大	D. 难度大
6	您对所在地区开展的就业创业服务的质量满意吗？			
	A. 不满意	B. 不太满意	C. 比较满意	D. 满意
7	您认为在提高当前就业创业服务质量方面还有哪些需要完善？			
	A. 建立反馈机制，及时改进服务流程及内容	B. 精准分析就业需求，丰富培训内容与方式	C. 多渠道宣传政策，简化流程，扩大受益面	D. 给予税收优惠、资金补贴，拓展融资渠道

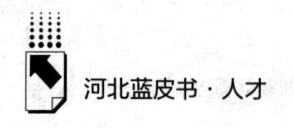

二 问卷调查数据分析

（一）河北青年群体对当前就业形势的认知

2024年全国城镇新增就业1256万人，成功实现全年"1200万人以上"的城镇新增就业目标。城镇调查失业率平均为5.1%，较上年下降0.1个百分点，低于5.5%左右的预期目标，这是经济发展成果惠及民生的直接体现。[1]但就业市场供需问题尚未得到根本性解决，结构性矛盾仍然突出，青年群体就业压力仍然存在。调查青年群体对当前就业形势的认知，可以了解其对就业环境的关注度及所做的准备。

图1表明，359名被访者认为就业形势严峻，占63.9%；110名被访者认为就业形势比较严峻，占19.6%；47名被访者认为就业形势正常，占8.4%；26名被访者认为就业形势较好，占4.6%；20名被访者表示不了解，占3.6%。由此可见，多数被访者仍然认为当前就业形势严峻。从宏观视角来看，就业市场在短期内仍存在显著的供需结构失衡问题。高校毕业生数量呈逐年递增态势，且毕业求职时段相对集中，这无疑加大了其在短期内寻找到适配工作岗位的难度。与此同时，就业岗位的创设高度依赖经济发展的强劲支撑，而从就业需求萌发至岗位实际生成存在不可忽视的时间差，化解就业岗位供需矛盾尚需时日。[2]另外，就业市场需求结构的快速更迭与教育供给结构的缓慢调适之间存在矛盾。就业岗位与经济结构转型紧密相关，市场对高校毕业生的需求结构变化迅速，而高校毕业生的专业结构主要受教育体系的影响，调整相对滞后。这便导致真正契合市场需求的高校毕业生供给不足，而不太符合市场需求的高校毕业生则出现过剩。

---

[1]《2024年城镇新增就业1256万人》，中国政府网，2025年1月22日，https://www.gov.cn/lianbo/bumen/202501/content_7000389.htm。

[2] 李凡：《城镇化进程中雄安新区农村青年就业心态及行为研究》，硕士毕业论文，河北大学，2021。

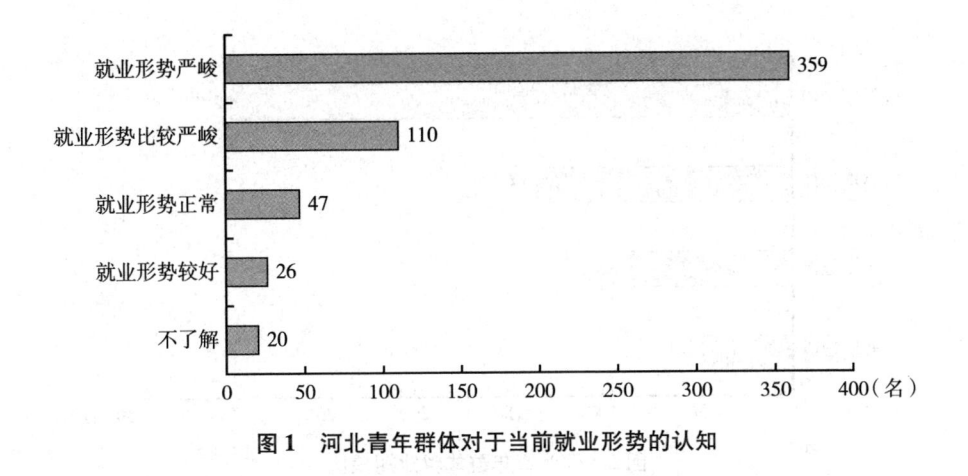

```
就业形势严峻         359
就业形势比较严峻     110
就业形势正常         47
就业形势较好         26
不了解              20
         0  50  100  150  200  250  300  350  400（名）
```

图1　河北青年群体对于当前就业形势的认知

（二）河北青年群体就业期望值

就业期望值指的是就业职位对个体物质与精神需求的满足程度，涵盖收入、福利待遇、工作地区、专业匹配度、工作条件以及工作软环境支撑等因素。就业期望值无绝对的高低之分，但受多个因素尤其是就业环境的影响，可能呈现不同状态。

图2表明，296名被访者对就业具有较低期望值，占52.7%；134名被访者对就业具有较高期望值，占23.8%；85名被访者对就业具有高期望值，占15.1%；47名被访者对就业具有低期望值，占8.4%。数据表明，当前多数河北青年对就业的期望值不高，原因可能包括产业结构与就业需求不匹配、就业市场竞争激烈等。具体而言，随着产业转型升级进程加快，2024年河北省呈现"一产稳、二产快、三产贡献大"的特点，第三产业增加值占地区生产总值的比重超过50%，对经济增长的贡献率达到52.9%，贡献率高于第二产业12.3个百分点。[①] 这导致第三产业劳动力需求更高，但青年群体的劳动技能尚不能满足岗位需求，劳动力需求与劳动力供给之间存在结构性失衡。此外，高校毕业生数量逐年增加，就业市场竞争加剧，青年群体在就业时更加谨慎，就业期望值有所降低。

---

① 《呈现三大特点！2024年河北经济运行成绩单发布》，《河北青年报》2025年1月23日。

河北蓝皮书·人才

```
较低期望值 ████████████████████████ 296
较高期望值 ███████████ 134
高期望值   ███████ 85
低期望值   ████ 47
          0   50  100  150  200  250  300  350(名)
```

图 2　河北青年群体就业期望值

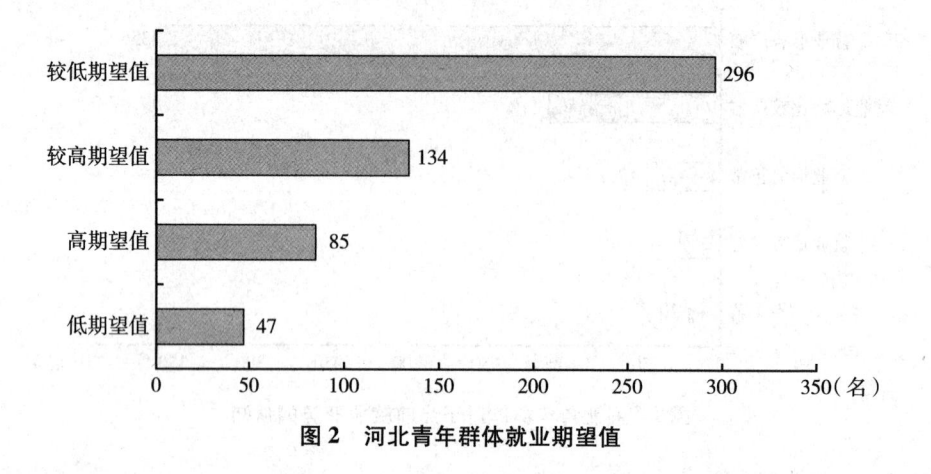

（三）河北青年群体就业偏好

青年群体尤其是高校毕业生是高等教育的成果体现者，其就业偏好在一定程度上反映了就业市场的发展趋势。在全球化进程遇阻的背景下，数字经济对劳动力产生替代效应，传统经济呈现衰退态势，就业环境日益复杂，致使青年群体在就业时更倾向于保守策略。当前，青年群体以"上岸"一词特指成功进入体制内工作，这一现象表明高校毕业生偏好通过公务员考试、事业单位编制考试等途径进入体制内工作。

图 3 表明，在就业偏好上，324 名被访者选择公务员、事业单位，占 57.7%；102 名被访者选择国企，占 18.1%；77 名被访者选择自主创业，占 13.7%；59 名被访者选择私企、外企、合资企业，占 10.5%。数据表明，多数被访者的首要择业目标是体制内工作。近年来，国考的平均岗位竞争比持续攀升，从 2020 年的 57.85∶1 提升至 2024 年的 71.57∶1[1]，考公考编热度持续升温。

从就业环境来看，相较于私企、外企、合资企业以及自主创业，体制内

---

[1]《2025 年国考报名结束，有岗位竞争比高达 16702∶1》，光明网，2024 年 10 月 25 日，https://baijiahao.baidu.com/s?id=1813846095322889585&wfr=spider&for=pc。

就业偏好	人数
公务员、事业单位	324
国企	102
自主创业	77
私企、外企、合资企业	59

图3 河北青年群体就业偏好

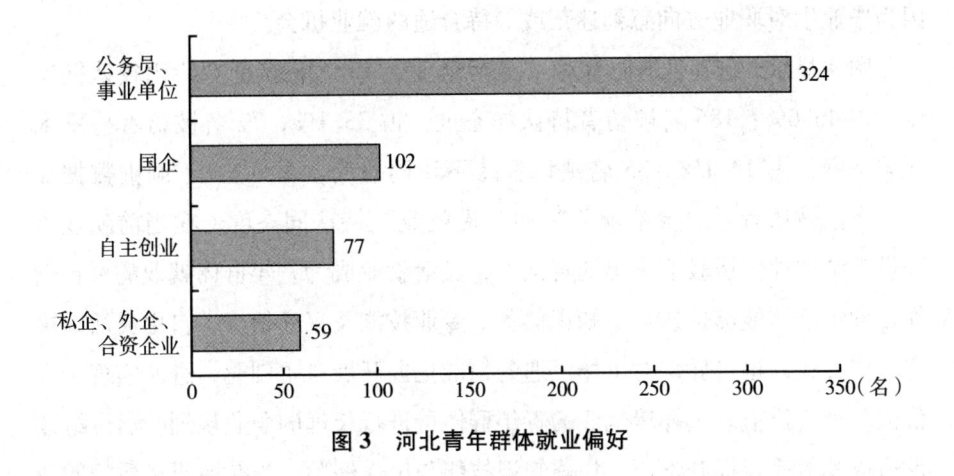

岗位能够提供更为稳定的工作环境与发展机遇，同时具有稳定的收入与福利待遇，成为众多求职者眼中的"香饽饽"。

（四）河北青年群体对"灵活就业"和"慢就业"的认同度

在经济结构持续优化的大背景下，我国经济社会进入新发展阶段，以科技创新驱动、数字化转型为核心特征，新业态不断涌现。这些新业态不仅改变了传统的产业发展模式，还重塑了就业市场格局。在这样的时代浪潮中，灵活就业凭借形式的灵活性、时间的自主性等优势脱颖而出，成为高校毕业生就业的重要方向。以互联网技术为依托的平台经济迅速崛起，催生了电商运营专员、网络主播、在线教育讲师等众多新职业[1]，这些新职业为高校毕业生提供了广阔的就业创业空间。此外，"慢就业"群体近年来频繁被提及，指的是应届高校毕业生中暂未进入就业市场的群体。[2] 这一群体主要涵盖"继续深造后再就业"和"暂缓就业"两部分人群，选择继续深造的毕业生希望通过提升学历来增强自身在就业市场的竞争力，而暂缓就业可能是

---

[1] 胡英、王召伟：《浅析"互联网青年"群体特点及其对国家安全的影响》，《现代信息科技》2018年第11期。

[2] 唐宇杰、王锦成、阮雪婷：《新时代本科院校大学生"慢就业"群像分析——基于220份实地调研资料》，《福建金融管理干部学院学报》2023年第2期。

因为毕业生对职业方向感到迷茫或等待合适的就业机会。

图 4 显示，262 名被访者对"灵活就业"和"慢就业"持比较认同态度，占 46.6%；186 名被访者持认同态度，占 33.1%；79 名被访者持不太认同态度，占 14.1%；35 名被访者持不认同态度，占 6.2%。调查数据显示，多数被访者对"灵活就业"和"慢就业"持认同态度。在当前就业市场供需结构性矛盾较为突出的背景下，灵活就业成为青年群体就业的可行选择。青年群体能够依据自身知识储备、专业技能及兴趣偏好，自由灵活地决定工作方式，也可凭借对市场机遇的精准把握开展自主创业，进而实现个人价值与社会价值。选择慢就业的青年群体可进行长远的职业规划，通过继续深造或其他途径提升学历，积累知识技能与工作经验，为获取更优质的职业发展机遇创造条件。[1]

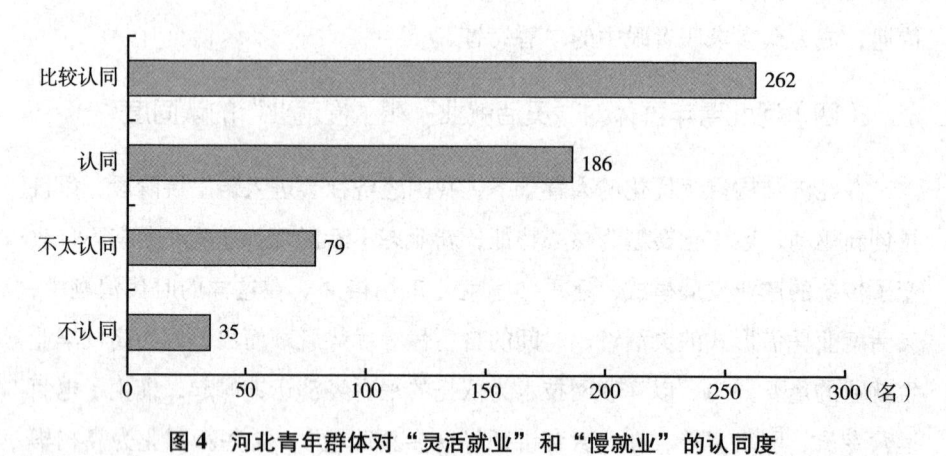

图 4 河北青年群体对"灵活就业"和"慢就业"的认同度

深入分析发现，灵活就业赋予青年群体更强的自主性与满足感。随着数字经济的蓬勃发展以及新业态的不断涌现，灵活就业为年轻人实现自主创业的理想提供了可能。而慢就业有助于青年群体进行理性、长远的职业规划。随着高校毕业生家庭经济状况的普遍改善，许多家长支持毕业生选择慢就

---

[1] 唐宇杰、王锦成、阮雪婷：《新时代本科院校大学生"慢就业"群像分析——基于 220 份实地调研资料》，《福建金融管理干部学院学报》2023 年第 2 期。

业,并为之提供物质保障与精神支持,以助力毕业生做出更加完善的职业规划。

(五)河北青年群体对就业创业难度的感知

当下,就业市场对技能型、复合型高素质人才具有较大需求。与此同时,体制内岗位数量增长速度难以匹配日益庞大的就业需求,加之逆全球化趋势的影响,青年群体面临的就业竞争压力急剧攀升。在此背景下,自主创业成为高校毕业生实现个人价值与社会价值的重要途径之一。创业不仅能够创造大量的就业岗位,有效缓解就业压力,还能激发青年群体的热情,形成良好的示范效应。但创业在创造就业岗位、缓解就业压力的同时,不可避免地面临各种风险,其难易程度始终是政府、社会及个体密切关注的焦点。基于此,本报告调查了河北青年群体对就业创业难度的感知,具体如图5所示。

难度	人数(名)
难度大	242
难度较大	193
难度较小	98
难度小	29

图5 河北青年群体对就业创业难度的感知

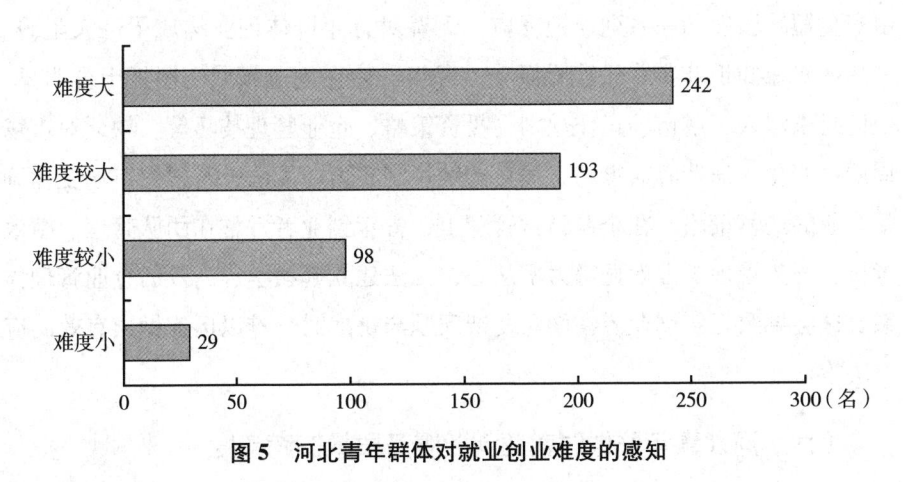

图5表明,242名被访者认为就业创业难度大,占43.1%;193名被访者认为就业创业难度较大,占34.3%;98名被访者认为就业创业难度较小,占17.4%;29名被访者认为就业创业难度小,占5.2%。数据显示,多数被访者认为就业创业难度大。究其原因,一是产业结构正加速向服务业、共享经济、高科技以及创新领域转型。以人工智能为例,近年来中国人工智能产

业规模年均复合增长率为15.6%①，对算法工程师、数据分析工程师等人才的需求快速攀升。但传统高等教育体系在短期内难以培养出符合该领域需求的人才。新业态的发展促使一些传统行业的就业岗位逐步减少，而新兴行业却面临人才需求无法得到满足的情况。这种供需结构性失衡大大增加了高校毕业生的就业难度。一些高校毕业生所学专业难以契合市场需求，同时缺乏实际工作经验，容易被就业市场淘汰，求职难度显著上升。部分高校毕业生过于关注理论知识学习，对国家经济发展趋势以及就业市场的认识不够全面和深入，致使自身职业规划与市场实际需求脱节，这种就业观念的落后进一步加剧了青年群体的就业困境。二是从资源与资金维度来看，青年创业者在创业过程中面临资源匮乏和资金支持严重不足的问题。在创业初期，多数青年创业者处于孤立无援的境地。以资金为例，青年创业者可能面临资金周转不畅问题，无法按时支付供应商货款，导致供应链断裂；也可能无法及时投入研发资金，难以支持产品更新换代，在激烈的市场竞争中逐渐失去优势。由资金短缺引发的一系列连锁反应，无疑对青年群体创业构成了巨大阻碍。三是从专业知识和实践经验层面看，青年群体在创业领域的短板十分明显。他们尚未深入了解市场运作规则、投资策略、企业管理技巧等，缺乏对市场周期性变化、消费者需求动态演变的敏锐洞察力，无法及时根据市场变化调整企业的经营策略。在企业日常管理上，青年创业者常常在团队管理、绩效考核、财务管理等方面显得力不从心，无法建立起科学、高效的企业管理体系。这会导致青年创业者在面对复杂问题与挑战时，难以迅速做出有效的应对决策。

（六）河北青年群体对就业创业服务质量的满意度

当前，提升就业创业服务质量已成为增进民生福祉、促进社会稳定以及经济可持续发展的关键措施。为此，要全力推动就业渠道与供需信息的精准匹配，重点考虑市场动态变化、行业发展趋势及求职者的个体差异，构建高

---

① 《中国人工智能产业规模5年后或超万亿，这两个行业渗透力居首》，"第一财经"百家号，2025年1月16日，https://baijiahao.baidu.com/s?id=1821409778672468905&wfr=spider&for=pc。

效、灵活的就业信息交互机制，通过搭建智能化就业信息平台，实时更新岗位信息，依据毕业生个人资料进行智能筛选与推荐，促使其就业选择与市场需求高效匹配，减少就业过程中的盲目与错配现象。对于尚未就业的高校毕业生，可通过开展线上线下相结合的就业培训课程，为其提供高效的全程就业指导服务；还可组织企业实习、就业见习等活动，让毕业生在实践中积累工作经验，增强就业竞争力。面对青年群体日益多样化、个性化的就业创业需求，切实提升就业创业服务质量、助力其走稳就业创业之路依然是当前各地区各部门的重要任务。鉴于此，本报告就河北青年群体对就业创业服务质量的满意度开展了调查。

图 6 显示，66 名被访者对就业创业服务质量持满意态度，占 11.7%；101 名被访者持比较满意态度，占 18.0%；118 名被访者持不满意态度，占 21.0%；277 名被访者持不太满意态度，占 49.3%。调查数据显示，大部分青年群体对就业创业服务质量的满意度处于较低水平，主要原因有以下几点。一是各相关部门在落实就业创业扶持政策时力度不足，配套措施不完善，致使就业创业扶持政策的实施成效未达预期。二是创业鼓励政策落实不到位，各级服务机构的服务质量有待提升，创业就业孵化基地服务质量不高，为创业者搭建低成本、便利化、全要素创业平台的进程较为缓慢。三是青年群体职业技能培训政策在贯彻执行过程中效果不明显，未能有效满足青

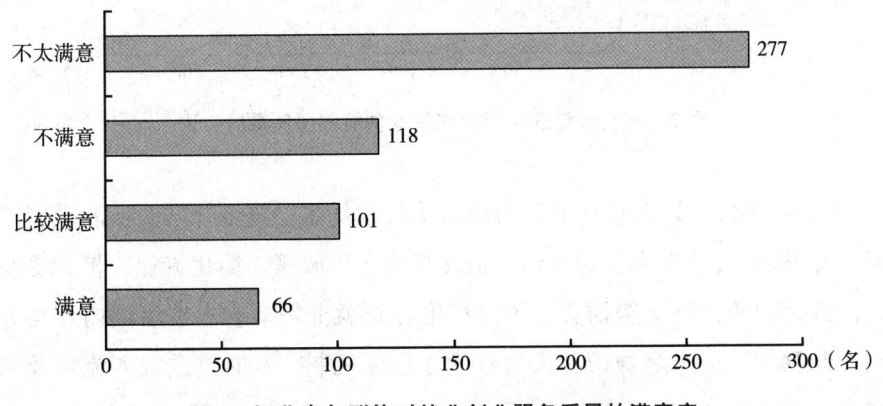

图 6 河北青年群体对就业创业服务质量的满意度

年群体提升职业技能的需求。四是高校等单位就业创业服务不够精准，未能为毕业生提供精准且高效的就业创业服务，在就业信息对接、创业指导等方面存在短板。

（七）河北青年群体对提高就业创业服务质量的建议

就业创业始终是青年群体面临的核心议题，青年群体作为推动社会发展的主力军，他们的就业创业状况不仅关乎个人的成长与发展，更对整个社会的稳定和进步有着深远影响。国家与社会的支持和助力如同基石与灯塔，是青年群体就业创业成功的关键因素。当前就业形势严峻，竞争压力日益增大，如何采取切实有效的措施助力青年群体成功就业创业是关乎经济社会发展与民生福祉的重大问题。基于此，本报告针对如何提高就业创业服务质量这一问题对被访者展开了调查，如图7所示。

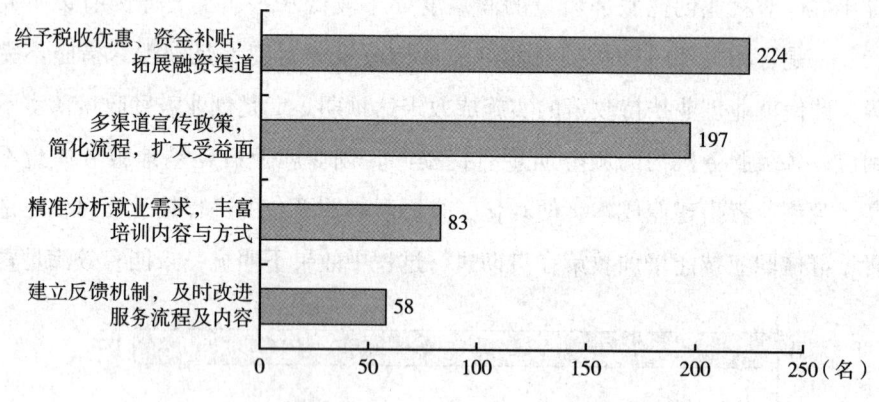

图7 河北青年群体对提高就业创业服务质量的建议

图7表明，224名被访者认为应给予税收优惠、资金补贴，拓展融资渠道，占39.9%；197名被访者认为应多渠道宣传政策，简化流程，扩大受益面，占35.1%；83名被访者认为应精准分析就业需求，丰富培训内容与方式，占14.8%；58名被访者认为应建立反馈机制，及时改进服务流程及内容，占10.3%。

三　结论及分析

（一）河北青年就业创业面临的机遇与前景

当前，青年群体面临的就业形势严峻。然而，随着数字经济的飞速发展和产业结构的稳步优化，新产业、新业态不断涌现，为就业市场注入了新的活力。其中，线上线下相结合的灵活就业逐渐成为青年群体就业的新趋势。这种新就业形态不仅为青年群体突破传统就业模式提供了可能，更拓宽了他们的就业渠道，为他们提供了更加多元化的职业选择和广阔的发展空间。同时，数字经济与实体经济的深度融合创造了大量新的就业增长点，为青年群体就业创业带来了前所未有的机遇。而基层就业服务体系的不断完善，为高校毕业生投身基层和偏远地区就业创业提供了坚实的保障。这不仅有助于缓解城市就业压力，也为青年人才提供了锻炼自我、实现价值的新舞台。当代青年群体已具备敏锐的市场洞察力，能够精准把握市场需求，不再盲目选择传统就业路径，而是根据自身发展规划，理性地选择适合自己的职业发展方向。[1]

（二）知识技能与市场需求的错位是河北青年群体就业创业面临的最大障碍

当前，河北青年群体在就业创业进程中面临的最大障碍是知识技能与市场需求的错位。传统高等教育体系注重对理论知识的学习，在实践应用方面存在欠缺，与市场需求脱节。这一现象致使高校毕业生在就业市场中普遍遭遇严峻挑战。多数高校毕业生的专业知识技能未能与新产业、新业态有效对接，与岗位需求之间的错配矛盾十分突出。此外，青年群体在掌

---

[1] 廖睿灵：《国务院办公厅出台文件围绕"扩、促、兜"综合施策——稳就业打出政策"组合拳"》，《财会学习》2023年第17期。

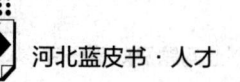

握市场信息上存在偏差，易产生不切实际的就业预期，不利于提升就业创业质量。

（三）健全的政策支持体系是提高河北青年群体就业创业质量的有力保障

河北青年群体的就业创业状况关乎区域经济的发展活力与未来走向，健全的政策支持体系是提高青年群体就业创业质量的关键所在。在技能培训政策上，河北推出了专项计划，针对新产业、新业态的需求，为青年群体提供精准的技能培训课程。例如，面对蓬勃发展的数字经济，开展大数据分析、人工智能应用等培训，让青年群体掌握前沿技术，提升就业竞争力。设立创业专项基金，为有创业梦想的青年群体提供低息甚至无息贷款，降低创业门槛。同时，对符合条件的创业项目给予资金补贴，减轻创业初期的资金压力，助力创业项目顺利起步。搭建就业创业协同平台，政府联合企业、高校等，打造青年群体就业创业孵化基地，为青年创业者提供免费或低成本的办公场地、设备设施等，组织创业导师开展"一对一"指导，分享经验与资源，帮助青年群体规避创业风险。提高企业一次性吸纳就业补贴，将适用对象由应届高校毕业生扩展到离校两年内尚未就业的毕业生和登记失业青年，享受主体从中小微企业扩展到所有企业。健全政策支持体系，全方位、多层次地为青年群体就业创业保驾护航，让他们在实现自身价值的同时，为河北的经济社会发展注入源源不断的动力。

（四）转变就业观念是提高河北青年群体就业创业质量的重要前提

部分青年将目光聚焦于体制内、大型国有企业岗位，这种单一的就业观念限制了他们的职业选择范围，也使就业竞争越来越激烈。随着经济社会的发展，新产业、新业态不断涌现，河北青年应积极转变观念，接纳新兴的就业创业模式。例如，电商直播行业蓬勃发展，为青年群体提供了展示才华与实现价值的新平台。青年群体要紧紧抓住机遇、勇于尝试，将个人兴趣与市场需求相结合，探索属于自己的职业道路。创业虽有风险，但也蕴含着巨大的成长空间和发展潜力,青年群体应转变观念,勇敢迈出创业第一步,充分利用自身的创新思维和活力及河北省独特的资源禀赋和深厚的产业基础,在市场中找到立足之地。此外,转变就业观念还意味着要树立终身学习的意识。在快速变化的就业市场中,曾经热门的职业可能在短时间内被新兴技术所取代,新的岗位和技能要求不断涌现。比如,随着人工智能技术的发展,一些简单的重复性工作被自动化设备或软件替代,同时催生了对数据分析、编程等相关技能的需求。唯有不断学习新技能、新知识,紧跟时代步伐,才能适应不同岗位的需求,提升自身在就业创业市场中的竞争力。

四 对策建议

(一)健全河北青年群体就业创业服务全链条

一是加强职业规划教育。从学校教育阶段抓起,将职业规划课程纳入基础教育和高等教育体系。在中小学阶段,开展职业启蒙教育,通过组织职业体验活动、邀请不同职业人士进校园等方式,让学生初步了解各类职业特点。在高等教育阶段,设立专门的职业规划中心,配备专业的职业规划师,为学生提供"一对一"职业咨询服务,帮助学生结合自身兴趣、特长和市场需求科学合理规划职业。

二是完善青年就业信息平台。整合政府、企业、高校等各方资源,搭建统一的青年就业信息平台。平台应实时发布各类就业岗位信息、招聘会信息、职业培训信息等,实现信息的精准推送。利用大数据技术,根据青年的职业偏好、学历背景、实习经历等,为其匹配最合适的岗位。同时,建立企业和青年的互动交流机制,企业可以在平台上发布招聘需求,青年可以在线投递简历、咨询岗位相关问题。

三是强化创业服务支持。设立创业指导中心,为有创业意愿的青年提供创业项目评估、商业计划书撰写指导、创业培训等"一站式"服务。组建创业导师团队,为青年创业者提供"一对一"指导和帮扶。建立创业项目

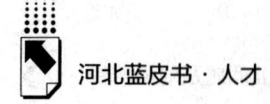

孵化基地，为初创企业提供免费或低成本的办公场地、设备设施等，帮助创业项目顺利落地。

（二）进一步拓宽基层就业创业渠道

一是加大政策扶持力度。出台一系列鼓励青年到基层就业创业的政策措施，如给予基层就业创业青年一定的生活补贴、住房补贴、创业补贴等。在公务员、事业单位招聘中，设置一定比例的岗位，面向基层服务期满的青年定向招录。对于在基层创业的青年，在税收、贷款贴息、项目审批等方面给予支持。

二是优化基层就业创业环境。加强基层基础设施建设，改善基层工作和生活条件。提高基层公共服务水平，为青年提供良好的教育、医疗、文化等公共服务。建立基层青年人才交流平台，组织开展各类交流活动，让青年在基层能够相互学习、相互交流、共同成长。同时，加强对基层就业创业青年的宣传表彰，树立先进典型，营造良好的社会氛围。

三是开发基层就业创业岗位。结合乡村振兴战略和基层社会治理需求，开发一批适合青年的基层就业创业岗位。例如，在农村地区，发展农村电商、乡村旅游、特色农业等产业，为青年提供创业机会；在城市社区，开展社区服务、养老服务、物业管理等工作，吸纳青年就业。此外，鼓励基层政府和社会组织购买青年创业项目和服务，为青年创业提供更多支持。

（三）扩大政策性岗位招聘规模

一是增加公务员和事业单位招聘数量。根据河北省经济社会发展需要和人才需求状况，合理增加公务员和事业单位招聘数量。特别是在教育、医疗、社会保障、生态环保等民生领域加大招聘力度，充实基层人才队伍。同时，优化招聘流程，提高招聘效率，缩短招聘周期，让青年能够及时获得就业机会。

二是推动国有企业扩大招聘规模。鼓励国有企业履行社会责任，积极吸纳高校毕业生就业。国有企业应根据自身发展战略和业务需求，制订年度招聘计划，优先招聘应届高校毕业生。在招聘过程中，要坚持公平、公正、公开的原则，严格履行招聘程序，确保招聘质量。

三是加大基层服务项目招募力度。扩大"三支一扶"、大学生志愿服务西部计划、特岗教师计划等基层服务项目的招募规模。提高基层服务人员的待遇水平，落实生活补贴、社会保险等政策。在服务期满后，为基层服务人员提供更多的就业优惠政策，如在公务员、事业单位招聘中给予加分、定向招录等。

（四）加大投入力度，支持灵活就业

一是完善灵活就业政策体系。制定出台支持灵活就业的专项政策，明确灵活就业认定标准、权益保障、税收优惠等方面的内容。建立灵活就业人员社会保险补贴制度，对以灵活就业形式参保的青年，给予一定比例的社保补贴，减轻其社保缴费负担。完善灵活就业人员劳动权益保障机制，加强对灵活就业平台的监管，规范平台用工行为，保障灵活就业人员的合法权益。

二是加强灵活就业培训。根据灵活就业市场需求和青年的就业意愿，开展有针对性的灵活就业培训。通过线上线下相结合的方式，为青年提供便捷的培训服务。同时，建立灵活就业培训补贴制度，对参加培训并取得相关证书的青年给予培训补贴。

三是搭建灵活就业服务平台。建立灵活就业服务平台，为灵活就业人员和用人单位提供信息对接、在线交易、支付结算等服务。平台应整合各类灵活就业资源，发布灵活就业岗位信息、项目需求信息等，方便灵活就业人员获取工作机会。同时，加强对平台的管理和监督，确保平台运营规范、安全可靠。

（五）提升帮扶温度，鼓励自主创业

一是加强创业培训和指导。开展多层次、多形式的创业培训，针对不同创业阶段的青年,提供相应的培训课程。例如,为创业初期的青年提供创业基础知识培训,包括创业项目选择、商业计划书撰写、市场调研指导等;为创业成长期的青年提供企业管理、市场营销、财务管理等方面的培训。同时,建立创业导师跟踪服务机制,创业导师定期对创业青年进行指导和帮扶,及时解决创业过程中遇到的问题。

二是优化创业融资环境。加大对青年创业的金融支持力度,鼓励金融机构开发适合青年创业的金融产品和服务。设立青年创业专项贷款,降低贷款门槛,简化贷款手续,给予优惠利率。建立创业担保贷款风险补偿机制,提高金融机构发放创业担保贷款的积极性。此外,引导社会资本参与青年创业投资,鼓励天使投资、风险投资等投资机构投资青年创业项目。

三是完善创业扶持政策。加大创业补贴力度,对初次创业的青年给予一次性创业补贴,对以创业带动就业的青年给予带动就业补贴。落实税收优惠政策,对符合条件的青年创业企业给予税收减免。加强对创业项目的支持,提供专利申请、知识产权保护等方面的服务。同时,建立创业项目退出机制,为创业失败的青年提供一定的政策支持和容错空间,帮助其重新树立创业信心。

B.6
2024年石家庄市六类企业人才需求抽样调查分析报告

王丽锟[*]

摘　要： 本报告分析了石家庄瞪羚企业、"小巨人"企业、专精特新企业、新兴产业企业、高新技术企业和重点项目企业六类企业的发展情况、人才现状和人才需求情况。调查发现，六类企业中普通人才占比较高，高学历人才不足，最需要的都是学历水平较高的青年专业技术人才，同时最看重人才的工作能力、专业知识和实践经验。另外，六类企业主要存在人才结构失衡、企业需求与人才供给错位、专项支持政策尚不完善等问题。基于调查分析，本报告提出以下促进石家庄六类企业人才发展的对策建议：优化产业结构，强化重点产业人才支撑；优化区域布局，促进人才均衡发展；构建服务体系，提供人才全生命周期服务；加强人才培养，重点强化技术技能人才培养；完善保障机制，释放更多人才政策红利。

关键词： 人才需求　重点企业　石家庄

一　2024年石家庄市六类企业人才需求情况调查

为调查石家庄市瞪羚企业、"小巨人"企业、专精特新企业、新兴产业企业、高新技术企业和重点项目企业的人才需求情况，我们在2024年4~5月在向石家庄发放人才需求调查统计表进行抽样调查，共收到来自全市22

---

[*] 王丽锟，中共石家庄市委党校管理学教研部主任、副教授，主要研究方向为人才、社会治理。

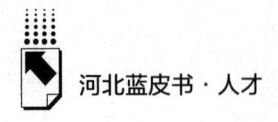

个县（市、区）20类行业370家企事业单位反馈的人才需求情况，涉及人才需求岗位1007个、所需人才5950人。

（一）抽样调查的六类企业基本情况

在370家企事业单位中，有瞪羚企业17家、"小巨人"企业15家、专精特新企业55家、新兴产业企业11家、高新技术企业63家、重点项目企业9家，六类企业共170家。

1. 企业性质

总的来说，六类企业中，154家企业为民营企业，占比为91%。具体来说，17家瞪羚企业都为民营企业。15家"小巨人"企业以民营企业为主，占比为93.33%，集体所有制企业占比为6.67%。55家专精特新企业主要为民营企业，占比为89.09%；其次是国有企业，占比为7.27%；三资企业占比3.64%。11家新兴产业企业主要为民营企业，占比为90.91%；国有企业占比为9.09%。63家高新技术企业主要为民营企业，占比为88.89%；其次是国有企业，占比为6.35%；三资企业占比为3.17%；集体所有制企业占比最低，仅为1.59%。9家重点项目企业以民营企业为主，占比为88.89%；其次是国有企业，占比为11.11%。

2. 企业类别

六类企业认定标准不同，其中，瞪羚企业由石家庄市发展和改革委员会组织认定，高新技术企业由市科技局认定，"小巨人"企业和专精特新企业由市工信局认定，新兴产业企业是根据所属产业来区分的，重点项目企业是政府认定的重点项目承担企业。由此，六类企业存在交叉。

一是17家瞪羚企业都是科技型中小企业，其中有16家同时是高新技术企业和专精特新企业，4家同时是"小巨人"企业，3家同时是新兴产业企业和重点项目企业。二是15家"小巨人"企业中，有14家同时是专精特新企业，13家同时是高新技术企业，4家同时是瞪羚企业，3家同时是新兴产业企业。三是55家专精特新企业中，同时是高新技术企业的有46家，同时是科技型中小企业的有43家。四是11家新兴产业企业中，同时是高新技术企业和专精特新企业的有10家，同时是科技型中小企业的有7家，同时是重点项目企业、"小巨人"企业和瞪羚企业的均有3家。五是63家高新技术企业中，同时是专精特新企业的有46家，同时是科技型中小企业的有41家，同时是"小巨人"企业的有13家，同时是瞪羚企业、新兴产业企业、重点项目企业的分别有16家、10家、6家。六是9家重点项目企业中，同时是高新技术企业、专精特新企业和科技型中小企业的分别有6家、5家和5家，同时是新兴产业企业、瞪羚企业、"小巨人"企业的分别有3家、3家、1家。

3. 企业上市情况

总的来说，六类企业中大部分企业尚未上市，仅有少部分企业已经在主板上市或者有其他上市情况。一是17家瞪羚企业中有13家未上市，占76.47%；有3家处于上市三年准备期，占17.65%；1家有其他上市情况，占5.88%。二是15家"小巨人"企业中未上市的占比达到53.33%；主板上市、处于上市三年准备期、有其他上市情况的企业各占13.33%；新三板上市的企业占6.67%。三是55家专精特新企业中未上市的占比为67.27%，处于上市三年准备期和主板上市的企业均占9.09%，新三板上市和有其他上市情况的企业占比均为7.27%。四是11家新兴产业企业中未上市的占54.55%，主板上市的占36.36%，处于上市三年准备期的占9.09%。五是63家高新技术企业中未上市的占61.9%，主板上市的占12.7%，有其他上市情况的占9.52%，新三板上市和处于上市三年准备期的占比均为7.94%。六是9家重点项目企业中未上市的占55.56%，主板上市和有其他上市情况的均占22.22%。

4. 所属行业

六类企业所属行业主要集中在新一代信息技术、生物医药健康和先进装备制造，这也是石家庄市重点发展的行业。一是17家瞪羚企业中新一代信息技术企业最多，占35.29%；其次是生物医药健康企业，占29.41%。二是15家"小巨人"企业中行业占比前三依次是生物医药健康、先进装备制造、新一代信息技术，占比分别为33.33%、20.00%、13.33%。三是55家专精特新企业中行业占比前三依次是生物医药健康、先进装备制造、新一代信息技术，占比分别为27.27%、23.63%、21.82%。四是11家新兴产业企业中行业占比前三依次是新一代信息技术、生物医药健康、先进装备制造，占比分别为27.27%、18.18%、18.18%。五是63家高新技术企业中行业占比前三依次是生物医药健康、先进装备制造、新一代信息技术，占比分别为25.40%、22.22%、20.63%。六是9家重点项目企业中行业占比前三依次是先进装备制造、生物医药健康、新一代信息技术，占比分别为33.33%、11.11%、11.11%。

（二）六类企业的人才现状

1. 人才类型

六类企业中普通人才占比较高，均超过三成，而专业技术人才和高技能人才占比偏低，创新人才队伍还需进一步扩容。如图1所示，一是瞪羚企业各类型人才占比从低到高依次是经营管理人才、高技能人才、专业技术人才、其他人才、普通人才，占比依次为8.5%、11.3%、22.7%、23.8%、33.7%。二是"小巨人"企业各类型人才占比从低到高依次是高技能人才、经营管理人才、专业技术人才、其他人才、普通人才，占比依次为7.3%、10.0%、19.5%、27.6%、35.6%。三是专精特新企业各类型人才占比从低到高依次是经营管理人才、高技能人才、专业技术人才、其他人才、普通人才，占比依次为6.8%、10.8%、16.7%、30.3%、35.4%。四是新兴产业企业各类型人才占比从低到高依次是高技能人才、经营管理人才、专业技术人才、普通人才、其他人才，占比依次为2.8%、5.8%、13.1%、33.0%、45.3%。五是高新技术企业各类型人才占比从低到高依次是经营管理人才、专业技术人才、高技能人才、普通人才、其他人才，占比依次为6.4%、12.6%、15.7%、31.9%、33.4%。六是重点项目企业各类型人才占比从低到高依次是高技能人才、经营管理人才、专业技术人才、其他人才、普通人才，占比依次为3.1%、4.0%、11.7%、37.2%、44.0%。

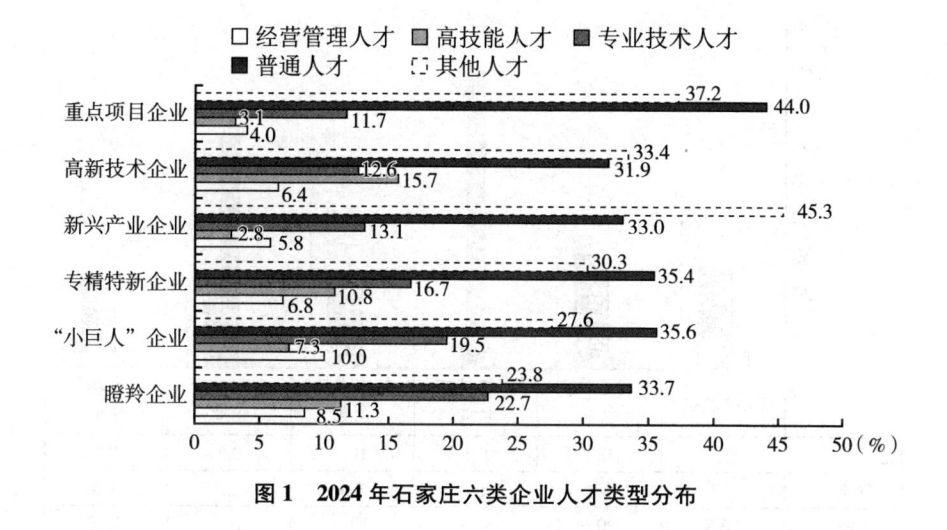

2024年石家庄市六类企业人才需求抽样调查分析报告

图1 2024年石家庄六类企业人才类型分布

2. 人才学历

六类企业高学历人才不足，以专科及以下为主。如图2所示，一是瞪羚企业各学历人数占比分别为博士0.5%、硕士4.7%、本科26.5%、专科27.7%、专科以下40.6%。二是"小巨人"企业专科以下人数最多，占36.6%；硕博学历人数占比合计不到5%。三是专精特新企业本科人数最多，占81.1%；其次是专科及以下，合计占17.7%；硕博人数占比合计不到2%。四是新兴产业企业专科以下人数最多，占54.1%；专科、本科、硕士、博士人数占比依次为24.5%、19.0%、2.3%、0.1%。五是高新技术企业本科人数最多，占61.5%；其次是专科及以下，合计占36.1%，硕士、博士人数占比合计仅为2.4%。六是重点项目企业专科以下人数最多，占57.5%；专科、本科、硕士、博士人数分别占24.9%、15.8%、1.6%、0.2%。

3. 人才年龄结构

六类企业中31~40岁人数较多，25岁及以下人才占比较低，从企业长远发展角度来看，需要更多青年人才。如图3所示，一是瞪羚企业31~35岁人数最多，占25.1%；36~40岁人数占比超1/5。二是"小巨人"企业31~35岁人数最多，占21.9%；25岁及以下人数最少，占8.5%。

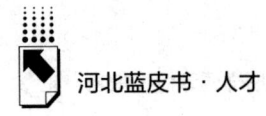

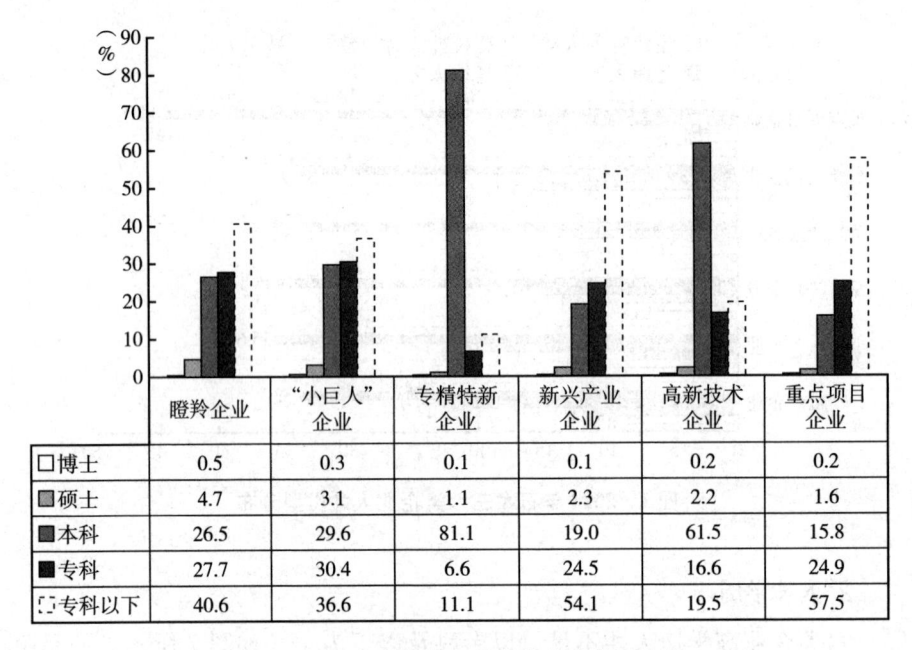

	瞪羚企业	"小巨人"企业	专精特新企业	新兴产业企业	高新技术企业	重点项目企业
博士	0.5	0.3	0.1	0.1	0.2	0.2
硕士	4.7	3.1	1.1	2.3	2.2	1.6
本科	26.5	29.6	81.1	19.0	61.5	15.8
专科	27.7	30.4	6.6	24.5	16.6	24.9
专科以下	40.6	36.6	11.1	54.1	19.5	57.5

图 2　2024 年石家庄六类企业人才学历分布

三是专精特新企业 50 岁以上人数占 10.3%，46~50 岁人数占 9.6%，41~45 岁人数占 14.3%，36~40 岁人数占 20.6%，31~35 岁人数占 20.7%，26~30 岁人数占 14.9%，25 岁及以下人数占 9.6%。四是新兴产业企业 36~40 岁人数最多，占 21.1%；25 岁及以下人数仅占 6.3%。五是高新技术企业 36~40 岁人数最多，占 27.6%；31~35 岁人数占 21.8%；41~45 岁人数占 15.7%；25 岁及以下、46~50 岁、50 岁以上人数占比依次为 8.5%、7.8%、3.9%。六是重点项目企业 31~35 岁人数最多，占 24.4%；36~40 岁、26~30 岁、50 岁以上、41~45 岁、46~50 岁人数占比依次为 21.3%、12.8%、12.7%、12.6%、8.9%；25 岁及以下人数最少，仅占 7.3%。

（三）六类企业的人才需求

1. 人才需求原因

六类企业人才需求较为旺盛，主要原因是技术进步需要、业务拓展需要

2024年石家庄市六类企业人才需求抽样调查分析报告

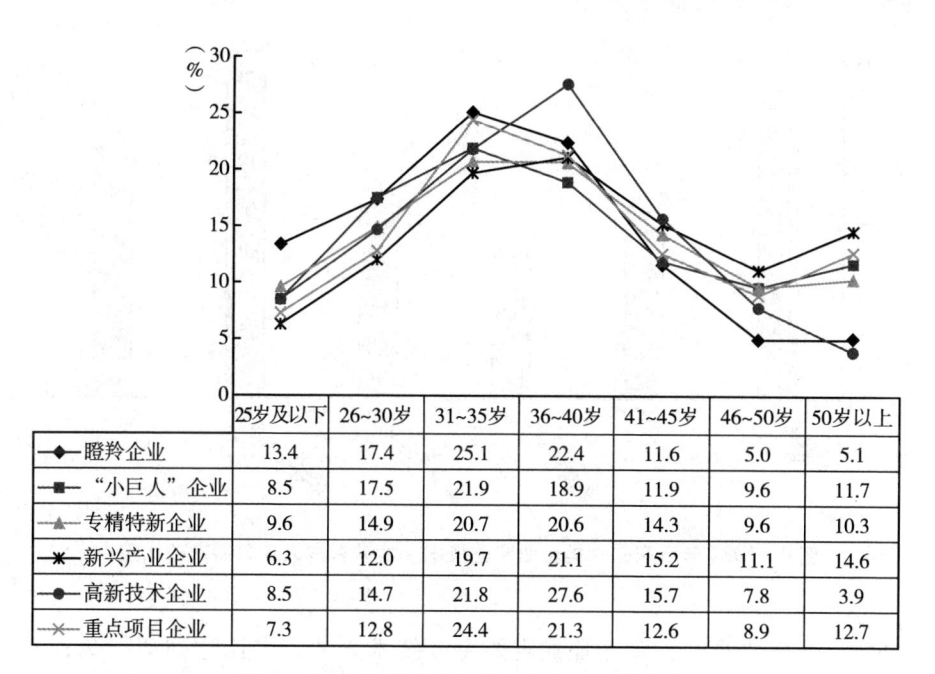

	25岁及以下	26~30岁	31~35岁	36~40岁	41~45岁	46~50岁	50岁以上
瞪羚企业	13.4	17.4	25.1	22.4	11.6	5.0	5.1
"小巨人"企业	8.5	17.5	21.9	18.9	11.9	9.6	11.7
专精特新企业	9.6	14.9	20.7	20.6	14.3	9.6	10.3
新兴产业企业	6.3	12.0	19.7	21.1	15.2	11.1	14.6
高新技术企业	8.5	14.7	21.8	27.6	15.7	7.8	3.9
重点项目企业	7.3	12.8	24.4	21.3	12.6	8.9	12.7

图3 2024年石家庄六类企业人才年龄分布

和人才储备需要，注重从企业发展实际出发。具体来说，根据抽样调查数据，在人才需求原因上，一是瞪羚企业主要考虑技术进步需要，此外还有业务拓展需要及人才储备需要。二是"小巨人"企业主要考虑业务拓展需要、技术进步需要和人才储备需要，以应对未来的挑战。三是专精特新企业主要考虑技术进步需要，此外还有业务拓展需要及人才储备需要。四是新兴产业企业主要考虑业务拓展需要和技术进步需要，其次是人才储备需要。五是高新技术企业主要考虑业务拓展需要、技术进步需要以及人才储备需要。六是重点项目企业主要考虑人才储备需要，其次是技术进步需要。

2.所需人才类型

总的来说，六类企业最需要的人才类型都是专业技术人才，如图4所示，六类企业专业技术人才需求占人才总需求的比重都超过六成。具体来说，一是瞪羚企业所需人才类型主要为专业技术人才，占比为77.2%；其次是高技能人才，占比为18.3%；对经营管理人才的需求相对较低，仅占

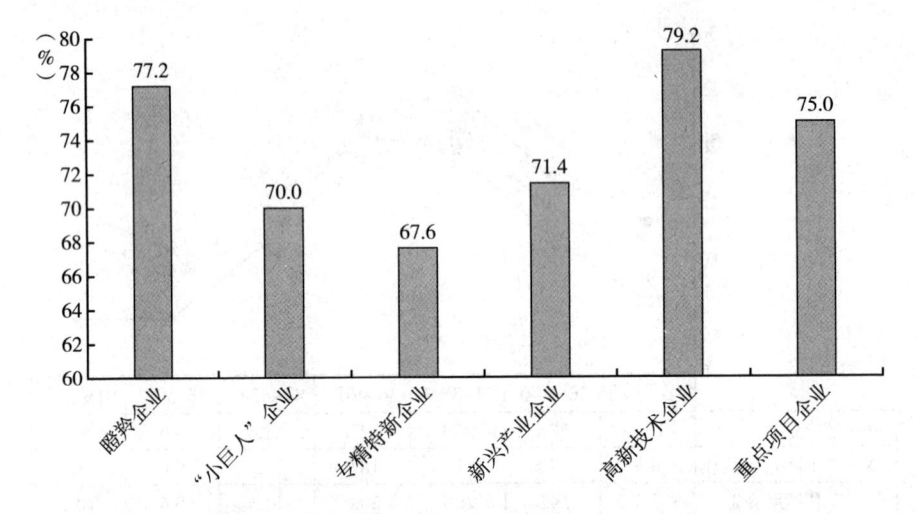

图 4　2024年石家庄六类企业专业技术人才需求占人才总需求的比重

4.5%。二是"小巨人"企业最需要专业技术人才，占比达到70.0%；其次是高技能人才，占比为20.0%；对经营管理人才的需求相对较低，占比为10.0%。三是专精特新企业最需要专业技术人才，占比为67.6%；其次是高技能人才，占比为22.5%；经营管理人才占比仅为4.2%；其他人才占比为5.7%。四是新兴产业企业最需要专业技术人才，占比为71.4%；其次是高技能人才，占比为21.4%；对经营管理人才的需求相对较低，仅占7.2%。五是高新技术企业所需人才类型中，专业技术人才占比最高，达到79.2%；高技能人才占比为16.9%；经营管理人才占比为3.9%。六是重点项目企业所需人才类型中，专业技术人才是最受关注的，占比为75.0%；其次是高技能人才、经营管理人才，占比分别为16.7%、8.3%。

3. 所需人才学历

六类企业对本科和硕士学历人才的需求较为迫切，如图5所示。具体来说，一是瞪羚企业的本科学历人才需求最为迫切，占比为55.0%；其次是硕士学历人才，占比为30.0%；博士学历人才占比为15.0%。二是"小巨人"企业最需要本科学历人才，占比为42.2%；其次是硕士学历人才，占比为36.8%。三是专精特新企业最需要本科学历人才，占比达到51.6%；其次是硕士学历人才，占比为31.3%；对博士和专科学历人才的需求相对较低，分别占12.5%和4.6%。四是新兴产业企业最需要本科学历人才，占比为53.8%；其次是硕士学历人才，占比为23.1%。五是高新技术企业最需要本科学历人才，占比达到45.1%；其次是硕士学历人才，占比为39.4%。六是重点项目企业最需要硕士学历人才，占比为40.0%；其次是本科学历人才，占比为30.0%；对专科和博士学历人才的需求相对较低，分别占20.0%和10.0%。

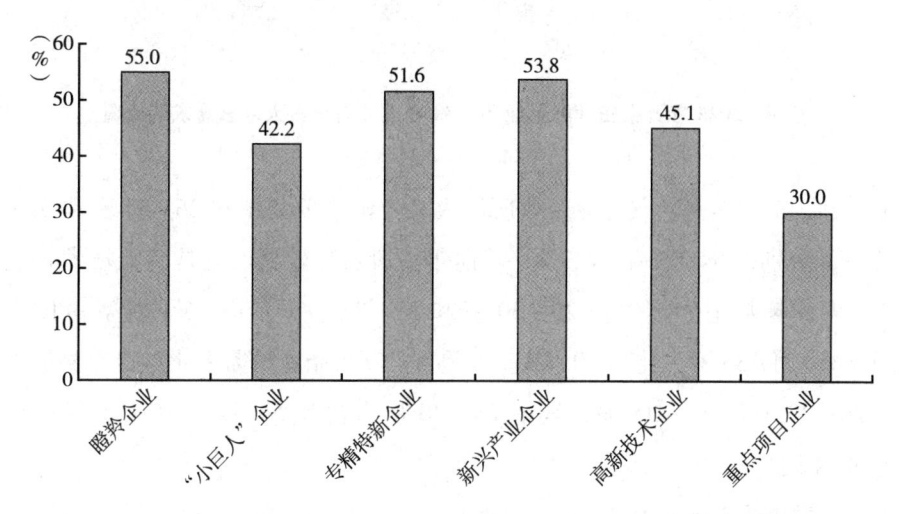

图5 2024年石家庄六类企业本科学历人才需求占人才总需求的比重

4. 需求人才年龄

总的来说，六类企业对26～35岁人才的需求较为迫切，特别是对26～30岁人才的需求较为突出，如图6所示。具体来说，一是瞪羚企业所需人才的年龄主要集中在26～30岁和31～35岁。其中，31～35岁人才占比最高，达到47.6%，26～30岁人才占比为33.3%，对其他年龄段人才的需求相对较低。二是"小巨人"企业所需人才年龄主要集中在26～30岁和31～35岁，分别占47.1%、29.4%，36～40岁人才占23.5%。三是专精特新企业所需人才年龄主要集中在26～30岁，占比达到45.2%；其次是31～35岁，占

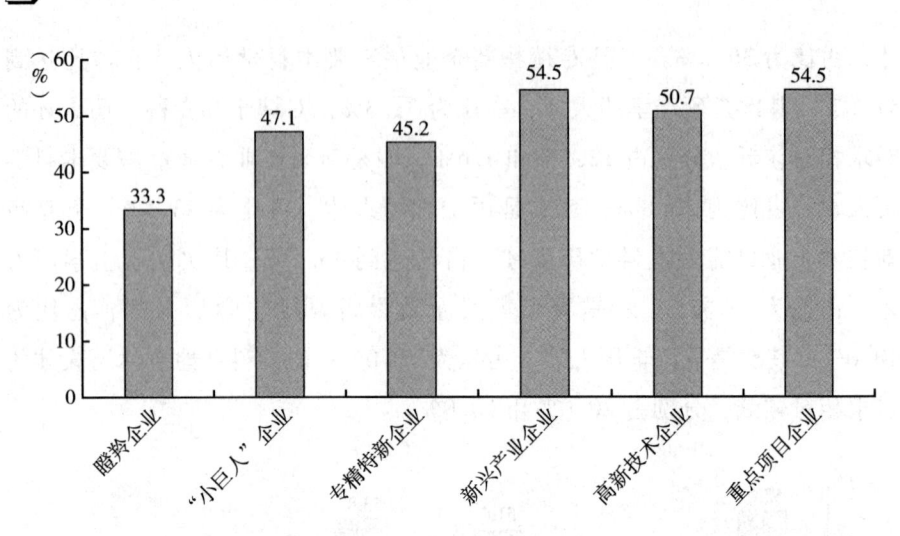

图6　2024年石家庄六类企业26~30岁人才需求占人才总需求的比重

比为32.3%。四是新兴产业企业所需人才年龄主要集中在26~30岁和31~35岁，分别占54.5%和27.3%，其他年龄段占比较低。五是高新技术企业所需人才年龄主要集中在26~30岁和31~35岁，其中26~30岁占比为50.7%，31~35岁占比为30.4%。六是重点项目企业所需人才年龄主要集中在26~30岁和31~35岁，其中26~30岁占比为54.5%，31~35岁占比为36.4%。

5.看重的人才要素

工作能力、专业知识和实践经验是石家庄六类企业最重视的人才要素。调查数据显示，瞪羚企业最看重的人才要素依次是工作能力、专业知识、实践经验、品德、学历、态度、担当、潜力、人际沟通、性格和形象；"小巨人"企业最看重的人才要素依次是工作能力、专业知识、实践经验、品德、学历、态度、担当、潜力、人际沟通、性格和形象；专精特新企业最看重的人才要素主要为工作能力、品德和专业知识；新兴产业企业最看重的人才要素主要为工作能力、专业知识和品德；高新技术企业最看重的人才要素主要为工作能力、专业知识、品德和态度；重点项目企业最看重的人才要素主要为工作能力、实践经验、品德和态度。

二 六类企业在人才方面存在的主要问题及人才需求主要特点

（一）存在的主要问题

一是人才结构失衡。首先，从人才类型看，石家庄六类企业普通人才占比较高，专业技术人才和高技能人才占比偏低，需要进一步提高这两类人才占比，以增强企业发展后劲。其次，从学历看，高学历人才匮乏，硕士、博士人才占比有待提升。最后，从年龄看，青年人才缺口较大，六类企业现有人才年龄普遍在30岁以上，中老龄化趋势日益显现。

二是企业需求与人才供给错位。一方面，六类企业人才需求类型主要为专业技术人才和高技能人才，人才供给尚不能满足需求。另一方面，六类企业普遍需要本科及以上学历人才，但现有人才学历以专科及以下为主，需要补充大量本科学历人才。

三是专项支持政策尚不完善。抽样调查的六类企业中91%为民营企业，但目前石家庄针对民营企业的支持政策尚不完善，需要进一步加大支持力度，尤其是在人才政策方面。

（二）人才需求主要特点

石家庄六类企业的人才需求具有以下6个特点。一是人才需求年轻化，主要集中在青年群体。二是学历要求规范化，六类企业都属于科技含量较高的企业，它们对人才的需求体现了对人才系统性知识结构的重视，反映了企业务实、稳扎稳打的作风。三是人才类型专业化，专业技术人才和高技能人才需求反映了产业升级对细分领域专精人才的需求。四是能力要求实践化，更加强调应用型能力，注重能力与岗位的适配度。五是用人理念效能化，突破单一学历或年龄限制，更关注综合产出能力，体现从人才储备向效能驱动的企业用人观念的转变。六是培养方向清晰化，产教融

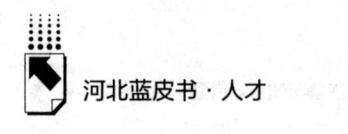

合成为重点，需强化实践教学环节。

石家庄六类企业的人才需求特点反映了3个现状。第一，企业的竞争压力较大，科技发展趋势促使企业不断通过创新提高科学技术水平和产品科技含量，企业从研发到设计环节的创新均催生了新的人才需求。第二，企业主动求变，注重从企业发展需求出发。第三，现有人才无法满足企业技术进步和业务拓展的需求。

三 促进石家庄六类企业人才发展的对策建议

（一）优化产业结构，强化重点产业人才支撑

1. 推动第三产业与新兴产业协同发展

一是重点加强新一代信息技术产业布局。依托高新区、鹿泉区等产业集聚区，建设国家级新一代信息技术产业园，吸引龙头企业入驻，形成"研发—制造—应用"全链条生态。设立专项基金，支持人工智能、物联网等领域的技术攻关。提升现代服务业竞争力，鼓励校企合作建立实训基地，定向培养复合型服务人才。同时，支持职业教育机构开设跨境电商、智慧物流相关的新课程。二是培育新兴产业增长点。针对高分子材料、数字仿真等新兴产业，编制石家庄市新兴产业人才引进目录，对符合条件的企业给予专项引才补贴，并提供研发经费支持。

2. 促进传统产业转型升级

一是推动传统制造业智能化改造。为先进装备制造、现代食品等传统产业提供"智改数转"补贴，鼓励企业引入工业机器人、智能生产线，同步开展员工技能再培训。二是重点支持生物医药产业创新。依托石家庄生物医药基地，建设国际医药研发中心，吸引全球顶尖科研团队。对取得重大技术突破的企业给予税收减免及市场准入优先权。

3. 完善产业人才政策体系

一是建立"重点产业人才池"。联合高校、科研院所和企业，按需定制人才培养计划。二是实施"产业+人才"双链融合计划。在重点产业中进一

步完善链长制，牵头协调产业链与人才链对接，确保关键技术岗位的人才供给。

（二）优化区域布局，促进人才均衡发展

1. 强化中心城区辐射带动作用

一是打造裕华区、桥西区人才高地。在裕华区进一步打造"青年人才社区"，提供低价公寓、创业孵化空间及"一站式"政务服务；在桥西区设立金融与商贸人才服务中心，吸引高端服务业人才。二是推动高新区产城融合。加快高新区交通、教育、医疗等配套设施建设，引入国际学校和三甲医院，提升区域吸引力。

2. 支持县域及县改区发展

一是大力实施"县域人才振兴计划"。对鹿泉区、栾城区、藁城区3个县改区，每年安排专项资金，用于引进农业科技、乡村旅游等特色产业人才。二是建立"飞地人才工作站"。鼓励县域企业与中心城区高校共建研发中心，通过"人才共享"模式破解县域高端人才短缺难题。

3. 构建区域协同发展机制

推进"一小时人才圈"建设，优化石家庄与保定、衡水等周边城市的交通网络，推动人才资质互认、社保互通，促进区域间人才自由流动。

（三）构建服务体系，提供人才全生命周期服务

1. 扩大本科人才引进政策覆盖面

一是重点加强本科人才引进力度，扩大政策覆盖范围，满足六类企业的本科人才需求。二是进一步加大对高学历人才的引进力度，在目前"人才绿卡"专项补贴政策的基础上，进一步出台教育、医疗等方面的人才优惠政策，释放更多政策红利。对硕士及以上人才，提供子女入学、三甲医院VIP诊疗服务等便利。三是完善"校企联合培养"模式，与河北工业大学、河北科技大学等本地高校合作，设立"石家庄市产业硕博班"，定向培养新一代信息技术、生物医药健康等领域人才，由企业提供实习岗位并承担部分学费。四是

建立"海外人才离岸创新基地",在国内科技发展前沿地区设立工作站,吸引海外高层次人才通过项目合作、短期驻留等方式服务石家庄。

2. 向更多青年人才敞开大门

一是继续实施"零门槛"落户政策。对青年人才敞开落户大门,其配偶及子女可同步落户,并优先安排子女入学。二是进一步加强人才公寓建设。实施"青年英才安居计划",在高新区、鹿泉区等企业集聚区规划建设更多便利化、个性化的人才公寓,加强医疗、教育、绿化、休闲等配套设施建设。

3. 强化科研支持,重点支持青年人才科研创新

一是设立石家庄科技创新基金。每年投入上亿元资金,支持企业联合高校开展关键技术攻关,科研成果转化收益的50%归研发团队所有;重点向青年人才提供科研创新基金,为更多青年人才提供机会和平台。设立青年创业种子基金,对符合条件的创业青年给予更大力度的无息贷款支持。二是建设共享实验室。在石家庄国际生物医药园、正定数字经济产业园布局公共实验平台,为企业提供低成本研发设施。三是营造青年友好型就业环境。试行弹性工作制,在瞪羚企业、高新技术企业推广"4.5天工作制",允许远程办公,提升工作灵活性;强化"人才社交圈"建设,定期举办技术沙龙、创业路演等活动,促进青年人才交流与合作。

(四)加强人才培养,重点强化技术技能人才培养

1. 推行"专项对口式"职业教育

一是注重以工作能力为核心的培养模式,提高人才综合能力。二是由瞪羚企业、"小巨人"企业等牵头,联合石家庄职业技术学院、河北工业职业技术大学等院校,开设新一代信息技术、生物医药健康、智能制造等定制化专业,学生可到企业实习,优秀毕业生可以直接进入合作企业就业。三是发放技能认证补贴,对取得国际认证的技能人才给予人才奖励。

2. 建立产教融合实训基地,完善技能人才晋升通道

一是优化"政府—企业"共建模式,在高新技术开发区建设10个实训

基地，配备先进设备（如工业机器人、基因测序仪），由企业技术骨干担任实训导师，学员可获"实训+就业"一体化保障。二是进一步完善新型学徒制，企业联合职业院校开展在职培训，员工通过考核后可晋升为高级技工或工程师，并享受薪资上浮政策。

（五）完善保障机制，释放更多人才政策红利

1. 加强差异化政策支持

一是分类制定补贴标准，为瞪羚企业、专精特新企业等六类企业额外提供人才引进补贴。二是进一步完善"一企一策"服务，为重点项目企业提供专属政策包，包括人才公寓配额、科研经费配套等。

2. 强化政策宣传与落实

一是完善"石i企""石i民"数字化平台的人才服务板块，集成政策查询、补贴申报、落户办理等功能，提供"一站式"服务。二是设立企业需求人才联络专员，每个区配备5名专员，定期走访企业，解读人才政策并收集人才需求信息。

3. 构建人才评价新体系

一是给予企业更大的人才评价自主权。二是实施"能力+贡献"双维度考核，将技术专利、项目成果等纳入评价指标，高技能人才可破格评定高级职称。

4. 建立人才政策动态调整机制

根据企业人才需求变化和产业发展形势变化，每年修订一次政策细则，以更好地为企业做好人才供给工作。

参考文献

王丽锟：《2024年石家庄市人才需求调研报告》，2024年11月。

王丽锟：《2024年石家庄市人才需求指导目录分析报告》，2024年5月。

人才队伍建设篇

B.7 老龄化背景下养老服务人才队伍建设研究[*]
——以保定市为例

赵萌 罗坤[**]

摘　要： 随着我国人口老龄化加速，老年人对养老服务的需求不断增长，加强养老服务人才队伍建设成为保障高质量养老服务的关键。基于此，本报告以河北省保定市为例，对养老服务人才队伍建设现状、存在的问题进行分析，发现保定市养老服务人才缺口明显，无法满足现阶段需求，特别是激励机制匮乏、行业准入门槛低、院校专业设置不合理等问题使保定市养老服务人才供需矛盾加剧。结合先进地区养老服务人才队伍建设的成功经验，本报告从政府、行业、院校等方面就进一步加强养老服务人才队伍建设提出对策建议，包括强化政府主导、完善行业指导、加强院校引导等，以更好地满足日益增长的养老服务需求。

---

[*] 本报告为河北省社会科学院 2025 年度智库项目（QN2025001）阶段性成果。

[**] 赵萌，河北省社会科学院人力资源与劳动经济研究所助理研究员，主要研究方向为养老产业人力资源开发；罗坤，保定国家高新区经济服务局四级业务主办，主要研究方向为社会保障。

关键词： 养老服务　人才队伍建设　老龄化　供需现状　保定

一　保定市养老服务行业发展及人才供需现状分析

（一）保定市养老服务行业发展现状

1. 政策支持体系逐步完善

近年来，为应对人口老龄化挑战，保定市出台了一系列政策文件支持养老服务行业的发展，如《保定市关于发展银发经济的实施方案》《保定市发展银发经济三年行动计划》，明确了养老服务行业的发展方向和目标，在全省率先出台了财政扶持、土地供应、税收优惠等方面的举措，支持银发经济发展；出台《承接北京养老需求向保定疏解实施方案》，举办京津养老行业"保定行"暨保定市养老产业推介会，积极承接北京养老服务功能疏解，加强区域养老服务合作；印发《关于市级财政支持养老服务体系建设的实施意见》，对主城区符合申请条件的居家和社区养老服务机构、老年助餐服务设施、农村互助养老服务设施给予建设和运营补贴；推行养老服务人才提升计划，通过政府补贴、企业支持和个人投入相结合的方式，有效提升养老服务人才队伍的整体素质。这些政策举措为养老服务行业提供了有力保障，促进了养老服务机构的建设和发展。

2. 养老服务机构数量不断增长，规模不断扩大

全市备案养老服务机构从2021年的120多家增长到2024年的161家，床位总数从2021年的2.1万张增长到2024年的2.7万张[①]，机构数量稳步增加，床位持续扩充。此外，养老服务机构的单体规模也呈扩大态势，如东篱颐养社区2021年占地面积为50亩，通过新增土地开发，2024年占地面

---

① 《保定市："家门口"养老　幸福感这样来》，"河北民政"微信公众号，2024年11月1日，https://mp.weixin.qq.com/s/TugHPIki9LkxqvbiffO6gA。

积扩展至 80 亩，并新增娱乐、康复等功能区域，可容纳老年人数量从 800 人增加到 1500 人；基泰颐养中心 2021 年仅有 1 栋养老服务楼，2024 年新增 2 栋，服务团队从 2021 年的 50 人增加到 2024 年的 100 人，内容从基础的生活照料拓展到康复护理、心理咨询、个性化膳食定制等多元化服务，满足老年群体的不同需求。

3.银发经济产业格局初步形成

为推动银发经济规模化发展，保定市构建了"一中心五基地"的养老服务产业格局。其中，"一中心"为京津冀银发经济产业园，园区分为核心区与拓展区两个区域，涵盖了生产基地、研发中心、康复医院等多个板块。"五基地"包括环京协同康养基地、老年康复辅具生产基地、老年生活用品生产基地、老年护理用品生产基地、老年健康食品生产基地，分布在莲池、高阳等不同县区，进一步加快银发经济规模化、标准化、集群化、品牌化发展。

此外，保定市银发经济产业涵盖营养保健品、护理用品、康复辅具、医疗器械、中医药等多个行业领域，产业配套完善，并在企业培育与发展上取得了显著成果。例如，在护理用品领域，河北义厚成日用品有限公司、保定雨森卫生用品有限公司、河北金博士卫生用品有限公司等纸企有 5 项产品入选工信部《2023 年老年用品产品推广目录》；在康复辅具领域，河北普康医疗设备有限公司、保定迈卓医疗器械有限公司的产品均入选《2024 年河北省老年用品推广目录》。

（二）保定市养老服务人才需求分析

截至 2024 年 5 月，保定市常住人口为 909.9 万人，其中 60 岁及以上人口为 200.3 万人，占 22%，表明保定市已步入中度老龄化社会。[①] 在人口老龄化程度加深的背景下，保定市发布多项政策推动养老服务行业发展，如《保定市养老服务体系建设"十四五"规划》鼓励建设更多养老服务设施，

---

① 《京津冀银发经济产业园成立》，保定市人民政府网，2024 年 5 月 11 日，https://baoding.gov.cn/xwfbhcon-1061-418725.html。

开展养老服务项目。在政策引导下，养老服务行业投资增加，规模不断扩大，新的项目不断涌现，需要大量专业人才支撑项目的运营与发展。以东篱颐养社区为例，其规模近年来不断扩大，按合理的护工与老年人配比计算，每新增一定数量的床位，就需要补充护理人员。随着机构规模的持续扩大，养老服务行业对人才的需求将呈"爆发式"增长。

此外，随着社会的发展，老年人的需求日益多元化，养老服务也从单纯的生活照料逐步向医疗保健、康复护理、文化娱乐、心理慰藉等多维度拓展。例如，随着患慢性病、失能半失能老年人的增多，其对康复训练的需求不断增长，养老服务机构需要专业康复治疗师为老年人制定个性化康复方案，帮助老年人恢复身体机能。另外，心理慰藉同样关键，老年人易因孤独、疾病等产生心理问题，养老服务机构需要具备心理学专业知识、掌握心理疏导技巧的专业心理咨询师，通过"一对一"交流、团体心理辅导等方式，帮助老年人排解负面情绪，保持心理健康。综上，多元化的服务需求使养老服务行业对不同背景的专业人才需求大增。

（三）保定市养老服务人才供给分析

截至2024年底，保定市在职养老护理员数量为1983人。[①] 然而，与保定市庞大的老年人口基数以及快速增长的养老服务行业规模相比，这一数量远远不够。按较为合理的护工与老年人1∶3的配比标准来计算，2.7万张床位需要9000名护理人员，人才缺口巨大。并且，随着养老服务机构数量持续增加、规模不断扩张，其对养老服务人员的需求越来越大。根据2024年保定市民政局针对全市养老服务人员开展的专项统计调查，在1983名在职养老护理员中，取得等级证书的仅有960人，占比为48.4%，经过专业培训的养老护理员不足一半。

另外，在全市84家医养结合机构中，专业人员缺口明显，以某大型医

[①] 《保定市年底实现县乡村三级养老服务网络全覆盖》，"河北民政"微信公众号，2024年5月31日，https://mp.weixin.qq.com/s/p7j1UNJSPolVNiPPeM15dA。

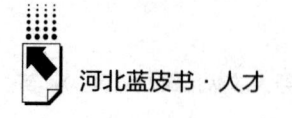

养结合机构为例，该机构拥有300张床位，按每100张床位至少配备1名执业医师的标准，应配备3名执业医师，但实际仅聘请到1名，且该医师还负责日常诊疗与应急处置，精力分散，难以对每位老年人进行精细化诊疗；按每10名老年人需配备1名护士的标准，此机构至少应配备20名护士，可实际在岗护士仅有15人，其中熟练掌握老年人护理技巧，能精准操作血糖仪、心电监护仪等设备的专业护士占比不足60%。再看全市整体情况，据统计，保定市每千名60岁以上老年人中，患有心脑血管疾病、糖尿病等慢性病的老年人占比高达60%，对专业医生需求较大。但2024年保定市民政局联合市卫生健康委开展的医养结合机构专项调研显示，全市医养结合机构内，平均每500名老年人才能分配到1名擅长老年慢性病管理的医生，缺口不容忽视。

二 保定市养老服务人才队伍建设困境

目前，保定市在养老服务人才队伍建设方面积极采取了多项有力措施，取得了显著成效，但仍然存在大量问题。从政府、行业及院校等方面综合分析，梳理不同层次问题，将为养老服务人才队伍建设提供新的思路。

（一）政府层面

1. 政策不健全

从对养老服务机构的支持上说，尽管保定市出台了一些支持养老服务行业发展的政策，并明确了整体目标与方向，但在落实方案、考核及激励机制等方面不够完善，也未明确监管部门，致使养老服务机构在运营时缺乏详细规划。表面上，众多养老服务机构有人才培养计划和培训方案，然而在具体措施落实与详细方案执行上却力不从心，成效欠佳。

从对养老服务人才的支持上说，保定市尚未针对养老服务专业人才制定有吸引力的落户、购房等优惠政策，难以吸引外地优秀人才流入。石家庄为吸引医疗养老相关专业人才，推出了人才落户"零门槛"政策，对符合条件的专业人才给予最高 20 万元的购房补贴，这使石家庄在吸引外地养老服务人才方面成效显著。相比之下，保定市在这方面缺乏相应举措，导致外地养老服务人才流入较少。

2. 资金投入不足

养老服务事业的蓬勃发展离不开政府强有力的财政支撑，从人才培养到队伍建设，政府的财政投入贯穿始终。但由于政府的资金有限，大部分资金投入公办养老服务机构，民营养老服务机构融资渠道单一、经费有限，缺乏科学且系统的培训计划，养老服务人才培训的质量与效果难以保障。同时，资金短缺直接影响了养老服务人员的收入与福利水平。当前，养老服务人员工资普遍偏低、福利欠佳，这不仅阻碍了养老服务行业的人才队伍建设，也严重制约了整体服务质量的提升。以某大型连锁养老服务机构保定分店为例，因缺乏激励资金，优秀员工难以获得奖励，工作积极性受挫，服务质量提升动力不足。与之对比，该机构在其他城市的分店凭借完善的奖励机制，有效激发了员工服务热情，服务质量评分远超保定分店。

3. 激励机制匮乏

当前，政府在养老服务行业福利待遇、特殊岗位补助等方面缺乏明确的政策规定与激励举措，难以满足基本需求，导致人才短缺、流动频繁，人才队伍不稳定。同时，当前社会对养老服务行业认可度不高，政府尚未通过有效激励手段提升行业整体的社会认同感，如尚未将部分养老服务岗位纳入编制，鼓励专业人员通过考试竞聘入编；也尚未采取举措解决异地养老服务人员的户口及子女教育问题。重视程度不足、激励机制缺失致使养老服务人才队伍规模难以扩大，严重制约了养老服务行业的发展。

（二）行业层面

1. 行业吸引力不足

据了解，保定市养老服务行业月工资为 3000~4000 元，远低于当地服务行业平均薪资。例如，某县公办养老服务机构的护理员工作强度大，不仅要照顾老年人日常生活起居，还需应对突发状况，但其月薪仅为3500元，这使许多求职者望而却步。除了薪资待遇，在工作环境上，保定市一些民办养老服务机构居住空间狭小，通风、采光条件不佳，护理员需在这样的环境中长时间工作，易产生身体与心理的双重疲劳。同时，养老服务工作的精神压力较大，护理员存在老年人可能突发意外状况的心理负担，却缺乏有效的心理疏导机制，进一步削弱了行业吸引力。

2. 职业发展空间有限

养老服务行业晋升制度较为模糊，基层护理人员职业发展受限。以保定市某连锁养老服务机构为例，护理员晋升管理岗位不仅名额稀缺，还需多年工作经验、高学历及多项专业资质，令众多一线护理人员望而却步，进而导致大量人才流失。同时，培训体系存在短板，培训内容多聚焦基础护理技能，缺乏对老年心理学、康复护理等专业领域的深入培训，难以满足从业者提升专业能力的需求，阻碍了行业人才队伍的稳定发展。

3. 行业准入门槛低

当前，我国虽设置了养老服务人才国家职业标准，对护理人员也进行了等级划分，明确了工作内容并建立了资格认证制度，但资格认证不是强制的，也缺少明确的职业道德规范，部分养老服务机构对服务人员要求不高，护理员仅经过简单的技能培训即可上岗，准入门槛低导致养老服务行业整体质量难以提升，人才队伍专业化水平受限。以某小型民办养老服务机构为例，新入职护理员培训时长仅为一周，且内容局限于基础照料，缺乏专业技能与职业道德相关内容，导致服务水平参差不齐，阻碍了养老服务行业的健康发展。

（三）院校方面

1. 专业设置不合理

目前，保定市开设养老服务相关专业的院校屈指可数，专业结构单一，多数集中于老年服务与管理专业，养老康复技术、老年精细化护理等细分领域几乎处于空白状态。这种宽泛的专业设置使学生的知识体系难以聚焦某一领域，所学内容广而不深，难以契合当前养老服务市场对专业化人才的迫切需求，导致毕业生在就业市场上缺乏核心竞争力。

2. 师资力量薄弱

目前，保定市大专及以上院校开设的养老服务与管理专业较少，而且大都是职业院校，办学层次较低。部分学校聘请养老服务机构专业人员担任兼职教师为学生提供指导，这些兼职教师虽具备专业的养老服务知识与技能，但教学能力一般。①一方面，他们对养老服务行业人才需求的认识不够深入，难以精准把握教学方向；另一方面，教学方法与体系不够健全，致使教学工作无法紧跟养老服务行业发展步伐，严重制约了养老服务专业人才培养质量的提升，难以满足行业日益增长的多元化需求。此外，一些教师不熟悉线上教学平台，如某县级养老服务机构在开展线上康复护理培训时，教师难以有效互动答疑，致使培训效果不佳，严重制约了养老服务人才队伍建设的质量与速度。

3. 实践教学不足

保定市院校养老服务相关专业以传统课堂讲授为主，实践课程占比偏低。一些兼职教师虽有实操经验，但因教学精力有限，无法对每位学生进行细致指导。同时，实践教学设施陈旧、场景简单，难以让学生接触前沿的养老服务实操技术。此外，校外实践基地建设不完善，合作机构接纳实习学生数量有限，学生缺少真实且充足的实践锻炼机会，导致实践能力难以提升。

三 先进省市养老服务人才队伍建设的经验借鉴

本报告以具有代表性的上海市、江苏省、浙江省为例，从政策扶持、教育培训体系构建、激励机制完善等维度分析这些先进省市在养老服务人才队伍建设方面的先进经验。

---

① 周丽：《大数据视域下高端养老服务人才培养模式探讨》，《企业改革与管理》2022年第13期。

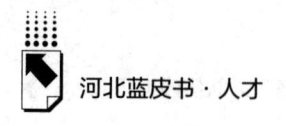

（一）上海市养老服务人才队伍建设经验

上海市通过完善相关政策、加大资金扶持力度、强化职业培训等举措，多维度推动养老服务人才队伍建设。

1. 完善相关政策

在推动养老服务行业发展方面，印发《上海市推动银发经济高质量发展若干政策措施》，鼓励养老服务机构引入前沿管理理念与专业照护模式，以标准化建设为基石、规范化运营为路径，全方位提升服务质量，为老年人精心打造更为优质、精细的生活照料与康复护理服务体系。与此同时，在培育壮大经营主体方面，广泛吸引各类企业踊跃投身养老服务行业，全力打造具有广泛影响力的银发经济示范品牌，推动整个行业朝规模化、品牌化的高质量发展方向稳步迈进。在人才引进政策方面，出台《上海市推进养老护理员队伍建设行动方案（2024—2027年）》，将已纳入本市急需紧缺职业（工种）目录的外省市户籍养老护理员，按相应条件纳入人才引进范畴，着力解决其落户难题，以此吸引外地优秀人才汇聚。同时，探索建立养老护理工作者专业技术水平评价体系，对符合条件、服务满一定年限并达到一定技能等级的养老护理员给予相应补贴，吸引高技能、高层次人才投身养老护理员队伍，对住房困难的养老护理员，支持其按规定申请新时代城市建设者管理者之家等保障性租赁住房，并鼓励各区制定专项支持举措，从落户、补贴、住房等维度提升养老服务人才的归属感与获得感，壮大本市养老服务人才队伍。

2. 加大资金扶持力度

为进一步推动养老服务人才队伍建设，出台《上海市养老护理员激励补贴实施办法》，规定在沪合法注册养老服务机构中，持资质证书、签劳动合同并缴纳社保的养老护理员，依服务年限与职业技能等级获得补贴，补贴最高可达市最低工资的100%。此外，《上海市人力资源和社会保障局等七部门关于进一步加强本市重点产业领域技能人才培养试点工作的通知》提出上调相关工种补贴标准、扩大培训补贴对象范围等举措，其中包括养老护理人才。

3. 强化职业培训

在职业培训方面，上海搭建了多元平台。一方面，多所高校及中职院校开设老年服务与管理相关专业。比如，上海健康医学院设立了养老服务管理本科专业，构建了完整的人才培养通道，持续为行业输送专业人才。另一方面，社会力量广泛参与，诸多养老服务机构与专业培训机构紧密合作，开展在职人员培训。比如，某大型连锁养老服务机构与当地培训中心联合，针对在职养老护理员开展"失智老人照护"专项课程，通过理论与实操，显著提升了养老护理员对失智老人的照护水平。

同时，上海市制定了详细的养老服务职业技能培训大纲，对不同等级养老护理员的培训内容、技能要求等进行明确规范，如初级养老护理员培训侧重于基础生活照料技能，包括协助老人进食、穿衣等，而高级养老护理员则更注重康复护理指导等高阶技能培训。

（二）江苏省养老服务人才队伍建设经验

江苏省通过完善职称评定与补贴政策构建激励体系，同时创新农村养老服务模式，吸引多方养老服务人才，为养老服务高质量发展提供了有力支撑。

在职称评定方面，2023年江苏省发布《江苏省养老护理专业技术资格条件（试行）》，并于次年开展首次专家评审，168名从业人员分获初级、中级、副高级职称，即养老护理师、主管养老护理师与副主任养老护理师。本科毕业生于养老服务机构工作一年后可申报初级职称，最快10年能申报副高职称，这一体系吸引了医学、药学、护理学等专业人才投身养老服务领域。

在补贴政策方面，对取得养老护理员职业资格且在养老服务机构从业超过2年的人员，依资格等级给予500~5000元的一次性岗位补贴；对省内连续从事养老护理工作满5年的高校、中职毕业生，给予最高6万元的一次性奖励，同时鼓励各地按工作年限、职业技能等级等按月发放岗位津贴。此

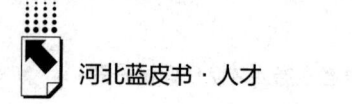

外，溧阳市通过党建引领，吸纳志愿者、社工及老党员参与农村互助养老工作，有效弥补了农村养老服务人才缺口。

在培养机制方面，扬州市以党建为引领，积极搭建养老服务人才培养平台，激发人才潜力。一方面，开辟专业成长赛道，通过承接省市大型养老护理赛事为人才提供展示空间，助力其快速成长。另一方面，畅通技能提升渠道，以联合开展课题研究等提升医护人员专业素养。此外，拓宽"党员人才双培养"渠道，推进"党员人才双培养"工程，促进业务人才入党，全面提升养老服务水平。

（三）浙江省养老服务人才队伍建设经验

浙江省通过完善的政策规划、健全的培训体系、有效的激励机制以及积极的人才引进措施，在养老服务人才队伍建设上取得了阶段性成果。

1. 加强政策引领

浙江省注重顶层设计，除印发《关于加强养老领域人才队伍建设的实施意见》，还出台了系列税收优惠政策，为聘用一定数量养老护理员的机构减免部分税费。同时，设立专项发展资金，用于支持养老服务人才培训基地建设、开展技能竞赛等。政策向农村及偏远地区倾斜，鼓励人才下沉，规定到基层服务一定年限可享受职称评定加分、优先晋升等待遇，全方位推动养老服务人才队伍建设。

2. 完善激励机制

在薪酬待遇方面，浙江省各地市根据经济发展水平制定了养老护理员岗位补贴标准。例如，杭州市规定每月分别给予初级、中级、高级养老护理员200元、400元、600元的岗位补贴；宁波市对工作满2年的本科、专科养老服务专业人才，分别给予4万元、3万元一次性补贴；绍兴市按养老护理员技能等级，每月给予100~500元的岗位津贴。

在荣誉表彰方面，对在养老服务领域表现突出的个人和集体进行表彰奖励，评选"最美养老护理员"等，受表彰者在当地有较高社会认可度，在公共服务领域享有优先待遇。

在职业发展方面，规定养老护理员连续工作满 5 年在晋升管理层时优先考虑，进一步提升养老服务人员的职业认同感和社会地位。

3. 拓宽人才引入渠道

浙江省鼓励各地拓宽人才引入渠道，通过定向培养、人才引进等方式加强与省内外高校、劳务输出大省的合作，吸引更多专业人才投身养老服务行业。例如，嘉兴市与部分高校签订合作协议，每年输送一定数量的养老服务专业毕业生，推动养老服务人才在城乡、不同养老服务机构之间合理流动，促进养老服务资源均衡配置。舟山市从引、育、用全链条推进养老服务人才队伍建设。在人才引进上，引入人力资源机构，构建多元产业协同机制，促进跨领域人才流动；在人才培育上，建立市域一体化培训机制，实施"十百千"专项工程，推进人才共育；在人才使用管理上，推进职业水平评价，规范建设监管系统。

四 保定市养老服务人才队伍建设对策建议

（一）强化政府主导

1. 完善相关政策

完善的政策是养老服务人才队伍建设的重要基石。在养老服务人才队伍建设方面，上海市早在 2016 年就出台了《上海市养老服务设施布局专项规划（2016—2025 年）》，明确提出了培养和引进养老服务人才的目标与任务。保定市可借鉴这一经验，由政府牵头，组织民政、教育、人社等多部门联合制订养老服务人才队伍建设专项规划，明确规定到 2030 年，全市养老服务机构中持证上岗的护理人员要达到一定比例，每千名老年人配备的专业养老服务人员数量要达到一定标准等具体目标。通过具有前瞻性和指导性的政策规划，为养老服务人才队伍建设指明方向。

此外，在制订养老服务人才发展规划时，应将工作任务细化到各相关部门，清晰界定不同部门的职责，强化部门间的协同合作，防止出现推诿扯皮现象。作为政策制定者，政府还应切实肩负起监督职责，有效监督政策的贯彻执行情况。①

2. 加大资金支持力度

充足的资金保障是养老服务人才队伍建设的关键前提。为获得有力的资金支持保障养老服务人才队伍建设，可从财政投入与社会资本引入两方面着手。

一方面，要持续增加养老服务领域的财政投入。可以借鉴浙江省的经验，设立养老服务人才发展基金，以财政拨款为主要来源，该基金主要用于养老服务人员的培训补贴、职业技能鉴定补贴等方面。例如，对于参加养老护理员培训并取得相应证书的人员，按等级给予每人200~600元的培训补贴，直接发放至个人账户，提高从业者参加培训的积极性。此外，对在保定市偏远地区养老服务机构工作的人员，给予额外的岗位补贴，以缓解这些地区的人才短缺问题，吸引人才扎根基层。从长远规划来看，财政投入应与养老服务行业发展趋势相匹配。随着智慧养老等新模式的兴起，需预留一定比例资金用于支持相关人才的培养与引进。例如，每年安排一定数额的专项资金，专门用于开展智慧养老技术培训，培养既懂养老服务又掌握信息技术的复合型人才，以适应行业发展的新需求，推动保定市养老服务事业持续进步。

另一方面，要挖掘社会资本潜力。在人才培训层面，应充分利用社会资本灵活且多元的特性，借鉴上海市经验，以政策优惠吸引社会资本创办专业养老服务培训机构。通过构建全面且贴合实际需求的课程体系，为从业者提供系统培训，快速提升人才专业技能，满足养老服务的专业性要求。在人才培养路径层面，可参考江苏省经验，鼓励社会资本与高校、职业院校深度合作。企业参与课程设计，将行业前沿动态与实际操作规范融入教学内容，校企共建实习基地，让学生在真实工作场景中积累经验，实现人才培养与市场需求的无缝对接，源源不断地为养老服务行业输送实用型人才。

---

① 许诺：《医养结合视角下我国养老服务人才队伍建设研究——以福州市为例》，硕士学位论文，福建师范大学，2023。

3. 优化人才激励机制

完善的人才激励机制是推动养老服务人才队伍建设的重要抓手。在薪资待遇上，保定市需结合本地实际情况制定有效激励措施。政府可设立专项补贴资金，按服务年限给予补贴，如每满一年服务期，每月增发 50 元补贴，以鼓励从业者长期投身养老服务行业。同时，可对积极提高员工薪资的养老服务机构给予税收优惠，如减免一定比例的企业所得税，推动机构自发提高员工待遇，多管齐下提升养老服务从业者收入，增强岗位吸引力。在职业发展上，保定市可联合本地院校开设养老服务相关专业课程，为在职人员提供继续教育，鼓励人才提升专业技能，为晋升创造条件。此外，荣誉激励不可忽视，保定市可开展"最美养老护理员"评选活动，给予获奖者物质和精神奖励，增强从业者的职业认同感，营造良好职业氛围，吸引更多人投身养老服务行业，促进人才队伍稳定与壮大。

（二）完善行业指导

1. 制定行业标准与规范

构建一套全面且细致的职业技能标准体系，涵盖老年人的日常起居照料和专业康复护理。明确护理员、康复师、营养师等不同岗位的职责范围，细化各岗位所需技能等级以及对应的服务规范，为养老服务从业者绘制清晰的职业晋升路线，让他们在职业发展中有章可循。

2. 加强行业协会建设

积极扶持养老服务行业协会发展，通过制定行业自律准则，规范会员单位服务行为，提升行业整体服务质量。同时，由协会牵头，定期组织专业培训，邀请国内外专家授课，分享前沿养老理念与技术；定期组织开展养老服务技能大赛、经验交流研讨会等活动，为从业者提供切磋技艺、交流心得的平台，激发他们提升专业技能的内在动力。

3. 营造良好的舆论氛围

充分利用本地电视台、报纸、新媒体平台，挖掘并宣传优秀养老服务工作者的感人故事，定期举办养老服务行业表彰大会，给予物质与精神奖

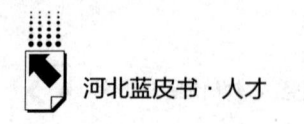

励，增强从业者的职业荣誉感，吸引更多社会力量关注并投身养老服务行业。

（三）加强院校引导

加强校企合作是推动养老服务人才队伍建设的关键路径。鉴于当下保定市高端养老服务需求不断增长，保定市相关院校与养老服务机构可构建深度合作模式。

1.开展订单式人才培养

养老服务机构依据自身服务定位，深度参与院校人才培养方案的制定，明确所需人才标准，如具备高端护理技能、能为老年人提供个性化服务。学生入学时便与合作机构签订就业意向协议，让人才培养从源头契合企业需求，确保人才培养与企业需求无缝对接。

2.加强资源共享与互补

保定市院校可联合本地养老服务机构，在校内打造集教学、实训、研发于一体的养老服务实训基地。院校发挥自身场地优势，养老服务机构则提供智能康复设备等前沿设施，为教学提供硬件支持。同时，养老服务机构可以派驻专业技术人员到校指导，与院校教师共同开发实训课程，在提升学生实践技能的同时助力企业实现技术创新。

3.完善人才培养全过程合作机制

在招生阶段，院校与养老服务机构联合发力，通过多种渠道展示养老服务行业的广阔前景与岗位优势，吸引更多学生选择养老服务专业。在教学阶段，养老服务机构定期安排员工到院校开展讲座，分享实际案例，院校教师也可以积极参与养老服务机构的项目，了解行业一线动态。在实习阶段，养老服务机构为每位学生配备导师，进行"一对一"指导，实习结束后依据学生表现提供转正机会，激励学生在实践中积极提升专业能力，为保定市养老服务行业持续输送高质量人才。

B.8
河北省企业家队伍四十年建设成效、问题与发展研究

罗振洲 冯鹤 张继军*

摘 要： 本报告深入研究河北省企业家队伍四十年来的建设情况。河北省企业家队伍发展历经起步探索、快速发展、调整转型、创新驱动与高质量发展4个阶段，各阶段企业家凭借创新精神推动企业发展，在规模结构、素质能力、创新成果和市场竞争力等方面成效显著。然而，队伍建设存在政策落实不佳、教育与产业脱节、文化保守、市场竞争压力大等约束因素，面临高端人才短缺、创新生态不完善、国际化视野受限和代际传承面临挑战等问题。为此，本报告提出优化政策扶持体系、强化创新平台建设、拓展国际化交流合作、完善家族企业传承机制等对策建议，旨在推动河北省企业家队伍高质量发展，助力地方经济增长。

关键词： 企业家 企业家队伍 河北

河北省企业家涵盖了活跃于河北省内的商界才俊，以及身处国内其他省市乃至世界各地的河北籍精英。他们投身企业经营管理领域，凭借非凡的才能、丰富的经验，在商海之中纵横驰骋，成为推动河北省乃至全国经济发展的重要力量。

---

* 罗振洲，博士，河北省社会科学院人力资源与劳动经济研究所副研究员，主要研究方向为战略规划与产业投资；冯鹤，石家庄幼儿教育中等专业学校副校长，主要研究方向为人力资源管理与教育政策法规；张继军，北京太行拓华管理咨询有限公司咨询师，主要研究方向为数字智能产业、未来产业。

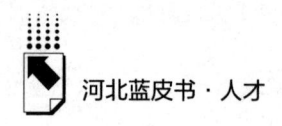

改革开放40余载，河北省企业家队伍从萌芽起步到发展壮大，深度参与并有力推动了河北省的经济社会变革。研究其发展历程，系统梳理其发展经验，将为后续政策制定和企业发展提供参考，助力河北省在新时代实现经济高质量发展。

一 河北省企业家队伍四十年发展历程与建设成效

顺应时代潮流并勇于超越，是每一家企业谋求生存与发展的不二法则。唯有引领行业发展趋势，方可成为长盛不衰、基业永固的商业典范。改革开放以来，河北省企业家不遗余力地为社会财富的积累贡献力量。他们通过不断优化生产流程、提高产品质量、拓展市场渠道，创造了巨大的经济效益。他们积极参与产业升级、区域协同发展，为河北省的现代化建设注入了强大动力。同时，他们为社会提供了大量就业岗位，解决了上千万个家庭的生计问题，是推动河北省经济社会蓬勃发展的关键力量。

（一）河北省企业家队伍四十年发展历程[①]

1. 起步探索阶段（1978~1991年）

改革开放初期，一批具备敏锐商业洞察力和勇气的企业家崭露头角。1984年被称为"中国企业家元年"，这一年的中央一号文件提出在农村重点发展商品生产，国务院召开全国经济工作会议，强调以提高经济效益为中心；10月，党的十二届三中全会通过《关于经济体制改革的决定》，明确改革从农村走向城市，提出社会主义计划经济是"公有制基础上的有计划的商品经济"，肯定个体经济，明确国家与企业的关系，在经济利益分配上允许部分先富，强调企业内部的工资奖金政策。《关于经济体制改革的决定》为企业家提供了政策保障，开启了"中国企业家"时代。

---

① 河北省企业家协会：《河北省企业家队伍建设四十周年研究报告》，2024年7月。

在这个重要的历史时期，河北省一些企业家开始大胆尝试突破传统的计划经济模式，涉足个体经营和小型企业。他们在轻工业、贸易和加工制造业等领域敏锐地捕捉到市场的细微变化，以理念创新、经营创新、科技创新、制度创新创造了良好业绩，既推动了国家建设，也为社会公益事业发展做出了贡献。

在《关于进一步扩大国营工业企业自主权的暂行规定》等相关政策的指引下，国企改革陆续开展。来自石家庄的首届全国优秀企业家、被称为"国企承包第一人"的马胜利，毛遂自荐承包石家庄造纸厂，率先在国有企业打破"铁饭碗、铁工资"制度，并推出改革"三十六计"和"七十二变"，使造纸厂迅速扭亏为盈。1987年，马胜利承包了全国100家亏损造纸厂，组建了中国马胜利纸业集团。

一些企业家看准了人们对于日常生活用品日益增长的需求，纷纷进入相关领域。在棉纺领域，宁纺集团在苏瑞广的带领下逐渐壮大，成为中国纺织行业知名企业；在贸易领域，华北商厦创始人胡世忠带领30多位工人，从3间木板房起步，创立了沧州市钟表眼镜修配社，而后逐步发展壮大为华北商厦；在加工制造业领域，出生于保定东安村的臧氏三兄弟小跟随父亲做农产品小买卖，后因相关契机进入铝加工行业，成立了立中集团，现已发展为世界最大的铝材制造企业之一。

在这一时期，市场环境逐渐优化，但政策的不确定性和市场经验的欠缺，给河北省企业开创者们带来了诸多困难和风险。但他们凭借坚定的信念在困境中不断摸索前行，他们的创业精神和拼搏精神激励着后来的一代又一代企业家。

2. 快速发展阶段（1992~2000年）

1992年邓小平南方谈话后，中共十四大明确提出中国经济体制改革的目标是建立社会主义市场经济体制，强调重视产业结构升级，同时着力推动三次产业发展，高度重视基础产业、支柱产业和高新技术产业的发展；鼓励非公有制经济发展，放宽对个体、私营经济的限制，为其营造更公平的竞争环境。这些政策推动了中国经济快速发展和经济体制改革不断深化，也为河北省企业家带来了快速发展的大好机遇。在这一阶段，河北省的企业规模持续扩大，涉足行业更加多元。能源、化工、制造、建筑、钢铁冶金等领域都涌现了一批具有一定规模和影响力的企业。企业家的经营理念也在逐步转变，开始注重品牌建设和市场营销。他们积极引进先进技术和设备，不断加大研发投入力度，努力提高产品质量，增强自身在市场中的竞争力。同时，注重培养和吸引优秀的人才，加强企业管理，优化内部结构，以适应市场的变化和需求，为企业的长远发展奠定了坚实基础。

在这一阶段，河北省先后涌现多位优秀的企业家。这些优秀的企业家凭借敏锐的市场洞察力、勇于创新的精神和有效的经营管理策略，取得了显著的成就。他们的成功不仅推动了企业发展壮大，也为河北省的经济增长和产业升级做出了重要贡献，同时为后来更多企业的发展提供了宝贵的经验和启示。

3. 调整转型阶段（2001~2012年）

在这一阶段，国家经济政策和产业政策的调整、国内外的双重竞争压力给河北省的企业发展带来了压力，同时带来了发展机遇与动力。

2003年党的十六届三中全会通过了《中共中央关于完善社会主义市场经济体制若干问题的决定》，提出深化经济改革，更大程度地发挥市场在资源配置中的基础性作用。这为河北省企业提供了更多的自主经营权和市场竞争机会，促使企业提高效率和竞争力。企业家在更加开放的市场环境中成长，不断提升自身的管理和创新能力。这一阶段，河北省的地理位置使其成为中国对外开放的重要门户之一，吸引了更多外资企业进入，同时促进了本地企业与国际市场对接。本地企业通过与外资企业的合作和竞争，学到了先进的管理经验和技术，提升了国际化水平。

另外，这一阶段中国政府制定了一系列产业政策，以促进经济结构调整和升级。河北省积极推动产业升级，加大了对传统产业的改造和新兴产业的培育力度。例如，河北省的钢铁、化工等传统产业通过技术创新和产业升级，提高了产品质量和附加值；同时，电子信息、生物医药等新兴产业得到了快速发展。相关产业政策为河北省企业家提供了新的发展机遇和投资领域。同时，中国提出了创新驱动发展战略，鼓励企业加大研发投入力度，提高自主创新能力。河北省企业家积极推进国家战略，加强与高校、科研机构的合作，加大了对技术创新的投入力度。

总体来看，在这一阶段，河北省企业家积极调整发展战略，纷纷加大研发投入力度，全力推动技术创新，努力向高端制造业、高新技术产业以及服务业等多个领域拓展。与此同时，部分企业通过兼并重组等方式，成功实现了规模扩张和资源整合，以提升自身在市场中的竞争力。这一阶段河北省涌现了许多有代表性的企业家，他们在调整转型阶段积极应对各种挑战，通过技术创新、战略调整和资源整合等方式实现了企业的可持续发展，并为河北省的经济增长和产业升级做出了重要贡献。

4.创新驱动与高质量发展阶段（2013年至今）

2013年至今，中国强调创新核心地位，完善科技创新体系，加快推进创新驱动发展战略，强化企业创新主体地位，为河北省企业提供了良好的政策环境和机遇。政府加大科技研发投入力度，鼓励企业进行原创引领性技术攻关，加强企业主导的产学研合作，助力企业提升自主创新能力和核心竞争力。同时，以供给侧结构性改革为主线，推动经济质量、效率、动力提升，促使河北省企业注重产品和服务质量，优化产业结构，淘汰落后产能，实现转型升级。总体上看，河北省企业家队伍在这个阶段呈现以下主要特点。一是富有创新精神，积极推动技术创新、管理创新和商业模式创新，以适应市场变化和竞争需求。二是注重品牌建设，努力打造具有影响力的品牌，提升产品附加值和市场竞争力。三是具备战略眼光，能够敏锐地洞察市场趋势和行业发展方向，提前布局。四是富有社会责任感，关注企业对社会和环境的影响，积极履行社会责任。

（二）河北省企业家队伍四十年建设成效

改革开放以来，河北省企业家队伍建设成就斐然，在规模结构、素质能力、创新成果、市场竞争力等方面实现了全面提升与突破，有力地推动了全省经济社会的发展。

1. 规模结构优化

在规模结构优化方面，企业家数量持续快速增长。2022年，河北省经营主体总量达791.34万户，居全国第7位。2023年，全省经营主体总量提升至853.37万户，同比增长7.84%，其中企业有255.04万户，同比增长10.70%，平均每天净增企业约700户。2024年，全省经营主体总量达到889.97万户，同比增长4.29%，其中企业达272.20万户，同比增长6.73%，经营主体中企业占比逐年提升。① 从产业分布来看，企业家队伍早期多集中于传统的钢铁、煤炭、化工等产业。但近年来，随着新兴产业的蓬勃发展，越来越多的企业家开始涉足新能源、新材料、生物医药、数字经济等领域。在雄安新区建设的带动下，人工智能、绿色建筑等相关企业如雨后春笋般涌现，推动了产业的多元化与高端化发展。

2. 素质能力提升

在素质能力提升方面，河北省企业家的学历结构显著改善。2022年，河北省本科及以上学历企业家占84.4%。② 从具体举措来看，曹妃甸区2023年实施企业家素质提升工程，共开展各类培训24场次，培训企业管理人员2923人次。通过集中培训、专家指导、政策激励相结合的方式，推动科技型企业提质扩量，增强了企业家创新意识和能力。③ 在经营决策和战略管理能力上，越来越多的企业家能够把握市场动态，制定科学的发展战略，带领企业在激烈的市场竞争中不断前行。

3. 创新成果丰硕

河北省企业创新成果不断涌现。2023年河北省支持本省企业牵头承担

---

① 《"数"说河北"营商之变"》，河北网络广播电视台网站，2025年2月6日，https：//www.hebtv.com/0/0rmhlm/qy/yfzz/mrlm/11778284.shtml；《河北省2022年国民经济和社会发展统计公报》，河北省统计局网站，2023年2月25日，http：//tjj.hebei.gov.cn/hbstjj/waptj/tjgb/101716189617868.html；《"河北省积极优化营商环境助力经济社会高质量发展"新闻发布会》，河北新闻网，2023年3月23日，http：//live.hebnews.cn/livestream/websocket/getlivestream？liveid=24199。

② 资料来源：《2022年河北省企业家队伍调查报告》。

③ 《唐山市曹妃甸区实施企业家素质提升工程》，河北新闻网，2024年1月19日，https：//ts.hebnews.cn/2024-01/19/content_9129785.htm。

技术创新项目334项，支持财政资金26802万元；培育国家科技型中小企业20894家，居全国第13位。①

以晶澳科技为例，2023年，晶澳科技把握光伏产业技术升级时机，投资打造石家庄基地生产N型太阳能高效晶硅电池，仅用178天就完成投产运营。2023年5月，晶澳科技发布全新N型旗舰产品DeepBlue 4.0 Pro系列组件。2024年晶澳科技季报显示，前三季度电池组件出货量约为57吉瓦，同比大幅增长超51%，稳居全球第2位。截至2024年6月底，晶澳科技已累计获得1827项有效专利，其中发明专利多达977项。②

除了晶澳科技，还有众多企业在各自领域取得了技术突破，如石药集团、以岭药业等在生物医药领域不断创新。在商业模式创新上，正和网络等企业利用"互联网+"、大数据等技术，打造线上线下相结合的销售模式，拓展了市场空间。

4.市场竞争力增强

河北省企业的市场竞争力不断增强。在省内市场上，众多企业的市场占有率稳步提高。在2024年河北省民营企业100强中，敬业集团以3406.53亿元营收居榜首。在全国市场上，河北省上榜2024中国民营企业500强的企业有34家，比2023年增加1家。在国际市场上，河北省企业也在积极拓展。一些钢铁企业的产品出口到多个国家和地区，在国际钢铁市场上占据一定份额；长城汽车不断加大力度布局海外市场，在全球多个国家建立了生产基地和销售网络，其新能源汽车受到国际消费者的认可。

（三）河北省企业家队伍成长环境分析

1.政策支持有力

自改革开放以来，国家和河北省便颁布了一系列鼓励创新创业的政策，

---

① 《对河北省第十四届人民代表大会第二次会议第1155号建议的答复》，河北省工业和信息化厅网站，2024年4月28日，https://gxt.hebei.gov.cn/hbgyhxxht/zfxxgk/fdzdgknr/669481/669482/958491/index.html。

② 《晶澳科技："智"造蝶变建设"灯塔工厂"》，《河北经济日报》2025年1月3日。

为河北省企业家的茁壮成长提供了优越的政策土壤：经济特区的设立，为中国经济的发展开辟了崭新路径；市场经济体制的构建，为企业注入了强大的发展动力；供给侧结构性改革和创新驱动发展战略更是为企业指明了转型升级的方向。国家和河北省政策的持续优化与完善，为河北省企业提供了广阔的发展空间。此外，政府在税收、财政补贴等方面给予企业全方位的优惠和扶持，积极搭建创新创业服务平台，为企业提供技术研发、市场拓展等多领域的服务。同时，不断简化行政审批流程，提升政务服务效能，为企业发展清除障碍，让企业家能够心无旁骛地专注于事业拓展。

2. 经济环境向好

中国经济在过去数十年间保持着高速增长的强劲态势，这无疑为河北省企业带来了庞大的市场需求和难得的发展契机。河北省积极承接产业转移，特别是在京津冀协同发展战略背景下，进一步加强了与周边地区的经济合作，持续优化产业结构。通过承接北京非首都功能疏解，河北省引入了一批优质项目和高端产业，促进了产业的升级换代。同时，河北省加强与天津的合作，共同打造现代化产业集群，提升区域产业的整体竞争力。这一系列举措为企业家创造了丰富多样、潜力巨大的商业机会，使他们能够在广阔的市场中充分施展才华，实现企业的跨越式发展。

3. 社会文化氛围浓厚

燕赵大地自古以来就蕴含着深厚的商业文化传统，冀商在实践中开创了别具一格的经营策略、管理模式、营业方法与经营理念。河北省企业家在改革开放的浪潮中，不仅传承了宝贵的商业文化精神，更将其发扬光大，逐渐使社会形成了一种鼓励创业、尊重创新、包容失败、积极向上的氛围，为企业家队伍的发展壮大提供了坚实有力的文化支撑。这种社会文化氛围激发了人们的创新创业热情，使社会对企业家给予高度认可和尊重。同时，河北省注重职业教育和人才培养，通过建立健全职业教育体系和人才引进机制，为企业家的成长注入了源源不断的人才动力。河北省企业家协会及各地市企业家协会等组织也为企业家搭建了交流合作平台，有力地促进了企业间的资源共享。

（四）河北省企业家队伍对经济社会的贡献[①]

河北省企业家的发展轨迹与中国改革开放的进程紧密相连，在不同的历史时期，他们积极适应环境变化，不断调整发展策略，为河北省的经济发展和社会进步做出了重要贡献。此外，随着全球化进程的加快，河北省企业家积极参与国际合作与竞争，加强与国际企业的交流与合作，引进先进技术和管理经验，提升企业的国际竞争力。同时，积极拓展海外市场，推动产品和服务出口，为河北省的经济发展注入了新的活力。

1. 推动经济增长

河北省企业家凭借创新创业精神，持续扩大生产规模，不断提高生产效率，为河北省的经济增长做出了突出贡献。他们所创办的企业是河北省经济发展的中流砥柱，支撑起区域发展的一片天地。

河北省统计局数据表明，自改革开放以来，全省经济焕发出前所未有的蓬勃活力，经济总量连续跨上新台阶，1991年、2005年、2010年分别实现了千亿元、万亿元、两万亿元的历史性突破。改革开放至今，河北省经济实现了令人瞩目的增长：地区生产总值从1978年的183.06亿元跃升至2023年的43944.1亿元，增长了约239倍；人均地区生产总值从1978年的361.99元大幅提升至2023年的59440.15元，增长了约163倍；税收收入从1978年的22.5亿元增长至2023年的2577.7亿元，增长了约113.5倍。

2. 促进产业升级

在传统产业改造提升以及新兴产业培育发展进程中，河北省企业家发挥了举足轻重的作用。他们积极主动引进新技术、新设备，大力推动产业朝高端化、智能化、绿色化方向迈进，显著提升了河北省产业的整体竞争力。河北省三次产业结构逐步优化，从1978年的28.5∶50.5∶21.0逐步调整为2024年的9.5∶36.8∶53.7。

[①] 河北省企业家协会：《河北省企业家队伍建设四十周年研究报告》，2024年7月。

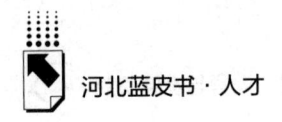

二 河北省企业家队伍建设约束因素

河北省企业家队伍在推动地方经济发展中发挥着关键作用，但河北省企业家队伍建设面临诸多约束因素，涉及政策、教育、文化以及市场等层面。深入剖析这些因素，对促进河北省企业家队伍壮大和地方经济持续增长意义重大。

（一）政策环境与支持体系

尽管河北省出台了众多支持企业发展的政策，但在落实过程中存在诸多问题。以税收优惠政策为例，河北省工商联调研数据显示，2023年1000家河北省中小企业中，约35%的企业表示不清楚税收优惠的具体申请流程，导致无法享受政策红利；20%的企业认为申请流程烦琐，需提交大量材料且审批周期长，从而放弃申请。[①] 根据河北省政协相关调研反馈，约30%的企业表示在申请和享受政策优惠时遇到过困难或障碍，如手续烦琐、审批流程长等。[②] 在政策针对性上，2024年省级财政安排农业品牌建设资金3000万元，较2023年的4435万元有所减少。[③] 这在一定程度上反映了政府的产业支持政策不够灵活，对新兴产业和中小企业的支持不够精准，当前政策未能充分考虑新兴产业发展的独特需求和中小企业的薄弱基础。新兴产业往往需要大量前期研发投入和长期培育，而现有政策多集中于短期效益，对研发投入的持续性支持不足。中小企业由于规模小、抗风险能力弱，在资金、技术、人才等方面需求迫切，但政策在这些关键领域的支持缺乏针对性。在融资政策上，虽然政府鼓励金融机构支持中小企业发展，但金融机构出于风险控制考虑，对中小企业贷款所设门槛较高，中小企业融资难问题依旧突出。

---

① 资料来源：2024年河北省工商联内部调研资料。
② 资料来源：《河北省政协关于企业政策落实情况调研报告》。
③ 资料来源：河北省财政厅财政收支数据报表。

（二）教育与培训资源

河北省教育体系在人才培养上与产业实际需求存在较大脱节。从高校专业设置来看，部分高校专业更新滞后，一些新兴产业相关专业如人工智能、大数据等开设较少，而传统专业招生规模过大，导致相关专业人才供过于求，新兴产业人才供不应求。根据河北省教育厅对高校毕业生就业情况的统计，2022~2024年，工科类专业毕业生在传统制造业的就业对口率约为60%，而在新兴的智能制造、工业互联网等领域的就业对口率仅为30%，反映了人才培养与产业需求存在脱节。[1] 在实践能力培养方面，超过60%的河北省高校的实践教学环节占总课程的比重低于30%，学生缺乏足够的实践机会，难以将理论知识应用于实际工作。

此外，河北省企业家培训体系尚不完善。在培训课程方面，多数课程内容同质化问题严重，缺乏根据不同行业、不同规模企业需求设计的专门课程。对河北省2024年举办的50场企业家培训课程的抽样调查发现，约70%的课程内容集中在通用管理知识方面，如企业战略规划、市场营销等，针对新兴产业技术发展、行业前沿趋势等方面的课程较少。[2] 此外，培训师资质量参差不齐，部分教师缺乏企业实际工作经验，教学方式单一，以理论讲授为主，难以满足企业家对实用性知识和技能的需求。以沧州市为例，虽然其在2024年启动了青年民营企业家成长培育领航工程，[3] 但从全省范围来看，仍缺乏系统、全面的培训体系。一些培训机构的课程内容过于注重理论，与企业实际运营和市场需求的贴合度不高，缺乏针对性和实用性。

（三）地域文化与商业传统

燕赵文化历史悠久，但其中的保守因素在一定程度上限制了企业家的创

---

[1] 资料来源：《河北省教育厅关于高校毕业生就业质量年度报告》；河北省教育厅2024年高校毕业生就业跟踪调查数据。

[2] 资料来源：河北省人力资源和社会保障厅调查数据。

[3] 《打造高素质青年民营企业家队伍》，《河北日报》2024年6月26日。

新和冒险精神。受传统观念影响，部分企业家在决策时过于谨慎，对新的商业模式、技术持观望态度，不敢轻易尝试。一项针对河北省300家企业的问卷调查显示，在面对新的投资机会时，约45%的企业家表示会因担心风险而放弃，明显高于全国平均水平。① 相比之下，浙江省企业家受地域文化中敢闯敢试精神的影响，更勇于冒险和创新，在互联网经济等新兴领域积极开拓，诞生了众多行业领军企业，而河北省在新兴领域的发展则相对滞后。② 另外，河北省商业传统传承面临困境，老字号企业发展艰难。众多老字号由于缺乏创新意识，面临品牌保护和技艺传承等问题，市场份额逐渐下降。据统计，2024年河北省老字号企业中，约60%的企业年营业额不足1000万元③，仅有不到10%的企业实现了数字化转型，拓展了线上销售渠道。一些食品老字号仍沿用传统经营模式，未充分利用现代营销手段，难以吸引年轻消费者。

（四）市场竞争压力与机遇转化能力

随着市场的不断开放和竞争的加剧，河北省企业在技术、品牌、成本上面临巨大挑战。在技术方面，与发达地区企业相比，河北省企业普遍存在技术研发投入不足的问题。2023年，河北省规模以上工业企业研发经费投入强度仅为1.5%，远低于广东省的3.2%和江苏省的2.8%，导致企业技术创新能力薄弱，产品技术含量低，难以在高端市场获得关注。

在品牌方面，在2024年中国品牌价值百强榜中，河北省仅有3个品牌上榜，与沿海发达省份相比仍有差距。④ 在成本方面，根据河北省统计局数据，2024年部分制造业企业的原材料成本同比上涨了10%~15%，人工成本也有不同程度上升，使企业成本压力增大，压缩了利润空间。⑤

---

① 资料来源：《河北省企业家文化认知与行为研究报告》。
② 资料来源：2024年河北省社会科学院《河北省企业家文化认知与创新意愿调查研究报告》。
③ 资料来源：2024年河北省商务厅关于中华老字号企业发展情况的年度报告。
④ 资料来源：河北省市场监督管理局、知识产权局《对政协河北省第十三届委员会第二次会议第0721号提案的答复》；中国商标网公开数据统计以及与其他省份的对比数据。
⑤ 资料来源：河北省工业和信息化厅《2024年河北省工业企业数字化转型发展报告》。

在数字化转型的浪潮中，许多企业未能及时意识到数字技术对企业发展的重要性，没有积极推进数字化转型。据调查，河北省中小企业中，完成数字化转型的不到20%，在电商、智能制造等领域的发展滞后，错过了市场拓展和生产效率提升的机会。当市场需求向绿色、环保、智能化转变时，部分企业未能及时调整产品结构和生产方式，导致产品滞销，市场份额下降。①

三 河北省企业家队伍建设存在的问题

在经济快速发展与市场环境不断变化的当下，河北省企业家队伍建设虽取得了一定成果，但仍面临诸多问题。深入剖析这些问题，对推动河北省企业家队伍持续壮大、助力地方经济腾飞意义重大。

（一）高端人才短缺

在经济全球化和科技高速发展的时代，高端企业家是引领企业走向国际市场、推动创新发展的关键力量。河北省高端企业家数量相对较少，在具有国际影响力的商业舞台上，鲜见河北省企业家的身影。与广东、浙江等经济发达省份的企业家相比，河北省企业家在世界经济论坛、达沃斯论坛等国际商业活动中的参与度较低。根据《财富》杂志发布的"全球最具影响力的企业家"，2020～2024年，广东省、浙江省等地每年有5～8位企业家上榜，而河北省仅在2022年有1位企业家上榜，差距较大。

河北省在吸引和留住高端人才方面困难重重。在薪酬待遇方面，智联招聘发布的《2024年企业薪酬报告》显示，河北省企业2024年平均薪酬为7000元/月，全国平均水平为8200～8500元/月，河北省企业低于全国平均水平，在与沿海发达省份竞争高端人才时处于明显劣势。另外，河北省企业在规模、技术创新能力和业务多元化程度等方面与发达地区企业存在差距，难以提供广阔的职业晋升空间和丰富的项目实践机会。以互联网行业为例，

---

① 资料来源：河北省电子商务协会关于传统零售企业数字化转型的调研报告。

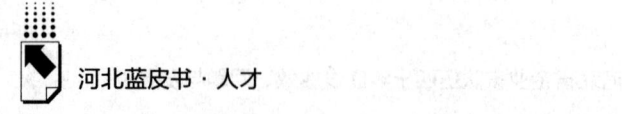

河北省的互联网企业无论是在产品创新、市场拓展还是融资规模上，都难以与北京、浙江等地的企业相比，导致高端人才流失。

（二）创新生态不完善

创新是企业发展的核心驱动力，但河北省企业在创新方面存在诸多短板。研发资金投入不足直接影响了企业的创新步伐。另外，研发人才也相对短缺，2023年河北省每万名就业人员中，研发人员数量为52人，而北京、上海分别为120人、115人。① 人才匮乏使河北省企业创新能力受限，难以在激烈的市场竞争中脱颖而出。

产学研合作是促进科技成果转化、提升企业创新能力的重要途径，但河北省产学研合作存在诸多问题。企业与高校、科研机构之间的信息沟通不畅、合作机制不健全，导致产学研合作项目数量较少且质量不高。根据河北省科技厅数据，2023年全省产学研合作项目仅为1530项，远低于江苏（3500项左右）、广东（3000项左右）等地。另外，由于合作过程中各方利益分配机制不完善，知识产权保护不到位，科研成果转化效率低，河北省科研成果转化率仅为31%左右，大量科研成果难以转化为实际生产力，造成资源浪费。②

（三）国际化视野受限

随着全球经济一体化的推进，国际市场成为企业发展的重要空间，但河北省企业国际市场开拓经验相对匮乏，许多企业对国际市场的规则、文化和消费习惯了解不足，导致在国际市场拓展中面临诸多困难。

在出口产品结构上，河北省以钢铁、建材等传统产品为主，这些产品附加值较低，在国际市场上易受贸易保护主义和市场波动的影响。根据河北省海关2023年进出口贸易统计数据，河北省高新技术产品出口额占出口总额的比重仅为20.3%，远低于全国平均水平40.5%。这表明河北省企业在国

---

① 资料来源：国家统计局2023年各地区科技人才统计数据。
② 资料来源：河北省科技厅2023年科技成果转化报告。

际市场上的竞争力较弱，难以在高端市场占据一席之地。

在跨国经营管理上，河北省企业缺乏具备国际化视野和跨国经营管理能力的人才。根据2023年下半年河北省商务厅对省内500家企业的调查，河北省企业中具有海外工作经验、熟悉国际商务规则和跨国经营管理策略的人才占比不足4.8%。由于缺乏这类人才，企业在海外市场调研、战略布局、市场营销和人力资源管理等方面存在诸多问题，增加了跨国经营的风险。许多企业在海外投资和经营过程中对当地市场环境和政策法规了解不充分，导致投资失败或经营亏损。

（四）代际传承面临挑战

家族企业在河北省企业中占据重要地位，但在传承过程中面临诸多难题。随着时代的发展，年轻人与老一辈在经营理念、管理方式和发展战略等方面存在较大差异。年轻人更注重创新、数字化转型和多元化发展，而老一辈可能更倾向于保守的经营策略。河北省工商联对河北省120家家族企业的调查显示，超过62%的家族企业在传承过程中出现过理念冲突，这些冲突影响了企业的决策效率和发展方向。

家族企业接班人的培养也存在问题。许多家族企业缺乏系统的接班人培养计划，对接班人的培养方式主要是企业内部实践，导致接班人缺乏国际化视野和多元化知识。

在职业经理人市场方面，河北省职业经理人市场尚不完善，相关法律法规不健全，市场信用体系建设滞后。企业难以找到合适的职业经理人，即使找到，也可能存在不够信任和激励机制不完善等问题，导致职业经理人难以充分发挥作用。据调查，仅有31%的河北省家族企业引入职业经理人，且这些职业经理人在企业中的平均任期较短，为2.2~3.1年，远低于发达国家职业经理人在家族企业中5~7年的平均任期。[①] 这使企业在传承过程中面临较大风险，不利于企业的长期稳定发展。

---

① 资料来源：河北省企业联合会2024年发布的职业经理人市场研究报告。

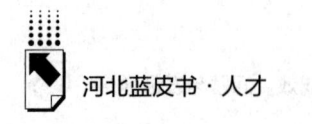

四 河北省企业家队伍建设对策建议

（一）优化政策扶持体系

政府应深入调研新兴产业和中小企业的实际需求，精准制定政策。在新兴产业方面，根据新能源、新材料、生物医药等不同产业的发展特点，制定差异化的扶持政策。加大对这些产业的资金投入力度，设立专项发展基金，鼓励企业开展核心技术攻关。对中小企业，在税收上，可进一步扩大减免幅度，延长优惠期限；在融资政策上，搭建银企对接平台，引导金融机构开发适合中小企业的金融产品，降低融资门槛。同时，建立多渠道的政策宣传体系，利用政府网站、社交媒体、线下宣讲会等多种方式，确保企业及时、准确了解政策内容。组建专门的政策落实监督小组，定期对政策落实情况进行检查，对落实不力的部门进行问责，保证政策红利切实惠及企业。

（二）强化创新平台建设

政府应加大科技创新投入力度，设立科技创新专项资金，确保资金逐年递增。鼓励企业建立研发中心，对新建的国家级、省级研发中心给予一次性建设补贴，对研发中心的科研设备购置给予税收优惠。完善产学研合作机制，搭建产学研合作对接平台，定期组织高校、科研机构和企业开展项目对接会。制定相关政策，明确产学研各方的权利和义务，保障合作的顺利进行。推动建立利益共享机制，根据各方在科技成果转化中的贡献合理分配收益。

（三）拓展国际化交流合作

政府应支持企业参加国际展会和交流活动，对参展企业给予展位费补贴、人员差旅费补贴等。组织企业参加国际行业论坛、商务洽谈会，拓宽企业国际化视野。引进和培养国际化人才，政府可出台人才引进政策，对引进的国际化高端人才给予住房补贴、子女教育优惠等。鼓励高校开设跨国经营相关专业和课程，培养具有国际视野、熟悉国际规则的专业人才。支持企业与高校、培训机构开展合作，开展国际化人才培训项目。

（四）完善家族企业传承机制

政府可组织专家团队为家族企业提供咨询服务，帮助企业制定科学合理的传承方案。开展家族企业接班人培训项目，培训内容应涵盖企业管理、战略规划等方面。规范职业经理人市场，建立职业经理人信用评价体系，对职业经理人的诚信情况、工作业绩等进行评价，将评价结果向社会公开。完善职业经理人法律法规，明确职业经理人的权利和义务，保障企业和职业经理人的合法权益。

B.9 新质生产力视域下河北省战略性新兴产业技能人才队伍建设研究

姜 兴[*]

摘　要： 本报告首先在理论上分析了新质生产力、战略性新兴产业与技能人才的相互作用机理，并说明新质生产力、战略性新兴产业与技能人才存在三螺旋发展模式，指出三者相互促进、协同发展，形成一个动态循环、螺旋上升的有机整体。其次分析了河北省战略性新兴产业技能人才队伍建设现状及存在的问题。最后根据三螺旋发展模式，提出了新质生产力视域下河北省战略性新兴产业技能人才队伍建设的路径选择，包括厚植技能人才成长产业沃土，促进高技能人才反哺科技创新，重点培育数字型、复合型技能人才以及完善技能人才发展体系。

关键词： 新质生产力　战略性新兴产业　技能人才　河北

随着全球科技革命和产业变革的加速推进，以科技创新为核心驱动力，以新技术、新产业、新业态、新模式为主要特征的新质生产力已成为推动经济社会发展的关键力量。在这一背景下，战略性新兴产业作为新质生产力的重要载体和表现形式，迎来了前所未有的发展机遇。同时，在京津冀协同发展纵深推进的背景下，河北省承担着科技成果转化与产业配套的核心功能，作为京津冀协同发展的重要支点，其战略性新兴产业也迎来快速发展的窗口

---

[*] 姜兴，河北省社会科学院人力资源与劳动经济研究所副所长、副研究员，主要研究方向为区域人力资源开发。

期。技能人才是产业发展的中坚力量,无论是在生产效率层面推动产业降本增效,还是在技术创新层面将创新技术落地转化为实实在在的生产力,技能人才都是技术创新、应用和推广的关键力量,提升产业竞争力的重要载体,新质生产力视域下战略性新兴产业高质量发展的基础支撑。但是,河北省传统产业技能人才占比高、新兴产业技能人才供给不足的结构性矛盾已成为新质生产力发展的关键瓶颈,更可能使河北省在新一轮产业竞争中错失战略机遇。在此背景下,河北省加强战略性新兴产业技能人才队伍建设,不仅是打破经济转型瓶颈的现实需求,更是理解新质生产力与人力资本协同机制的理论切口。

一 新质生产力、战略性新兴产业与技能人才有机统一

(一)三者相互作用机理

1. 新质生产力推动战略性新兴产业崛起与升级

新质生产力以知识创新、技术创新和应用创新为引领,依托新兴技术与产业的深度融合,通过优化生产要素配置、变革生产方式和组织模式,创造附加值更高、更具市场竞争力的新型产品与服务,从而加快推动产业朝更高技术含量、智慧赋能、环境友好与跨领域融合方向转型升级。一是新质生产力的发展催生战略性新兴产业。例如,新质生产力的发展使机器学习、深度学习等技术不断取得新进展,为人工智能产业的发展提供了强大的技术支撑。二是新质生产力的发展推动战略性新兴产业的技术创新。跨领域、跨产业融合是新质生产力的重要发展趋势。例如,在生物医药领域,新质生产力的发展推动了生物技术与信息技术、材料技术等的融合,促进了生物医药产业的升级。三是新质生产力的发展为战略性新兴产业创造了新的市场需求。例如,随着5G技术的普及,市场对5G设备、5G应用等的需求不断增加,推动了5G产业的快速发展,创造了新的市场空间。

2. 战略性新兴产业是加快发展新质生产力的重要着力点

战略性新兴产业知识集约度高、生产要素集约度低、市场增值空间大、多重效益协同体现，新质生产力推动经济增长模式从要素驱动向创新驱动转变，战略性新兴产业正是这种创新驱动发展模式的集中体现。战略性新兴产业为新质生产力的发展提供了新的增长点，也为新质生产力的技术应用与推广提供了广阔的平台。例如，新能源汽车产业的发展促进了电池技术、电机技术等的应用与推广。在智能制造领域，战略性新兴产业的发展推动了工业机器人、智能传感器等技术的广泛应用。生物制造、量子科技、具身智能等未来产业的培育，不仅推动了技术创新，还创造了新的市场需求和就业机会。同时，战略性新兴产业推动了新质生产力创新生态的构建。战略性新兴产业的技术创新、产业融合、模式创新等特征吸引了大量的科研机构、高校、企业等参与其中，形成了良好的创新生态，促进了产学研用紧密结合。战略性新兴产业的集群化发展模式有利于形成技术创新的规模效应和协同效应，为技术的不断创新和应用提供良好的生态。2024年，我国高技术制造业增加值增长8.9%，占规模以上工业增加值的比重为16.3%，战略性新兴服务业企业营业收入比上年增长7.9%，成为新质生产力的主要转化场域。①

3. 发展新质生产力需要加快培养高素质技能人才

新质生产力是一种以创新为核心、融合多种先进技术要素的生产力形态，无论是人工智能、大数据、量子计算等前沿技术的突破，还是新能源、生物医药、高端装备制造等新兴产业的崛起，都离不开高素质技能人才的支撑。高素质技能人才承担着知识传承与适应性创新的双重使命，是增强产业链韧性、突破"卡脖子"环节的战略基石，也是新质生产力从理论转化为实践的桥梁。一是技术创新与应用迫切需要高素质技能人才。新质生产力的发展带来了技术创新和产业升级，对高素质技能人才的需求日

---

① 《中华人民共和国2024年国民经济和社会发展统计公报》，国家统计局网站，2025年2月28日，https://www.stats.gov.cn/sj/zxfb/202502/t20250228_1958817.html。

益迫切。从实验室成果到实际产业应用再到大规模推广普及，都离不开高素质技能人才的参与。高素质技能人才熟练掌握新技术原理，运用专业技能将技术转化为实际生产力，能够有效解决技术应用过程中的工艺优化、设备调试、故障排除等实际问题。二是新质生产力倒逼人才技能结构优化升级。新质生产力具有较强的产业融合性，不同产业之间的协同发展需要高素质技能人才发挥桥梁作用，劳动者应具备"技术应用+跨界整合"的双重能力，跨产业领域整合资源、传递技术与信息，推动产业上中下游协同创新与配套合作。加快造就一支规模庞大、结构合理、素质优良的高素质技能人才队伍，已成为我国在新时代发展新质生产力、推动经济高质量发展的关键战略举措。

4. 技能人才成为战略性新兴产业的重要支撑

技能人才作为技术转化落地的执行者、产业升级的推动者和创新生态的建构者，在战略性新兴产业建链、补链、强链、延链的进程中发挥着不可替代的支撑作用，已经从产业基础支撑者上升为生产效率提升的驱动者与技术创新的参与者。在技术导入期，技能人才是技术从实验室到车间"最后一公里"的护送者，通过"技术解码—重组—应用"，将技术理论转化为实实在在的生产力。在产业扩张期，技能人才能够优化生产流程，确保产品一致性，减少资源浪费，提升生产效率，快速适应扩产需求。在产业成熟期，技能人才以实践反馈促进技术的迭代与更新。技能人才在生产一线依靠积累的经验通过"小发明、小革新"解决生产痛点，并协同研发团队反向推动研发改进，维持"技术—经济"范式的生命力。在战略性新兴产业中，技能人才是专用型人力资本与新兴技术相结合的典范，能够促进生产率倍增。

（二）新质生产力、战略性新兴产业与技能人才的三螺旋发展模式

新质生产力、战略性新兴产业与技能人才相互促进、相互融合，共同推动经济高质量发展。新质生产力为战略性新兴产业的发展提供了技术牵引和动力源泉，而战略性新兴产业的发展又为新质生产力的培育提供了广

阔的应用场景，加强技能人才培养是推动新质生产力与战略性新兴产业高质量发展的关键路径。这一协同体系以技术创新为纽带、以产业变革为载体、以人力资本升级为支撑，本质上体现了技术创新、产业演进与人力资本重构的深度耦合，三者构成一个动态演化的三元共生系统，形成了"生产力跃迁—产业升级—人才升级"螺旋上升机制。三者的耦合性可从以下两个维度阐释。

1. 创新经济学的内在统一

新质生产力、战略性新兴产业与技能人才的协同发展本质上是创新经济学理论范式在数字经济时代的深化拓展，其内在统一性根植于知识生产、技术扩散与人力资本积累的互动机制，体现了创新经济学中"创造性破坏""知识溢出""互补性资产"三大核心原理的深度融合。新质生产力作为新动力源，重点将数字技术、人工智能、量子计算等第四次工业革命技术纳入生产力体系，重构了数字经济时代的生产力发展范式，印证了熊彼特"创新即生产要素新组合"的经典论断，其核心是"技术—经济"范式的转换。战略性新兴产业作为新"技术—经济"范式的产业载体，通过产业规模化应用加速隐性知识显性化，形成"知识—技术—产业"共生演进机制。新质生产力视域下战略性新兴产业发展需要高技能劳动力与知识、技术的互补，"可迁移能力"（如数字技能、多领域复合问题解决能力）成为新的人力资本核心。

2. 演化维度的互构激励

新质生产力驱动产业全要素生产率提升（如人工智能提升制造业效率），为战略性新兴产业创造指数级生长空间；战略性新兴产业扩张创造新就业岗位，产生技能溢价；新质生产力要求经济政策从选择性扶持向生态型治理转变，战略性新兴产业的模块化生产特征催生跨领域技能组合需求，倒逼教育体系重构与产学研融合创新，降低新质生产力、战略性新兴产业和技能人才的协同摩擦系数；人力资本升级反哺技术创新，并为产业的持续发展注入了新的活力。新质生产力、战略性新兴产业和技能人才的正向协同，形成了"新质生产力突破—新兴产业扩张—创造新就业岗位—教育体系改革—技能人才质量提升—反哺生产力突破与产业创新"的内生增长路径，构成"技术种群—产业集群—人才群体"的协同演进系统。新质生产力、战略性新兴产业与技能人才相互促进、协同发展，形成一个动态循环、螺旋上升的有机整体，三螺旋发展模式是当今时代经济高质量发展的内在要求与必然选择。

二 河北省战略性新兴产业技能人才队伍建设现状及问题分析

（一）河北省战略性新兴产业技能人才队伍建设现状

1. 政策体系不断创新

河北省持续深化技能人才队伍建设工作，"十四五"时期通过系统性政策创新全面推进技能人才培育。2021年，发布《关于推动职业教育高质量发展加快建设技能型人才强省的实施意见》，确立2035年建成高质量现代职教体系与技能型人才强省的目标；出台《河北省人力资源和社会保障事业发展"十四五"规划》，将技能人才发展纳入核心任务。为破除人才发展壁垒，发布《关于进一步加强高技能人才与专业技术人才职业发展贯通的实施方案》，创新建立两类人才双向贯通发展机制。2022年4月，制定《河北省"十四五"职业技能培训规划》，通过构建终身培训体系、提升培训供给质量、强化培训服务支撑等举措，系统推进创新型、应用型、技能型人才梯队建设。2023年，政策体系持续升级，围绕《河北省关于加强新时代高技能人才队伍建设的二十条政策措施》配套出台12个专项文件，形成覆盖人才培养、评价认定、激励保障、岗位使用的全链条制度框架。2024年，推出《河北省高技能领军人才培育计划十二条政策措施》，重点培育技术技能复合型、数字技能创新型领军人才，通过示范引领带动整体队伍素质提升。经过多年政策创新，河北省已构建了贯穿职业发展全过程的技能人才支撑体系，形成了"培养—评价—激励—使用"协同发展长效机制，为"技能强省、技能兴冀"战略的实施提供了坚实的制度保障。

2.人才培育效能显著

通过政策集成、评价松绑、竞赛驱动、产教协同、平台建设等多重创新，近年来河北省技能人才总量不断提升，高技能人才规模大幅增长，能工巧匠、大国工匠不断涌现，有力支撑了经济社会发展。"十三五"末，全省技能人才总量为893万人，其中高技能人才247万人。[1] 截至2023年底，全省技能人才总量达1086.95万人，其中高技能人才331.35万人，占技能人才总量的30.5%。[2] 根据《河北省人力资源和社会保障事业发展"十四五"规划》，到2025年，河北省技能人才总量计划达到1134万人，高技能人才总量计划达到352万人。截至2025年3月，河北省共有"中华技能大奖"获得者11名、"全国技术能手"293名、享受国务院政府特殊津贴高技能人才77名[3]，初步形成适应高质量发展要求的多层级技能人才格局，建成了规模较大、梯度配置合理、专业化水平较高的技能人才队伍，有效支撑了经济提质增效。

（二）河北省战略性新兴产业技能人才队伍建设存在的问题

1.产业发展与人才断档矛盾凸显

近年来，河北省紧紧围绕构建现代化产业体系，以科技创新为引领，着力培育壮大战略性新兴产业，产业规模持续扩大，发展亮点不断涌现，产业集群初见成效，展示了新质生产力对河北省战略性新兴产业高质量发展的强劲推动力。2020~2024年，河北省规模以上战略性新兴产业增加值增速分别

---

[1] 《河北出台"十四五"职业技能培训规划》，《河北日报》2022年4月25日。
[2] 《锚定高质量发展坐标　加快技能人才队伍建设——记2024年职业能力建设工作座谈会》，"河北人社"百家号，2024年4月2日，https://baijiahao.baidu.com/s?id=17952277847 14490247&wfr=spider&for=pc。
[3] 国家统计局人口和就业统计司、人力资源和社会保障部规划财务司编《中国劳动统计年鉴2023》，中国统计出版社，2023。

为7.8%、12.1%、8.5%、4.4%和10.6%[①]，明显快于规模以上工业增加值增速，展现了强劲的发展势头。河北省发展改革委2025年重点项目推介会提出，2025年河北省计划实施703个重点项目，总投资1.5万亿元，其中战略性新兴产业项目占比高达56%，项目数量和投资额与2024年相比分别增长10%和14%，标志着河北省战略性新兴产业的发展迈上新台阶。但是，随着战略性新兴产业进阶发展，产业发展与技能人才断档的矛盾日益突出。2022年、2023年河北省技能人才总量增速分别为1.7%、2.1%，高技能人才总量增速分别为4.6%、2.2%，远低于战略性新兴产业增加值增速。2024年，河北省信息传输、软件和信息技术服务业主营业务收入为1032.6亿元，同比增长22.1%，特别是软件业务收入709.6亿元，同比增长37.4%，增速连续12个月位居全国第一[②]，说明河北省新一代信息技术产业呈现快速发展趋势。《2023河北省电子信息产业人才发展白皮书》显示，生产型技术人员、工程师都是企业发展所需的紧缺人才。河北省人力资源和社会保障厅、省工信厅、省工商联编制发布的《2024年河北省工业主导产业人才需求目录》显示，高端装备、新材料、新一代信息技术、生物医药、新能源等战略性新兴产业技能人才需求在产业发展人才总需求中占比近50%。以上数据反映了河北省战略性新兴产业发展速度与技能人才培养能力的脱节，成为产业竞争力提升的瓶颈。

2.高技能人才短缺

虽然河北省多措并举形成了高技能人才发展的良好生态，但战略性新兴产业高技能人才短缺问题仍比较严重。高技能人才缺口较大是我国经济发展面临的重要问题，截至2022年底，我国高技能人才总数约为6000万人，占技能人才的比约为30%[③]，与德国、日本等发达国家高技能人才占比接近50%的水平相比仍有差距。2025年全国两会多位代表委员不约而同强调，

---

① 资料来源：2020~2023年河北省国民经济和社会发展统计公报；2024年河北经济运行情况新闻发布会。
② 《河北软件业务收入增速连续十二个月全国第一》，《河北日报》2025年3月17日。
③ 《我国技能人才总量超过2亿人》，《人民日报》2024年9月27日。

我国产业链、供应链还存在诸多断点、堵点，不仅需要大量的科学家、高科技人才，也需要一大批高技能产业工人，补上高技能产业工人缺口、完善技能形成体系是重中之重。相关统计数据显示，我国高技能人才仅占就业人口总量的7%，技能劳动者的求人倍率长期保持在2以上，技能型人才缺口高达2000万人。[1] 对河北省而言，战略性新兴产业高技能人才短缺现象更为严重。截至2025年3月，河北省有"中华技能大奖"获得者11人，占全国的3.4%；"全国技术能手"293人，占全国的8.1%；享受国务院政府特殊津贴高技能人才77人，占全国的1.8%。[2] 以上数据说明，当前河北省领军型、创新型、复合型高技能人才严重短缺。

3. 人才储备不足

职业教育是技能人才的"摇篮"，但河北省职业教育综合实力并不突出，特别是在人才储备方面存在以下不足之处。一是传统产业人才过剩，新兴产业人才短缺。河北省职业院校中，机械制造、纺织服装、化工等传统产业相关专业占比较高，而新能源、人工智能、生物医药等新兴产业相关专业不足，且课程内容更新滞后于产业发展。二是职业教育资源分配失衡，区域发展差异显著。石家庄、唐山、保定等城市集中了全省70%的优质职业教育资源，张家口、承德等欠发达地区职业教育资源薄弱。例如，张家口大数据产业集群在全国范围内具有较强的竞争力，可再生能源示范区加速建设，但张家口职业院校中风电运维、储能技术等与优势产业相关的专业较少，高技能人才多从外地高薪招聘。三是产教融合深度不足，企业参与有限。部分校企合作停留在协议签署层面，"订单班"比例很低。行业龙头企业参与度低，对比广东"华为ICT学院"、江苏"博世智能制造中心"等合作模式，缺乏产教深度融合示范项目。

4. 技能人才外流

河北省与京津及全国其他发达省份相比，经济发展水平有一定差距，客

---

[1] 《完善技能形成体系 培养一流产业技术工人》，《工人日报》2025年3月5日。
[2] 国家统计局人口和就业统计司、人力资源和社会保障部规划财务司编《中国劳动统计年鉴2023》，中国统计出版社，2023。

观导致薪资待遇、就业机会等不如京津及全国其他发达省份。从战略性新兴产业中信息传输、软件和信息技术服务业非私营单位在岗职工平均工资总额（2022年）来看，河北省为135800元，低于天津的162787元，远低于北京的319550元和全国平均水平223928元，居全国第15位。战略性新兴产业是产业结构升级的引擎、创新驱动发展的"主战场"，更是各地区发展的重中之重，因此战略性新兴产业高技能人才在全国范围来说都是"香饽饽"、争夺的重点，河北省不仅面临京津的显著虹吸效应，同时面临人才流失危机。人才流失进一步拉高企业培育人才的成本，削弱了企业在人才方面的投入意愿，技能人才短缺问题长期存在，制约了河北省战略性新兴产业的高质量发展。

三 新质生产力视域下河北省战略性新兴产业技能人才队伍建设的路径选择

在新质生产力快速发展的背景下，新质生产力、战略性新兴产业与技能人才形成三螺旋发展模式，体现了三者深度融合、相互赋能的关系，共同推动经济高质量发展。河北省应充分抓住新质生产力视域下战略性新兴产业技能人才队伍建设机遇，有效应对挑战，在补齐发展短板的基础上，以新质生产力、战略性新兴产业与技能人才三螺旋发展模式为理论基础，选择科学有效的建设路径，打造一支数量庞大、技术全面、创新力强的战略性新兴产业技能人才队伍，为"技能强省、人才强冀"注入强劲动力。

（一）厚植技能人才成长产业沃土

1. 促进京津冀协同发展走深走实，加快发展战略性新兴产业

战略性新兴产业的发展是京津冀协同发展战略的核心内容之一，河北省需抓住国家战略机遇，以京津冀联合出台的《京津冀三省市推动6条重点产业链图谱落地的行动方案》等政策文件为指导与抓手，以"六链五群"产业为着力点，以新能源和智能网联汽车、机器人产业为重点，发展

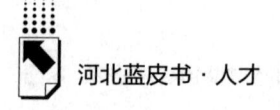

自身优势战略性新兴产业，如生物医药、新一代信息技术，创新"链群图谱+要素清单"产业治理范式，涵盖产业链结构图谱、关键技术演进路径、市场主体分布图，配套建设项目台账、弱项识别清单、政策工具包。加快设立战略性新兴产业母基金，携手京津共建产业链与制造业集群。通过取长补短，依托北京创新策源地与技术辐射中心的作用，建设应用场景与产业承接基地。同时，创新与完善跨区域利益共享机制，从"被动承接"转向"主动转化"，真正成为京津原始创新的"价值转化地"。优化京津高技能人才"河北工作驿站"机制，吸引高技能人才来河北兼任技能顾问，打破"高成本抢人"传统路径，吸引京津高技能人才参与河北项目，最终释放产才融合乘数效应。

2. 实施企业梯度培育计划

企业是技能人才开发的主体，对技术迭代和岗位需求最敏感，能精准识别战略性新兴产业技能人才缺口，而且处于不同层次的企业对技能人才的需求存在差异。河北省应从构建以龙头企业和瞪羚企业为引领、高新技术企业为骨干、科技型中小企业为基础的"金字塔式"战略性新兴产业企业梯度培育体系入手，结合"链式区分+协同培养"机制，形成"龙头企业定标准、骨干企业传技艺、中小企业练基础"的技能人才培育模式，推动战略性新兴产业企业规模持续扩大、结构不断优化，将企业梯队转化为技能人才成长的阶梯，形成系统性集聚和全面推动技能人才队伍建设的良好局面。

（二）促进高技能人才反哺科技创新

1. 建立高技能人才深度参与科技创新机制

在企业、科研机构、行业组织与有关部门项目决策中，邀请高技能人才进入技术专家咨询委员会，参与项目可行性研究与评估工作。就科技发展规划、项目立项、技术攻关等重要决策议题充分征询技能专家意见，充分发挥技能专家优势，从实际操作、工艺可行性、成本控制等角度对项目进行细致分析，畅通技能专家向决策层提供建设性建议的渠道。在科技创新项目实施过程中，成立由高技能人才、管理层代表、技术研发人员等组成的联合领导小组。在这个小组中，高技能人才作为核心成员之一，与其他成员平等协商、共同制定项目的关键决策，如技术路线选择、资源分配方案、项目进度安排、人员分工、设备采购、工艺改进等，以发挥其实践经验优势，对多种技术方案进行深入比较和评估，指出各方案的优势与劣势，帮助团队筛选出最符合实际需求、最具创新性和可操作性的技术方案，提高科技创新项目的成功率。

2. 建立技能人才意见采纳与反馈机制

在企业内部营造一种鼓励创新、重视基层专业意见的良好氛围，推动企业构建多元化、畅通无阻的技能人才意见表达渠道，如专门的在线建议系统、定期召开的高技能人才座谈会、决策层直接沟通机制等，方便高技能人才随时随地将自己的创新想法、技术改进方案以及对现有决策的建议直接传达给相关决策部门或高层领导。高技能人才提出的意见和建议被采纳的，企业应给予及时且丰厚的奖励，奖励形式可以包括现金、荣誉证书、晋升机会、额外的资源支持等。无论高技能人才的意见是否被采纳，决策部门都应及时向其反馈处理结果和原因，激发更多高技能人才为企业的科技创新贡献智慧和力量。

（三）重点培育数字型、复合型技能人才

1. 完善产教融合与校企协同育人机制

实行"工学一体化"培养模式，构建校企联合培养体系。大力支持战略性新兴产业龙头企业与职业院校共建实训基地，开设"订单班""定向班""车间教室"。制定更加详细的"双师型"教师培养计划，鼓励龙头企业技能骨干担任职业院校产业导师，以制度保障职业院校教师赴企业挂职锻炼的时间、方式等，理论与实践相结合促进数字型、复合型技能人才培养。

2. 改进职业教育课程体系与教学模式

打破学科壁垒，推动职业院校不断增设"人工智能+行业""数字技术+管理"等交叉课程。例如，可精准对接智能制造、大数据等领域的岗位需求增设课程。扩大职业教育改革试点，在设备运行、工业机器人编程等课程中融入企业实际案例，实现教学与生产的无缝衔接。在深耕主专业的同时，积极鼓励与推动技能储备人才学习其他领域的知识和技能，培养自我学习、持续学习的能力，紧跟技术和产业发展趋势，保持知识的更新迭代，将多领域知识融会贯通，形成"一专多能"的知识结构，提升适应产业需求的实践技能。

3.打造数字化技能实训平台

整合全省实训资源，构建"一核多节点"虚拟仿真平台。以地区支柱产业或特色战略性新兴产业为核心，开发产业实训模块，分地区建立具有产业特色的扩展现实实训中心。借鉴海南省"技能培训超市"的先进做法，由省总工会、各产业协会与龙头企业联合建立产业"数字+技能云超市"，开发微课程与典型工作场景，推进全省职业院校分类接入，支持企业按需定制培训方案。

4.构建京津冀数字型、复合型技能人才协同培养机制

依托北京科技创新资源、天津先进制造业基地、河北产业转型需求，联合建立京津冀数字技能公共实训中心。建立京津冀企业间技能人才交流机制，鼓励技能人才通过短期派驻、项目合作等方式跨区域实践。在雄安新区等设立京津冀数字技能人才飞地，吸引京津高技能人才通过"周末大工匠""云签约"等方式柔性向河北流动。每年以各战略性新兴产业为单元，选拔技能骨干赴北京、天津等机构或企业研修，紧抓京津冀协同发展战略机遇，为战略性新兴产业发展培养数字型、复合型技能人才。

（四）完善技能人才发展体系

1.强化规划与政策引领

明确产业导向与人才培养目标，编制产业技能人才需求图谱，制订战略性新兴产业技能人才专项行动计划。联合工信、科技、人社等部门，建立"产业—职业—技能"动态映射模型，预测未来3~5年的技能需求趋势，定

期发布河北省战略性新兴产业紧缺技能人才目录,精准定位各产业技能人才缺口,指导技能人才培养方向。加强资金保障,通过政策倾斜激发技能人才开发动力。将技能人才培养经费纳入财政预算,落实技能人才培训补贴与经费保障,设立"技能强省"专项基金,支持实训基地、技能竞赛及师资建设。

2. 畅通技能人才晋升渠道

破除学历与资历"双枷锁",推进技能人才发展创新。学习浙江省技能人才"技能码"试点经验,推行省级电子化"技能护照",记录个人技能等级、项目经验、竞赛获奖等能力数据,替代传统学历证明作为晋升依据,实现扫码即可查询人才真实能力,降低学历依赖。打造破格晋升"直通车",对解决重大技术难题、获省级以上技能竞赛奖项者,允许跨级晋升至高级技师或首席技师。推动京津冀技能资格互认,可在雄安新区设立跨域技能认证中心,实现三地战略性新兴产业技能标准互认,人才流动时自动保留原技能等级。

3. 完善终身学习与技能提升生态

针对数字经济时代战略性新兴产业技术快速迭代的特点,建立技能人才"终身学习"支持系统。例如,开发线上线下融合的微课程平台,对参与线上培训项目的学员给予更高的线上课时补贴,鼓励在职人员通过技能竞赛、专题研修更新知识与技能结构。同时,加强国际交流合作,选派技能人才积极参与"一带一路"技术合作项目,并引进海外高层次技能人才,拓宽技能人才的国际视野。

4. 营造"崇尚技能"的社会氛围

通过媒体宣传与标杆塑造,以纪录片、短视频等形式宣传"技能明星",树立"技能光荣"价值观。同时,正确引导就业观,在中小学开设职业体验课程,开展"技能大师进校园"活动,逐步扭转"重学历轻技能"的社会偏见,鼓励更多实用人才加入技能人才队伍,促进河北省战略性新兴产业技能人才队伍实现跨越式发展。

劳动经济篇

B.10
劳动弹性化趋势下的制度回应：
工时制度改革对地方行政审批的
传导机制研究

苏建宁　邢明强[*]

摘　要： 近年来，随着互联网、移动通信等新技术的创新发展，以工作时间弹性化、灵活化为特征的弹性工时制受到关注。放眼国外，德国、日本、韩国等发达国家针对弹性工时制的"双刃剑"效果采取了系列规制举措。聚焦国内，当前在我国法律与政策层面，弹性工时制是以特殊工时制这一概念出现的。面对日益增长的特殊工时制申报需求以及随之而生的劳动纠纷隐患，全国各省均出台了相应的规制办法，这些都为河北下一步特殊工时制行政审批改革提供了有益借鉴。为科学把握未来特殊工时制行政审批改革方向，本报告提出了"科学放+科学管"相结合的特殊工时制

---

[*] 苏建宁，石家庄邮电职业技术学院科技处高级工程师，主要研究方向为劳动关系、劳动经济；邢明强（通讯作者），河北省人力资源社会保障科学研究所副所长、研究员，河北师范大学硕士研究生导师，主要研究方向为人力资源、社会保障。

劳动弹性化趋势下的制度回应：工时制度改革对地方行政审批的传导机制研究

行政审批改革路径，以期为河北乃至全国的特殊工时制行政审批改革提供参考。

关键词： 弹性工时制　特殊工时制　行政审批　河北

工作时间作为劳动关系与劳动经济学的核心议题，一直是各国劳动法制建设中的重要议题。当前，随着互联网、移动通信等新技术的迭代，工作与生活之间的物理边界逐渐模糊化、互融化，映射到工作时间上带来的是工作时间的弹性化。越来越多的理论与实践成果表明，以工作时间弹性化、灵活化为特征的弹性工时制能提升员工效率，有助于促进员工个人福利与组织生产力的双提升。早在20世纪60年代，德国为有效解决员工上下班交通堵塞等问题推广实行了核心工时制，即员工只需在某核心时段在组织内正常工作，其他时段均可自由安排，由本人自主决定上下班的时间，这是弹性工时制的雏形。随后，弹性工时制在欧美等发达国家得到了快速推广应用。20世纪70年代，英国有70万人享受弹性工时制。1985年，美国有12.4%的职工享受弹性工时制，到2004年分别覆盖28.1%的男性职工与26.7%的女性职工，规模显著扩大。[①]

历经半个多世纪的发展，弹性工时制已演变出包含成果中心制、工时银行、工时账户、工作分担、缩短工时在内的多种形态，而学界关于弹性工时制的内涵外延仍莫衷一是、众说纷纭。[②] 有研究认为，弹性工时制是最早、应用最为广泛和接受程度最高的弹性工作制形式。[③] 还有研究认为，弹性工时的实质是工作时间的灵活化和多元化，其有广义、中义和狭义之分。[④] 其

[①] 徐琳：《弹性工时在美国为何不再吃香》，《华盛顿观察》2005年8月10日。
[②] 黄昆：《弹性工时发展趋势初探》，《劳动保障世界》2018年第10期。
[③] 涂永前、王雨霏：《基于工作—生活平衡的弹性工作制的法治实践路径研究》，《南宁师范大学学报》（哲学社会科学版）2021年第3期。
[④] 中国劳动和社会保障科学研究院课题组、黄昆：《弹性工时发展趋势初探》，《石油人力资源》2018年第1期。

中，广义弹性工时泛指所有灵活化、弹性化的工时安排，包含弹性工作制、特殊工时制、缩短工作时间、核心工作时间以及非全日制用工等；中义弹性工时泛指区别于标准工时制度的一般形式，但不涉及用工方式，如非全日制用工等；狭义弹性工时特指某一类弹性工时方式，如我国的特殊工时制、德国的工时银行等。

弹性工时制自20世纪60年代兴起至今，已迭代创新出了形态各异、类型多样的方式。弹性工时制为何有如此强大的生命力？面对弹性工时制的快速发展，国内外是如何通过法律与行政手段"扬其优、抑其劣"的？而这又给河北的相关行政审批改革带来了何种启示？这些都是本报告研究的重点内容。

一 弹性工时制发展背景

弹性工时制的发展与宏观层面的经济社会发展环境以及微观层面的企业、员工等主体诉求紧密相关。

一是从经济发展视角看，弹性工时制是弹性化大生产迅速崛起的必然结果。随着以互联网为代表的新一轮技术革命加速到来，全球已进入万物互联时代，各类市场主体面临信息更加透明、竞争更为激烈的外部发展环境，迫切需要改变传统、滞后的经营模式，引入更具灵活性、机动性的弹性生产。在此背景下，与弹性生产相契合的弹性工时制应运而生并快速兴起。纵观国际资本的竞争态势可知，随着竞争加剧与市场风险增大，应用弹性工时制可以在很大程度上转移资本的竞争风险。

二是从社会发展视角看，弹性工时制作为一种对时间资源的有效匹配模式，其大规模、普适化应用在很大程度上能够促进社会运行效率的大幅提升，如20世纪60年代德国设计核心工时制的初心是有效解决上下班交通拥堵问题。与之类似的是，北京市为有效治理城市交通拥堵，早在1981年就出台了《关于错开上下班时间的通知》（京政办发〔1981〕26号）。2010年，北京实施党政机关错峰上下班后，高峰时段市区拥堵路段减少11%，

劳动弹性化趋势下的制度回应：工时制度改革对地方行政审批的传导机制研究

主干路网通行速度提升4.2%，社会治理效果显著。① 除此之外，弹性工时制作为解决工作—家庭冲突（Work-Family Conflict）的一剂良药，能够有效帮助员工实现工作—生活平衡（Work-Life Balance）②，进而最大限度地减少家庭矛盾产生，有利于促进社会和谐稳定。同时，弹性工时制通过更加科学的工作—闲暇时间分配，能够让劳动者拥有更多时间和精力进行教育、培训、锻炼等自我人力资本投资活动，不仅有利于优化劳动力市场结构、促进劳动力生产水平提升，还有利于全社会人力资本总量增加，提高社会精神文明水平。

三是从企业和员工视角看，弹性工时制的引入能够很好地实现双赢。从企业视角看，其选择弹性工时制的原因主要有两个方面：一方面能够显著增强企业的生产灵活性与机动性，使企业能够更好地适应市场波动；另一方面有助于降低人工成本、增强企业的竞争力。③ 此外，弹性工时制能够帮助企业更好地调动员工积极性、提高生产效率、降低生产成本，已经成为企业应对法定工时不断缩短的重要工具。④ 美国非营利组织"家庭与职业研究所"的一项针对弹性工时制的调研发现，雇主比员工更愿意接受弹性工时制，在不记名投票中，仅有10%的雇主认为弹性工时制会对工作不利。⑤ 从员工视角看，员工对物质资源和时间资源优化配置的内在需求决定了其倾向于选择弹性工时制。⑥ 2019年，一项针对2000名员工的调查显示，约有49%的受访者希望拥有更加自由的工作时间，甚至不惜以牺牲部分薪酬待遇来换取更加弹性的工作时间。⑦ 国际劳工组织针对北京、长沙和广州三大城市劳动力市场的专项调查结果显示，有63.5%的员工更加

---

① 《北京错峰上下班措施实施第一周拥堵路段下降11%》，《北京日报》2010年4月17日。
② 涂永前、王雨霏：《基于工作—生活平衡的弹性工作制的法治实践路径研究》，《南宁师范大学学报》（哲学社会科学版）2021年第3期。
③ 魏翔：《西方弹性工作制研究述评及其新进展探析》，《外国经济与管理》2008年第12期。
④ 黄昆：《弹性工时发展趋势初探》，《劳动保障世界》2018年第10期。
⑤ 李萍：《如何看待弹性工时制带来的风险》，《国际经济合作》1999年第4期。
⑥ 魏翔：《西方弹性工作制研究述评及其新进展探析》，《外国经济与管理》2008年第12期。
⑦ 孙健敏、崔兆宁、宋萌：《弹性工作制的研究述评与展望》，《中国人力资源开发》2020年第9期。

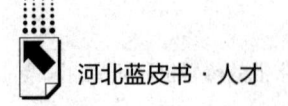

偏爱弹性工时制，他们希望通过更加灵活的工时安排更好地促进工作—生活平衡。特别是对于当前"工作与家庭协调"处于"不是很好"与"根本不行"处境的员工，他们对弹性工时制的偏好比例分别高达66.2%与64.3%。[1]

综上，经济社会发展的客观要求、企业经营管理的内在动力、员工工作—生活平衡的现实需求共同促进了弹性工时制的快速发展。值得肯定的是，在内外部环境的影响以及多方利益需求的驱动下，弹性工时制会在未来愈加灵活化、多样化的组织管理活动中扮演不可忽视的重要角色。

二 国内外弹性工时制规制实践

（一）弹性工时制规制必要性分析

恰如一枚硬币包含了正反两面，每一个事物也包含了正反影响，分析弹性工时制的影响亦如此。总结现有国内外的相关研究成果可以发现，无论是理论界还是实务界，对弹性工时制的评价并未达成一致。[2] 有的研究认为弹性工时制确实能给企业的生产效率与员工的工作积极性带来积极影响[3]；但还有一些研究表明，弹性工时制不仅起不到为劳动者减负的效果，反而会打破劳动者的工作—生活平衡，造成一种弹性负担[4]。特别是近年来，弹性工时制滥用、错用导致的劳动争议案件不断涌现，致使很多人将弹性工时制与"无边界"加班联系起来。一部分劳动者因弹性工时制享受到了制度"红利"；而另一部分劳动者因弹性工时制被侵害了权益，于

---

[1] 曾湘泉、卢亮：《标准化和灵活性的双重挑战——转型中的我国企业工作时间研究》，《中国人民大学学报》2006年第1期。

[2] 孙健敏、崔兆宁、宋萌：《弹性工作制的研究述评与展望》，《中国人力资源开发》2020年第9期。

[3] 郑全全：《弹性工时的现场实验》，《心理科学》1992年第1期。

[4] 涂永前、王雨霁：《基于工作—生活平衡的弹性工作制的法治实践路径研究》，《南宁师范大学学报》（哲学社会科学版）2021年第3期。

是在弹性工时制日益蓬勃发展的同时，形成了一股反对弹性工时制的"逆流"。

综上，弹性工时制具有"双刃剑"效果。在很多情况下，它并不像人力资源管理者宣扬的那样是为了工人的福利[①]，更多是企业为降本增效、转移风险的权宜之计。基于此，很多国家和地区针对弹性工时制的快速发展，因地制宜采取了系列规制举措，这对推动弹性工时制健康可持续发展起到了重要作用。

（二）国外弹性工时制规制实践

1. 德国

适应性是欧洲就业战略的四大支柱[②]之一，该支柱的存在表明在企业的灵活性需求和员工的就业保障之间取得平衡十分必要。[③] 德国对工作时间特别是灵活化的工作时间规制很好地印证了适应性。近年来，德国工作时间明显缩短且日益灵活化。[④]

从员工视角看，基于员工自由选择权的核心工时制得到广泛应用，这种劳动时间的灵活化在德国劳动法中没有任何法律障碍，属于较为简单的弹性工时制。相比之下，工时账户或工时银行是另一种较为复杂的灵活工时安排，员工可以在核心工时之外自由决定每日工作时间，加班产生的超额工时和休息休假产生的消费工时可以在一定时间内自行在工时账户中相互抵扣。在德国相关法律中，不管是引入还是废除弹性工时制，都属于企业职工委员会基于《企业组织法》第87条第1款第2项规定的劳企共决事项。企业职工委员会在审定相关申请时，要综合考虑员工对工时自主权的现实需求，尽量避免出现劳动强度过大、工作要求过高而造成休息不足等各类情况，并适

[①] 赵秀丽：《时间管理与弹性工作制》，《经济研究参考》2014年第64期。
[②] 其他3个支柱分别为就业能力、企业家精神与机会均等，来源于卢森堡特别欧洲理事会峰会1997年11月通过的《就业指导原则》。
[③] 黄伟、魏薇：《协调工时弹性与工时权利保护——基于欧盟、英国、日本和新加坡工时制度的比较研究》，《经济社会体制比较》2021年第1期。
[④] K. S. 布朔夫：《德国工作时间的灵活化》，《国外社会科学》2000年第5期。

当采取措施进行兜底性保障。

从企业视角看，其对弹性工时制的本质要求主要体现为工作时间需求与工作时间供给"无摩擦地相互匹配"，其方式一般有"可变的每星期工作时间""根据生产能力变化的劳动时间""年度劳动合同"等。其中，"可变的每星期工作时间"允许企业在6个月的周期内较为自主地安排员工每周工作时长，如可以一周工作40小时或30小时，只要在此周期内平均每周工作时长不超过集体合同规定的37小时即可。"根据生产能力变化的劳动时间"指的是雇主拥有确定具体工作时间的权利，只要遵守《非全日制和固定期限劳动合同法》第12条规定即可。"年度劳动合同"主要适用于生产经营受自然条件和季节性影响较大的行业，企业可根据需要集中、连续安排劳动时间。上述3种弹性工时形式与我国以周、月、季、年为周期的综合计算工时制有很多相似之处。在法律规制上，受制于集体合同的硬性规定，企业弹性工时制主要靠单个劳动合同约定。

2. 日本

日本经过漫长的改革逐渐形成了日益完善、多元化的弹性工时制，但也面临工时过长以及无法有效应对迅速增长的弹性工时需求的现实问题。[①] 在日本，灵活化的工作时间安排一般有"平均工时""弹性工时制""估算工时制"三大类。

"平均工时"按周期可分为"一周周期内""一月周期内""一年周期内"3类。"一周周期内平均工时"又称"无规律的时间分配制"，其适用范围仅限于经行政命令许可、生产经营活动存在一定周期波动的企业，且劳动者人数必须低于一定标准（《劳动基准法》第32-5条），如宾馆、小吃店、零售企业且雇用30人以下的可采用此种类型。"一月周期内平均工时"指的是在不多于一个月的周期内，工作时间可以平均计算，意味着如果周期

---

① 邹庭云：《日本弹性工时制度的发展脉络及其对我国的借鉴意义》，《经济社会体制比较》2021年第1期。

内平均工时没有超过法定最高工时,即使某日或某周超过单位最高法定工时,也不作为加班处理。此种类型要求企业提前在劳动协议和规章制度中对每天或每周的工作时间进行约定。"一年周期内平均工时"主要适用于受季节变动影响较大的经营单位,如百货公司等。此种类型要求企业必须与多数员工代表签订劳资协议,且协议中必须包含"明确的劳动者范围""平均工时周期少于1年""协议的有效时间"等内容。① "弹性工时制"与德国的核心工时制类似,即劳动者可以自主决定上下班时间,只需在特定时间内完成相关工作即可。"估算工时制"属于特别规定的制度,一般又分为"工作场所之外履行工作"与"自行决定工作(裁量劳动制)"。这两种方式对于工作时间的计算不按照实际数量,而是按照"令人信服的推定时间"。② 其中,"工作场所之外履行工作"一般适用于外勤、销售等实际工作时间难以准确衡量的岗位。"自行决定工作(裁量劳动制)"主要适用于从事任意性、创造性工作的白领,具体可分为"专门业务型""企划业务型"。相较于"专门业务型","企划业务型"进一步扩大了适用范围,因此其在实行过程中必须经过劳资委员会的严格审定,且经4/5以上的委员同意。③

除上述形式,日本针对具有较高专业知识技能、满足一定年收入条件的特定职务的劳动者推出了"高地度专业工作制度",在工时豁免上有了更大突破,与其他豁免对象相比进一步排除了深夜工作规制,具有更大的自主权与更高的灵活度。④

3. 韩国

近年来,韩国转变了雇佣方式,以更加灵活的工时模式增加就业岗位,

---

① 〔日〕荒木尚志:《日本劳动法》(增补版),李坤刚、牛志奎译,北京大学出版社,2010,第68~70页。
② 〔日〕荒木尚志:《日本劳动法》(增补版),李坤刚、牛志奎译,北京大学出版社,2010,第71页。
③ 邹庭云:《日本弹性工时制度的发展脉络及其对我国的借鉴意义》,《经济社会体制比较》2021年第1期。
④ 邹庭云:《日本弹性工时制度的发展脉络及其对我国的借鉴意义》,《经济社会体制比较》2021年第1期。

在公共部门率先实行特殊工时制度，并逐渐向民间推广。在韩国的《劳动标准法》中，灵活工时制度主要包含"弹性工作时间制""选择性工作时间制""度量工作时间制"。①

"弹性工作时间制"指的是在平均时段内，一周的工作时间不得超过法定工作时间。根据《劳动标准法》第 52 条的规定，"选择性工作时间制"是指工人可以自主决定工作开始和结束的时间，与德国的核心工时制、日本的弹性工时制类似。此外，为充分保障工人的休息权，韩国还进一步补充规定了劳动者的休息时间。"度量工作时间制"是指根据工作性质不同，完成工作的方法需要劳动者自主度量，由劳动者与雇主共同签订书面协议来决定工作时间。

值得注意的是，韩国的弹性工时制改革是自上而下的，由公共部门向企业、私营部门逐步开展。此举不仅能加大弹性工时制的推广力度，而且能有效延长政府公共部门工作时间，提高了精准为民服务的水平。②

（三）国内特殊工时制规制实践③

1. 我国特殊工时制概述

目前，我国针对弹性工时制尚没有明确的定义，特殊工时制可视为我国在法律与行政审批层面唯一认可的"弹性工时制"。《中华人民共和国劳动法》第三十九条规定，"企业因生产特点不能实行本法第三十六条、第三十八条规定的，经劳动行政部门批准，可以实行其他工作和休息方法"。1994 年发布的《关于企业实行不定时工作制和综合计算工时工作制的审批办法》（劳部发〔1994〕503 号，以下简称"503 号文件"），对我国特殊工时制的类型与申报方式做了细化规定。目前，我国特殊工时制针对特定岗位与特定行业，仅设置了不定时工作制与综合计算工时

---

① 毛汀：《中韩特殊工时制度比较研究》，《法制博览》2017 年第 11 期。
② 毛汀：《中韩特殊工时制度比较研究》，《法制博览》2017 年第 11 期。
③ 鉴于在我国行政法律体系中并没有明确提过"弹性工时制"相关概念，只提及特殊工时制。为了与我国的行政司法实践相统一，后文表述均将弹性工时制变更为特殊工时制。

制两种类型。

503号文件在很大程度上满足了中央与地方各类企业弹性化用工的实际需求，助力经济社会快速发展。从审批对象上看，一般申报特殊工时的企业主要是外资企业、受季节和市场波动影响较大的出口外向型企业、上市公司、日益做大做强的企业以及曾因用工不规范出现相关劳动争议的企业。[①]从审批结果上看，2015~2023年我国特殊工时审批规模呈现上升态势，如表1所示。

表1 2015~2023年我国特殊工时审批规模

单位：万户，万人

年份	审批企业数	涉及职工
2015	7.2	1560
2016	8.2	1432
2017	14.5	1320
2018	8.3	1300
2019	8.4	1480
2020	9.4	1500
2021	7.8	1400
2022	8.9	1790
2023	9.2	1500

资料来源：2015~2023年人力资源和社会保障事业发展统计公报。

2. 各省份针对特殊工时制的规制办法

在国家针对特殊工时制的行政审批意见出台后，各省份结合文件精神，陆续配套出台了相应的特殊工时管理办法，部分地区还在503号文件的基础上做了相应补充、细化与完善，具体如表2所示。

---

① 朱怀宾、郭燕飞：《特殊工时制度审批管理现状调查》，《中国劳动》2011年第5期。

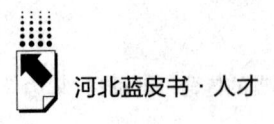

表2 国内部分省份对特殊工时制的规制办法

类别		较503号文件的完善之处
适用对象		·国家机关、事业组织、社会团体、民办非企业单位均可申报(浙江、新疆)
应用岗位	不定时工作制	·实行年薪制或劳动合同约定工资高于深圳市职工上年度月平均工资三倍以上,且可以自主安排工作、休息时间的人员(深圳)
	综合计算工时制	·受能源、原材料供应等条件限制难以均衡生产的;受外界因素影响,生产任务不均衡的;可以定期集中安排休息、休假的(深圳、江苏、北京) ·因工作地点较远需要集中安排工作、休息的职工(山西、江苏) ·实行轮班作业的职工(山西)
权益保障	不定时工作制	·实行不定时工作制的劳动者工作时间不确定,无法实行加班加点制度,其工资由用人单位按本单位的工资制度,根据劳动者的劳动时间和完成劳动定额情况计发(浙江) ·用人单位安排实行不定时工作制的员工在法定休假日工作的,按《深圳市员工工资支付条例》规定支付工资报酬(深圳)
	综合计算工时制	·对于实行综合计算工时制的第三级以上(含第三级)体力劳动强度的工作岗位,每日连续工作时间不得超过11小时,而且每周至少休息1天;实行综合计算工时制的用人单位若延长工作时间,平均每月不得超过36小时(广东、深圳、福建) ·实行综合计算工时制的企业,在综合计算周期内,每日安排职工连续工作时间不得超过11小时(山西)
	特殊人群	·用人单位要严格执行国家有关女职工和未成年工的特殊劳动保护规定,对于第三级以上(含第三级)体力劳动强度的工作岗位,每日连续工作时间不得超过11小时,每周至少休息1天(浙江)
办理流程	民主流程	·工会或涉及职工代表或职代表大会书面意见(浙江) ·企业申请实行不定时工作制或综合计算工时制职工名册及职工签名表(广东、深圳、福建、新疆)
	现场查验	·申请实行不定时工作制或综合计算工时制职工人数占企业职工总数的50%以上;申请实行以季、半年或年为周期的综合计算工时制,需进行现场查验(广东)
	审批时限	·每次实行期限一般为一年,最长不超过两年(重庆、广东、新疆) ·审批的有效期限为一年(浙江) ·对被评为当年度或上年度"深圳市劳动关系和谐企业"的企业,初次申请可准予两年的实行有效期(深圳) ·许可有效期为1~3年(河南、江苏、北京)

续表

类别		较 503 号文件的完善之处
办理流程	豁免情形	·企业中的高级管理人员实行不定时工作制，无需办理审批手续（北京） ·用人单位中符合《中华人民共和国公司法》规定的高级管理人员实行不定时工作制的，无需办理审批手续（深圳）
监督检查	事后监管	·每年监督检查企业数应占当年审批企业的 20% 左右（福建）
	惩罚依据与举措	·按照《劳动保障监察条例》进行处理（重庆、浙江、广东） ·行政许可机关应当依法办理撤回、撤销或注销手续（河南） ·对实行期内发生两次以上违规行为的企业，可对其下次申请延缓一年受理（山西）

资料来源：根据相关省份政策整理。

（四）当前特殊工时制规制中存在的主要矛盾

随着人工智能时代的来临，传统的工作方式已经发生了很大改变，以弹性、灵活的工作时间为代表的特殊工时制渐成主流。在此背景下，现有岗位与职业申报特殊工时制的需求与日俱增。并且，当前很多自带灵活性、机动性"基因"的新岗位、新职业不断涌现，如网络主播、网约配送员等，已发展为很大的就业群体。在"新旧"需求的叠加下，特殊工时制的申报需求不断增长已是不争的事实。面对日益增长的申报需求，现有的特殊工时制行政审批制度存在诸多矛盾，集中表现在以下方面。

一是需求增长与行政审批制度僵化的"多少"矛盾。面对日益增长的特殊工时制申报需求，按照 503 号文件中的相关审批流程进行线下申报，往往流程烦琐，不仅不利于行政审批效率的提高，也不符合"放管服"改革的内在要求。

二是新兴岗位与原有制度的"新旧"矛盾。当前，很多新岗位、新职业不断涌现，如河北省支柱产业生物医药涌现了大量工作时间灵活、工作安排弹性的新药研发、细胞培养等岗位，这些岗位具有强烈的动因申报特殊工时制，但由于 503 号文件仅对部分可以申报的岗位进行了列举，相关部门在审批时将很多符合特殊工时制申报要求的新岗位、新职业拒之门外。

三是满足企业需求与保障劳动者权益的"利弊"矛盾。值得注意的是，随着特殊工时制覆盖范围、应用规模日益扩大，特殊工时制滥用引发的劳动争议近年来也呈现快速增长之势。一些企业单位往往利用特殊工时制的"加班豁免权"优势，对特殊工时制进行"滥用""错用"，不可避免地造成了劳动者利益受损，随之而来的是各类劳动争议。笔者分别以"特殊工时制""不定时工作制""综合计算工时制"为关键词在中国裁判文书网进行高级筛选，发现相关"劳动/人事争议"类案件总体呈现增长态势。

从上述分析可知，我国特殊工时制在实践应用中呈现"审批多、争议多"的发展态势，暴露了各类问题。从顶层设计上看，体现为503号文件法律效力不足、部分规定过于笼统、相关概念界定不清、适用范围较窄等；从审批过程上看，体现为各地执行标准不一、行政审批事项较为烦琐、审批周期难以把握等；从监督执行上看，体现为监督力量薄弱、执法力度不足、相关劳动争议多发频发等；从权益保障上看，主要集中在超时劳动、休息休假权落实不到位、部分加班工时与工伤认定难等方面。①

相关问题与矛盾为行政审批部门带来了挑战，为了最大限度地避免劳动争议的发生，一些地方在审批过程中"慎之又慎"，甚至"能不批就不批"，不仅影响了企业真实的申报需求，也不利于符合条件的在职员工享受制度红利。基于此，人力资源和社会保障部于2012年下发了《关于〈特殊工时管理规定（征求意见稿）〉公开征求意见的通知》，以期从制度设计层面加以完善。2020年，中共中央办公厅、国务院办公厅印发了《深圳建设中国特色社会主义先行示范区综合改革试点实施方案（2020—2025年）》，强调允许探索适应新技术、新业态、新产业、新模式发展需要的特殊工时管理制度，逐步扩大适用范围，有效提高其在新形势下的适用性。这也为河北开展特殊工时制行政审批改革提供了重要指导。

---

① 朱怀宾、郭燕飞《特殊工时制度审批管理现状调查》，《中国劳动》2011年第5期；张新民《完善我国特殊工时制度的建议》，《中国劳动》2012年第9期；程浩《我国特殊工时制度存在的问题及完善对策》，《浙江师范大学学报》（社会科学版）2010年第1期。

劳动弹性化趋势下的制度回应：工时制度改革对地方行政审批的传导机制研究

三 河北特殊工时制行政审批改革对策建议

从前文分析可知，特殊工时制是一项兼顾"灵活与稳定""管理与服务"的"双平衡"用工管理制度。因此，针对特殊工时制的行政审批既不能"一放了之"，任由特殊工时制扩大应用场景与范围，也不能"一关了之"，忽略了当前企业与劳动者对特殊工时制日益增长的真实申报需求。

为深化特殊工时制行政审批改革、准确把握特殊工时制发展方向，近年来河北针对特殊工时制行政审批工作做了积极探索。早在2015年，河北省人力资源和社会保障厅就专门下发了《关于进一步下放企业实行特殊工时制度审批和管理权的通知》，将原有需要在省厅层面审批的特殊工时制申请全部下放至企业常住地进行审批管理，有效落实了"放管服"与简政放权改革要求。

在特殊工时制申报需求快速增长的背景下，针对特殊工时制的行政审批改革只有进行时，没有完成时。德国、日本与韩国等发达国家的规制实践，以及国内其他省份特殊工时制审批的典型做法，为河北下一步深化特殊工时制行政审批改革提供了十分有益的思路与方向，即处理好"放+管"两者的关系，既要在"科学放"上写好文章，又要在"科学管"上下足功夫。基于此，本报告提出"科学放+科学管"相结合的特殊工时制行政审批改革探索路径（见表3），以期为河北乃至全国的特殊工时制行政审批改革提供参考。

表3 "科学放+科学管"相结合的特殊工时制行政审批改革探索路径

类型	主要特征	优点	缺点	风险点	改进点
报备制（放）	"弱"事前审批	提高行政效率，增强企业用工自主性	缺少现行法律支撑，易造成"泥沙俱下"	行政合规风险	分级分类管理，建立"放/管清单"
	"强"事后监管	有效避免企业违规操作与劳工利益被侵害	行政监管成本与资源投入增加	监管疏漏风险	提高事后监管的科学性、精准性

续表

类型	主要特征	优点	缺点	风险点	改进点
审批制（管）	"强"事前审批	从源头上减少了劳动争议	降低了企业的用工弹性	信息不对称风险	弱化政府行政管理，强化企业内部意愿
	"弱"事后监管	减少了过多的行政资源投入	易形成落地监管"真空地带"	劳动争议风险	加大随机监管、定期检查力度
报备制（放）+审批制（管）	"适度"事前审批	兼顾源头管控与审批效率	—	—	依据"503号文件+劳工和企业意愿目录"建立报备清单，依据"风险程度+监管难度"建立审批清单
	"科学"事后监管	兼顾资源投入与监管效果	—	—	建立特殊工时信息化系统，通过与企业考勤系统的实时对接，实现科学监管、动态监管

注：风险程度可从企业既往执行情况、申报岗位/工作情况、员工规模、工会监督作用等方面进行综合考量；监管难度可从企业性质与规模（外企/国企、大型/小型）、员工流动性、企业后期配合程度等方面进行综合考量。

由表3可知，在特殊工时制行政审批改革过程中，仅实施报备制或审批制都存在相应的风险点。要切实提高特殊工时制的行政审批效能，最大限度满足企业与劳动者真实申报需求，减少劳动纠纷与争议，需要将"科学放"与"科学管"有机结合，探索新型行政审批改革之路，这也是河北下一步深化特殊工时制行政审批改革的着力点。

（一）"科学放"：实施特殊工时制告知承诺制

面对不断增长的特殊工时制申报需求，一些地方开始试行流程更为简化、方式更为简便的特殊工时制行政审批。如深圳市坪山区积极探索特殊工时制行政审批"熔断机制"，将有过申报经历且无劳动争议的企业纳入白名单，按照告知承诺制进行管理，即减少入场调查、材料审核等流程，以企业承诺与后续"双随机、一公开"方式进行监管，通过"互联网+"监管与企业诚信体系建设，构建"快服务""软监管"的服务体系。

放眼河北，秦皇岛市已于2023年率先推行应用了针对特殊工时制的告知承诺制。该制度由秦皇岛市人力资源和社会保障局与秦皇岛市行政审批局联合设计推出，并专门下发了《关于推行企业不定时工作制和综合计算工时工作制审批实行告知承诺制的实施方案》（秦审批〔2023〕12号）。该制度以便民利企为导向，以企业的诚信守诺为支撑，以信息化建设为抓手，实行全流程网上办理，全面提高了办理深度与便利度，让企业申报者实现"零跑动"。深圳坪山与河北秦皇岛的告知承诺制都是特殊工时制行政审批"科学放"的有益探索，值得在河北省内其他地市进行推广与应用。

（二）"科学管"：建立"事前—事中—事后"一体化的监管体系

为有效解决"一管就死""一放就乱"的审批难题，需要构建科学化、智慧化、一体化的监管体系。在这个过程中，需要把握好以下几点。一是坚持"定性+定量"相结合原则。对企业的"事前—事中—事后"一体化监管，不仅要调研企业相关部门与主管领导，也要深入调研岗位员工；不仅要看定性成效，更要看定量数据，采取半结构化访谈、组织座谈、发放问卷等多种方式，多维度收集各阶段的审批数据。二是采用"双随机、一公开"方式。考虑"事前—事中—事后"一体化监管的时间精力成本，需对个别、重点或者易出现问题的行业领域展开随机抽样调查。三是善于借助第三方力量。采用购买服务等方式，适当引入高校或相关机构，做好重点企业的"事前—事中—事后"一体化监管工作。第三方力量的引入，不仅为特殊工时制行政审批与监管提供了强大智力支持，也有效搭建了与企业沟通互动的桥梁。第三方专家团队及时为企业答疑解惑，随时关注企业与员工的状态，是助力特殊工时制落地执行的重要力量，也是深化"放管服"改革的具体体现。河北省各级人社部门可在特殊工时制行政审批改革过程中积极引入省内高校、科研院所等外部资源，充分发挥其独立性、专业化的比较优势，对已申报特殊工时制的企业和岗位进行"事前—事中—事后"一体化监管，切实保障特殊工时制红利落到实处。

B.11
河北省新就业形态从业者权益保障研究

陈剑峰 吴博帆 王晓峰*

摘　要： 数字化推动平台经济快速发展，新就业形态从业者数量大增。这类从业者呈现互联网化、平台化等特点，存在职业风险高、保障水平低等问题。河北省经济处于中等水平，技术转型慢，新就业形态从业者权益保障问题突出，如劳动法律体系有短板、社会保险参与率低等，且随着从业者数量的增加，权益保障需求愈加迫切。本报告以河北省新就业形态从业者为研究对象，通过资料查找、政策收集、问卷调查等方法，梳理了河北省新就业形态从业者权益保障现状。针对存在的问题，借鉴国内外相关经验，提出创新提高政府服务效能以补齐制度短板、创新基本社会保险制度设计、建立职业伤害保障制度、设立多元工时制度、发展新经济模式等对策，以完善河北省新就业形态从业者权益保障体系。

关键词： 新就业形态　权益保障　河北

近年来，我国高度重视新就业形态从业者权益保障，多部门出台系列政策，规范平台企业责任，健全新就业形态从业者权益保障制度。同时，河北省新就业形态从业者不断增加。但由于新就业形态发展时间短，权益保障仍有待强化。在此背景下，本报告聚焦河北省新就业形态从业者，深入分析新就业形态发展现状及从业者权益保障难点，借鉴国内外

---

* 陈剑峰，河北省人力资源社会保障科学研究所所长，主要研究方向为劳动关系；吴博帆，河北省新型城镇化和城乡统筹发展中心馆员，主要研究方向为档案管理；王晓峰，河北省劳动能力鉴定中心主任，主要研究方向为社会保障、劳动关系。

经验，致力于为强化河北省新就业形态从业者权益保障提出切实可行的对策。

一 新就业形态从业者权益保障概念及理论基础

（一）相关概念界定

1. 新就业形态

不同学者及机构对新就业形态界定各异。张成刚认为，新就业形态随数字技术兴起，是一种去雇主化、平台化的就业模式；[1] 朱松岭认为，新就业形态指传统产业在互联网条件下未完全独立的就业形态。[2]

2. 劳动者权益

张成刚认为，劳动者权益分为个体劳动权与集体劳动权。个体劳动权由个人行使，旨在维护自身权益；集体劳动权由工会行使，旨在维护集体权益。[3] 劳动权益保障涉及劳动就业权、报酬权、条件权与救济权，当前国内主要探讨新就业形态从业者的个体劳动权。

3. 灵活就业

灵活就业即非正规就业。上海1996年给出相关概念，灵活就业人员可个体参保，多地有社保补贴。灵活就业能缓解失业压力、助力企业降低成本、满足多元需求。

4. 新就业形态与灵活就业的异同

根据学者研究及国内外经验，新就业形态与灵活就业的共同点为工作自主性强、稳定性与保障性弱。区别在于新就业形态依托互联网平台，是数字经济的产物；灵活就业早已存在，不局限于平台，侧重时间与体制灵活。

---

[1] 《平台如何守护新就业形态劳动者劳动权益》，"中国网资讯"百家号，2025年1月25日，https://baijiahao.baidu.com/s?id=1822210392167237866&wfr=spider&for=pc。

[2] 朱松岭：《新就业形态：概念、模式与前景》，《中国青年社会科学》2018年第3期。

[3] 《平台如何守护新就业形态劳动者劳动权益》，"中国网资讯"百家号，2025年1月25日，https://baijiahao.baidu.com/s?id=1822210392167237866&wfr=spider&for=pc。

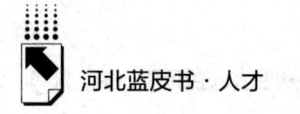

（二）相关理论支撑

1. 自由改革主义学派劳动关系理论

19世纪70年代，格林提出发挥国家政府作用的新理论，主张坚持英国自由主义传统与实施国家干预兼容。自由改革主义学派批判精神强烈，积极倡导变革，关注减少工人的不平等待遇，支持产业民主与工人自治。该学派认为劳动关系不均衡，劳动法和就业法保护不足，核心部门条件优厚、管理先进，周边部门岗位不稳定、易受裁员影响，所以工会和集体谈判意义重大。新就业形态从业者可能面临劳动认定、职业伤害等方面的不平等待遇，现行法律保障不足，需加大政府干预力度。该理论为研究新就业形态从业者权益保障提供支撑。

2. 供给学派就业理论

20世纪70年代，供给学派反对国家干预，认为解决就业问题应依靠劳动力市场完善，主张经济自由，消除对劳动力市场的错误刺激。新就业形态从业者权益难以得到保障多因企业平台算法垄断，而非政府干预。现代经济发展使劳动力需求多样，河北省部分资源型城市经济结构单一、发展缓慢，经济持续发展才是充分就业的基础，政府应刺激供给。该理论对新就业形态从业者权益保障有指导意义。

3. 贝克尔个人偏见理论

1957年，加里·贝克尔提出个人偏见理论，解释劳动力市场歧视现象。该理论认为歧视源于三点：一是雇主偏见，为与特定人群保持距离宁愿放弃收入，长期来看，歧视偏好强的企业会被市场淘汰；二是雇员偏见，雇员恐惧、厌恶与被歧视群体接触，雇主为留雇员可能采取"隔离"政策，导致雇用被歧视群体成本增加；三是消费者歧视，在社会服务领域会引发职业"隔离"。新就业形态中，企业为利益按偏好垄断平台管理，算法考核含主观偏好，忽略多种影响因素，致使从业者工时和最低工资无保障。该理论对研究新就业形态从业者权益保障有指导意义。

4. 供给学派社会保障理论

以拉弗、弗尔德斯坦为代表的供给学派主张增加供给、减少税收以促进经济增长。一是降低税率可增加劳动力供给，提升企业净利润和生产效率；二是停止不必要的社保和福利计划能激发就业积极性。该理论对完善新就业形态相关政策有参考意义。

二 河北省新就业形态从业者权益保障现状及存在的问题

2022年9月，为了解河北省新就业形态从业者（网约车司机、网约配送员）权益保障现状，笔者面向石家庄、邯郸等地网约车司机和网约配送员发放370份问卷，并进行实地访谈，收回331份有效问卷，从多维度了解新就业形态从业者的权益保障需求。

（一）工作时长及薪资保障情况

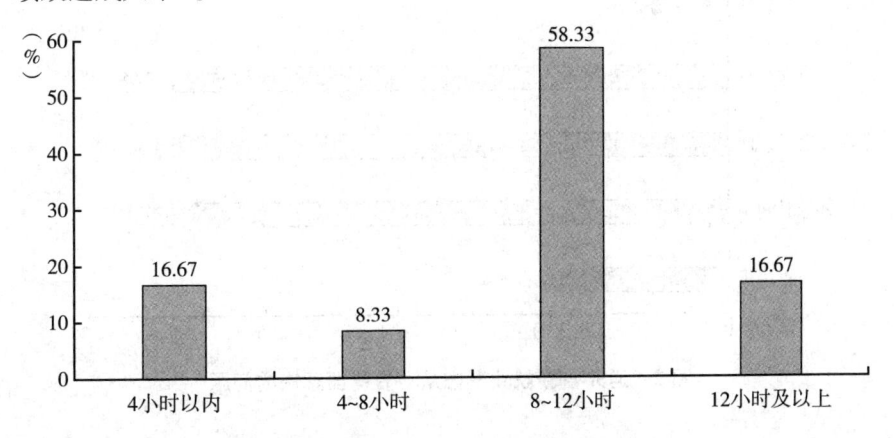

问卷显示，超过58%的河北省新就业形态从业者日工作时长在8~12小时，有16.67%的从业者日工作时长在12小时及以上（见图1）。对于薪资保障情况，58.12%的从业者认为"平台抽成过高"，16.90%的从业者认为"绩效达成太难"。

图1 河北省新就业形态从业者日工作时长

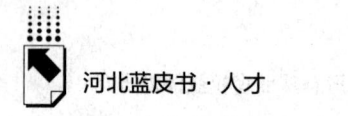

（二）基本社会保障情况

如图2所示，超过80%的新就业形态从业者没有参加任何保险，参加社会保险的从业者仅占10.82%，参加商业保险的从业者不足7%。如图3所示，超过30%的新就业形态从业者认为需要解决的问题是"车辆充电不方便"，在子女教育、休息时间方面面临问题的从业者占比相近，还有7.87%的从业者认为"租房贵"是需要解决的问题。

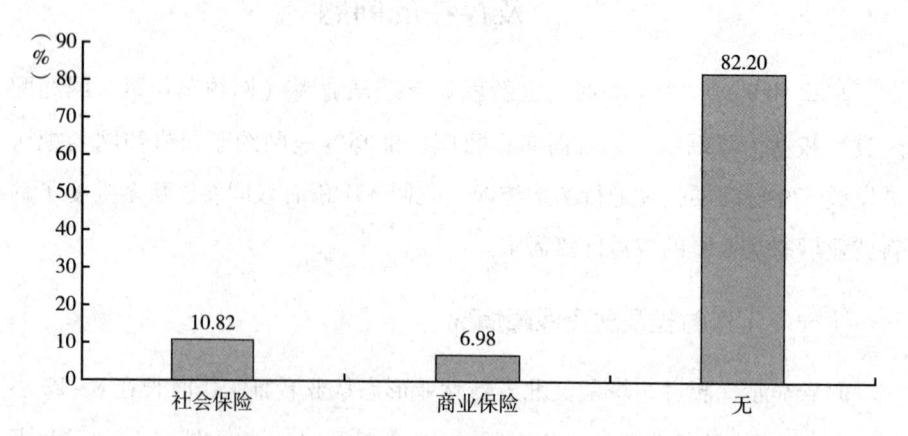

图2 河北省新就业形态从业者参保情况

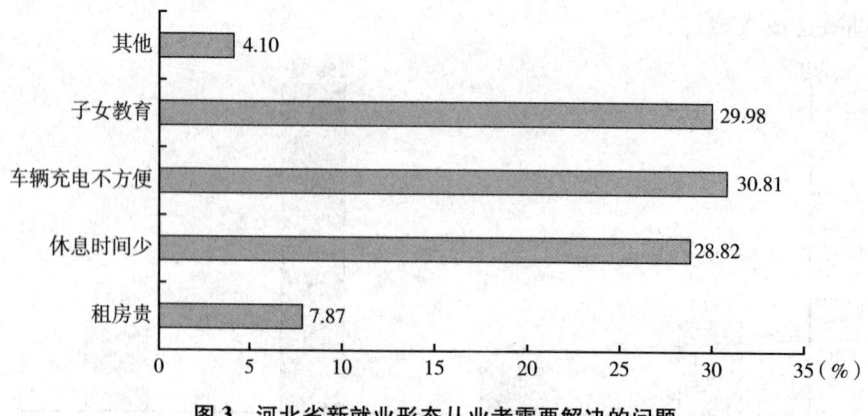

图3 河北省新就业形态从业者需要解决的问题

（三）职业发展保障情况

在职业发展保障方面，近五成新就业形态从业者认为"没有晋升渠道"，30.89%的从业者表示"不清楚"，认为"渠道较多"的从业者占比不足10%。

（四）存在的问题

1. 新就业形态劳动法律体系存在短板

新就业形态工作方式碎片化特征明显，现行劳动法以劳动合同判定权益保障的方式无法满足从业者需求。河北省新就业形态从业者队伍日益壮大，相关法律亟待完善。

2. 社会保险参与率低

河北省新就业形态从业者参保意愿弱，多数人因收入低、生活成本高无力参保。尽管政策允许灵活缴纳社保，但新就业形态从业者参保人数少、参保率低，与传统就业群体相比差距大。

3. 工作灵活性与稳定性难以平衡

新就业形态从业者虽能自主安排工作、休息，但因薪资与时长挂钩，从业者为多挣钱常超时工作。在薪资方面，平台抽成高、补贴不足，且因工作流动性强，从业者子女教育受影响，缺乏归属感与安全感。

4. 职业伤害风险较高

网约车司机与网约配送员职业风险高，受访者担心交通事故、顾客争执，平台监管不力。相关行业基础设施简陋，如快递驿站消防配套不足，电瓶车停放、充电困难，存在安全隐患。

（五）问题根源分析

1. 人口流失

河北省重工业和能源经济占比高，第二、第三产业发展缓慢，导致人口大量流失。人口流失使人力资本水平降低，劳动力市场结构失衡，经济模式

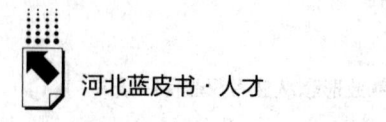

单一的局面难以打破，阻碍了经济发展。人口流失还导致自主创新能力提升缺乏支撑，区域创新能力不足，科技产出下降。

2. 社会保障体系不完善

社会保障体系存在户籍、劳动关系等限制，如养老、医疗保险以户籍为限，工伤保险以劳动关系为前提。新就业形态从业者因工作流动性强，参保意愿弱。平台商业保险赔付条件苛刻，从业者对社保权益认识不足。

3. 政府服务效能有待提升

河北省相关政策法规更新滞后，近年来无新就业形态相关权益保障政策发布。政府对平台垄断行为监管力度不足，服务效能较低。

4. 工会组织缺位

河北省新就业形态从业者缺少专属工会组织，从业者分散，权益纠纷无处调解，在劳动报酬、社会保障等诸多权益问题上缺乏代表协商争取。

三 国内外新就业形态从业者权益保障经验

（一）国外新就业形态从业者权益保障经验

1. 非标准就业劳动者劳动关系认定

国外对新就业形态从业者的劳动关系认定主要有雇员、独立承包商和第三类劳动者3种模式。例如，英国认定Uber司机是"工人"，享受最低工资、带薪休假等权益，与公司存在事实劳动关系。美国将网约车司机定义为独立承包商，对其最低收入、健康福利等权益做出规定。法国倾向于将新就业形态从业者定义为第三类劳动者，并致力于出台更适用的法律法规。

2. 灵活就业者职业伤害保障

德国作为首个实行工伤保险的国家，对灵活就业者采取强制工伤保险模式，强调提前预防，工伤保险机构每年对职业伤害进行预防性指导并承担费用。

荷兰对自雇职业者采取商业保险保障模式，从业者自行购买商业保险即可享受职业伤害保障，保险机构依保费和伤害程度理赔。

马来西亚出台《自雇人员社会保障法案》，为19个新就业形态行业从业者提供职业伤害保障。该法案聚焦强制参保、个人缴费、独立运行，覆盖就业伤残保险，提供多种援助，未按规定注册或缴款属违法行为。

（二）国内新就业形态从业者权益保障经验

1. 浙江省

细化新就业形态从业者权责关系。明确平台企业和从业人员权责，企业需依法用工，与符合条件的从业者建立劳动关系、签订劳动合同并参保。以按劳分配原则设计劳动报酬规则，合理确定报酬，依法定工时制度确定劳动定额和接单报酬标准，管控在线工作时长。

全方位保障新就业形态从业者权益。要求平台企业招用劳动者时不得设歧视性要求，不得收取财物，不得限制多平台就业；严格执行劳动安全卫生标准，落实责任制，算法和制度规则要听取劳动者或工会意见并公示；建立申诉维权通道，确保申诉得到及时回应和公正处理。

加大相关部门监管力度。强调各职能部门和行业主管单位要履职尽责，加大监管力度，规范企业经营，将新就业形态从业者权益保障纳入数字经济协同治理体系，建立平台企业用工报告制度，开展信息采集和监测统计，健全激励惩戒机制。

2. 江苏省

统一型缴费模式。南通市试行由平台企业单方缴费的统一型缴费模式，明确灵活就业人员参保条件，并将其工伤保险基金基数设定为与养老、医保一致。

全福利型保障模式。太仓市试行平台和个人均不缴费的全福利型保障模式，本地户籍、参加城乡居民养老保险和医疗保险的灵活就业人员可纳入工伤保险覆盖范围。职业伤害认定对"工作时间、工作场所"的要求放宽。

半福利型保障模式。吴江区试行"个人缴费+财政补助+商保承办"的半福利型保障模式，解绑工伤保险与医保，允许单独参保，不限制户籍。职

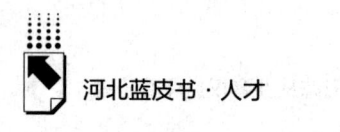

业伤害认定范围广，由商业保险公司代理。

3. 广东省

适当提高新就业形态从业者代表比例。广东省适当提高新就业形态从业者在"两代表一委员"中的占比，建立行业工会联合会，吸收从业者入会。

最大限度为新就业形态从业者提供法律援助。成立广州市工会法律服务律师团新就业形态从业者维权专业组，加大法律援助力度，简化维权流程。

保障形式多元化。建立新就业形态从业者户外工会爱心驿站，支持企业成立劳模和人才工作室，开展职业技能竞赛，提升从业者知识技能和工作积极性。

四 强化河北省新就业形态从业者权益保障的对策

（一）创新提高政府服务效能以补齐制度短板

1. 加快落地新就业形态从业者权益保障政策

制定适合新就业形态的多元化劳动关系政策，保障劳务派遣、外包等用工方式下的劳动者权益。以网约车、外卖、快递等行业为重点，开展职业伤害保障试点。落实国家政策，健全新就业形态从业者薪酬支付保障制度，完善工作时长、休息休假制度，平台企业不得设定损害从业者健康安全的考核指标。

2. 加快出台新就业形态从业者公共服务细则

推动相关部门出台细则，明确新就业形态劳动关系适用范围与标准。引入"线上工会"集体协商，规范薪酬支付，明确工作质量、技能发展、工作时间等要求。

3. 完善政企双向交流平台机制

建立政企双向交流平台，企业定期向政府提交经营、用工等信息，政府及时为企业解决难题，促进企业发展。

（二）创新基本社会保险制度设计

1. 基本养老保险制度设计

河北省现行灵活就业养老保险政策存在覆盖面不足的问题。政府应创新设计针对特定群体的养老保险制度，扩大覆盖范围，根据行业、工作情况等构建多层次缴费机制。

2. 基本医疗保险制度设计

河北省灵活就业人员医保限制多，新就业形态从业者多为外来人口，工作不稳定，易受疾病困扰。应打破户籍限制，提高医保待遇，增加高危职业医疗补贴，消除从业者后顾之忧。

3. 基本工伤保险制度设计

政府与平台对新就业形态从业者的工伤保险重视不足。应打破户籍限制，允许单独参保，为从业者建立个人保险金账户。由社保部门设立专门服务机构，加大宣传力度，增强从业者参保维权意识。

（三）建立职业伤害保障制度

1. 探索制定新就业形态从业者职业伤害保障办法

制定更适用于新就业形态从业者的职业伤害保障办法，并在重点行业开展试点，强化服务保障，完善工作机制。

2. 建立职业伤害保障专项基金

建立河北省职业伤害保障专项基金，加大财政和社会力量投入力度，探索多元化投入机制，解决从业者入会经费等问题，确保经费使用效益最大化。

（四）设立多元工时制度

完善工时制度，保障新就业形态从业者休息休假权，通过 App 数据追踪等方式统计从业者工作时长，自动提醒休息休假，降低人工监管成本。允许从业者在季度内申请"集中休假"，健全补休机制，并按法定标准支付加

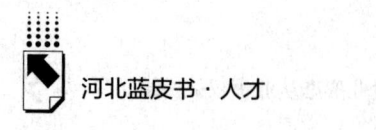

班费，形成"日防超时、周保休息、月奖高效"闭环，避免"一刀切"式管理。

（五）发展新经济模式

1.加快数字经济发展

河北省应利用资源优势，以数字技术推动工业经济发展，从而带动新兴产业发展，优化营商环境。

2.加快平台经济发展

推进就业服务平台建设，提供"一对一"指导培训。建立数据共享平台，将从业者纳入就业统计。建立平台企业用工诚信系统，监测就业情况，保障从业者权益。

参考文献

崔开昌、毋璠、汪鸿柱：《新就业形态劳动者纳入职工医疗保险的现实困境与质量提升路径》，《宏观质量研究》2023年第5期。

董志强：《新就业形态：就业的新特征与新问题》，《学术界》2023年第8期。

甘霖等：《业态创新视角下的新就业形态与空间规划响应——基于北京市典型新职业群体的田野调查》，《城市发展研究》2023年第5期。

黄龙：《新就业形态劳动者参加和组织工会权利与路径研究》，《中国人力资源开发》2022年第12期。

李雄、黄琳涵：《新就业形态下劳动关系认定的创新研究》，《河北法学》2023年第7期。

刘蓉：《新就业形态劳动保障法制化实践与探索》，《兰州学刊》2023年第9期。

祁媛媛、李保民：《数字经济背景下新就业形态劳动者权益保障研究》，《河南社会科学》2023年第8期。

粟瑜：《人工智能时代数据标注众包劳动的法律保护》，《暨南学报》（哲学社会科学版）2023年第1期。

汤闳淼：《论新就业形态群体专属商业养老保险的制度构建》，《法学》2023年第1期。

王群：《数智时代新业态劳动者权益保护之反思》，《青海社会科学》2022年第

6期。

韦杰：《不完全劳动关系视野下新就业形态劳动者权益保障研究》，《学术论坛》2023年第3期。

谢建社、谢宇：《新就业形态劳动者劳动关系认知及其权益保障——基于GH区的调查》，《学术研究》2023年第3期。

徐新鹏、袁文全：《新就业形态下灵活就业群体劳动权益保障研究》，《中州学刊》2023年第1期。

杨晖：《平台用工三分法的实现路径：争议与抉择》，《中国应用法学》2023年第2期。

杨思斌：《加强灵活就业和新就业形态劳动者权益保障》，《行政管理改革》2022年第12期。

余少祥：《新就业形态的特征、挑战与对策建议》，《人民论坛·学术前沿》2023年第16期。

张宏如、伏翠干：《新就业形态风险的系统治理：一个新的分析框架》，《现代经济探讨》2023年第9期。

张宗利：《共享经济下新型非典型雇佣策略研究——评〈新就业形态中非典型雇佣关系优化与制度创新〉》，《新闻爱好者》2023年第4期。

赵晨等：《新就业形态劳动者的数字素养：概念、内涵及培育路径》，《图书情报知识》2023年第3期。

赵炜：《新就业形态给青年群体带来的机遇和挑战》，《人民论坛》2023年第1期。

A. J. Ravenelle, K. C. Kowalski, E. Janko, "The Side Hustle Safety Net: Precarious Workers and Gig Work during COVID-19," *Sociological Perspectives* 5 (2021).

C. Cook, et al., "The Gender Earnings Gap in the Gig Economy: Evidence from over a Million Rideshare Drivers," *Social Science Electronic Publishing* 5 (2021).

C. Yu, C. M. Capra, S. Yuxin, "Can Prosocial Incentives and Self-chosen Goals Improve Performance? An Online Real-effort Experiment," *Oxford Economic Papers* 4 (2023).

G. Giguashvili, T. Makasarashvili, "Georgia's Artificial Intelligence Positioning in the International Rankings," *Grail of Science* (2022).

J. L. Qiu, R. Hong, A. Badger, "Auditing Gig Work Platforms: Fairwork's Research, Advocacy, and Impact," *Singapore Labour Journal* 1 (2023).

J. M. Barrios, Y. V. Hochberg, H. Yi, "Launching with a Parachute: The Gig Economy and New Business Formation," *Journal of Financial Economics* 1 (2022).

J. S. Keshminder, et al., "Gig Employment in the Malaysian Manufacturing Industry: A Cross: Ectional Analysis," *Asian-Pacific Economic Literature* 36 (2022).

N. Kraus, K. Kraus, O. Shtepa, "Formation of Industry X.0 on the Basis of Digital Entrepreneurship in Terms of Innovation of Economic Relations in Gig Economy," *Efektyvna*

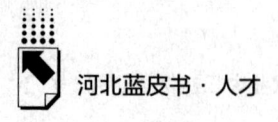

Ekonomika 7 (2021).

P. Sinchaisri, G. Allon, M. Cohen, "The Impact of Behavioral and Economic Drivers on Gig Economy Workers," *Academy of Management Annual Meeting Proceedings* 1 (2019).

W. Ma, P. Xu, Y. Xu, *Fairness Maximization Among Offline Agents in Online-Matching Markets*, 2021.

B.12 河北易地搬迁安置区人口融入新型城镇化的实践与优化路径*

王建强 鲍志伦**

摘 要： 河北易地搬迁安置区是实现脱贫攻坚目标、保障民生的重要一环。河北易地搬迁成效显著，易地搬迁安置区人口融入新型城镇化有序推进，取得了"五心"联动助力易地搬迁后续扶持、党建引领社区治理易地搬迁再谋新篇、坚持"四个依托""四个确保"为易地搬迁保驾护航等成功经验，但仍面临许多困境，需要通过推动三大产业有机融合、建立职业指导和就业服务平台、提供全方位的保障措施、提高搬迁社区融合能力和强化搬迁社区治理能力等举措进一步优化。

关键词： 易地搬迁 新型城镇化 河北

在实现脱贫攻坚目标中，易地搬迁被认为是最直接有效的手段。尽管易地搬迁在短期内可以明显改善安置区的经济状况，提高城镇化率，但要实现新型城镇化的长期目标，需要更深入地探讨易地搬迁与新型城镇化之间的协调发展问题。2020年，河北省成功完成了易地搬迁工作，取得了短期脱贫的显著成果。然而，要实现《国家新型城镇化规划（2021—2035年）》中

---

* 本报告系河北省社会科学基金项目"河北省易地扶贫搬迁集中安置区人口养老及市民化实现路径研究"（项目批准号：HB20RK001）的阶段性成果。
** 王建强，河北省社会科学院人力资源与劳动经济研究所所长、研究员，主要研究方向为人才制度与人才开发；鲍志伦，河北省社会科学院人力资源与劳动经济研究所副研究员，主要研究方向为人力资源管理与人才学。

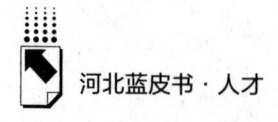

设定的目标，还需要进一步提高城镇化率。易地搬迁不是一劳永逸的解决方案，它需要与新型城镇化相结合，以确保搬迁户能够融入城市社会，实现可持续的生计改善。在此背景下，新型城镇化成为实现这一目标的关键要素。新型城镇化旨在推动城市发展，促进城乡融合发展。因此，将易地搬迁视为一种创新性手段，并将其与新型城镇化相结合，被认为是快速提高城镇化率的有效措施，需要政府、市场和社会各方共同努力。只有这样，才能实现城乡融合发展，推动新型城镇化进程，持续减轻安置区的压力，实现全面建设社会主义现代化国家的宏伟目标。

一 河北省易地搬迁成效与后续治理情况

（一）河北省易地搬迁取得的阶段性成果

2021年以来，河北省加快推动资源型地区高质量发展，在民生保障、生态修复、产业发展等方面取得了阶段性成果。

1. 民生保障进一步强化

2021年以来，全省资源型地区避险搬迁安置居民7025户1.99万人，人民生命财产安全得到进一步保障；新建或修复受损城乡道路434.06公里、管网293.1公里，基础设施不断完善；避险搬迁安置区配套的2所医院（康养中心）投产运营、3所学校开始招生，公共服务能力进一步提升。

2. 生态修复进一步加强

持续加强矿山修复治理和采煤沉陷区综合治理，修复受损林草5.1万亩，废弃矿坑通过生态治理得到有效利用。例如，唐山市开平区利用采煤塌陷区和涉煤企业连片区建成了占地面积为11.02平方公里的花海片区，成功承办河北省第五届园博会；邯郸市峰峰矿区对3万余亩矿山进行综合治理，打造了"万亩秀林"，实现"矿区变景区"。

3. 产业结构进一步优化

资源型地区接续替代产业发展势头良好，产业转型升级步伐加快，新建接续替代产业平台10个。井陉矿区河钢石钢新区全面达产，产值、营业收入均突破百亿元，高标准打造了总投资16.7亿元、占地面积为1600余亩的"园中园"，产业链招商实现了"项目满园"；鹰手营子矿区积极培育了钒钛新材料、新型建材、健康食品等接续替代产业。

4.政策保障进一步完善

省发展改革委会同有关部门先后印发了《河北省采煤沉陷区综合治理与修复利用规划（2020—2025年）》《河北省推进资源型地区高质量发展"十四五"实施方案》等一系列政策文件，各市均出台相应配套文件，制定了相关举措。各级推动资源型地区转型发展的政策体系逐步完善。

5.项目建设提质增效

自从被纳入国家资源型地区的援助范围后，河北省共得到了24.6亿元的中央预算内投资支持。全省实施了170多个居民避险搬迁、生态修复、基础设施和公共服务设施以及接续替代产业平台项目，推动了超80亿元的地方投资。

（二）后续治理情况

"空心村"治理及易地搬迁的后续扶持被视为巩固拓展脱贫攻坚成果并与乡村发展无缝对接的关键。2020年以来，河北省用心用情用力做好易地搬迁后续扶持和"空心村"治理工作。在"十三五"规划期内，完成了30.2万户搬迁家庭安置目标，并确保所有搬迁贫困户实现脱贫。同时，对1073个农宅空置率为50%以上的"空心村"进行了管理整治。

2021年，河北省发展改革委、省乡村振兴局等25个部门联合印发《关于切实做好易地扶贫搬迁后续扶持工作巩固拓展脱贫攻坚成果的贯彻实施意见》，提出21项重点任务，旨在确保对易地搬迁群众的支持有效且持久，以保证易地搬迁群众继续保持或提高生活水平，防止再次返贫。从政策的具体内容来看，首先，要求各地政府积极落实国家要求，管理好本地区各项工作并对所有涉及的项目进行严格把关监督，保障当地居民的生活质量；其次，提升对最困难区域人群的关注度，并在他们身上投入更多的人力、物力

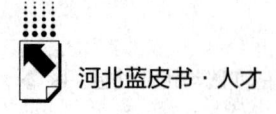

和财力支持，使他们的基本生存条件得到改善；最后，通过有效的手段促进易地搬迁群众提升职业技能，进而实现自我价值。

二 河北各地易地搬迁安置区人口融入新型城镇化的发展现状

为持续巩固拓展易地搬迁成果，实现搬迁群众"稳得住、有就业、逐步能致富"，河北省结合全省实际研究制定了《河北省2022年易地搬迁后续扶持工作要点》，涉及石家庄、承德、张家口、秦皇岛、保定、邢台、邯郸7市35个县（市、区）330个安置区。其中，承德市安置区数量最多，达134个；其次是张家口市，拥有安置区87个；保定市安置区数量为65个，秦皇岛市安置区数量为24个，邯郸市、石家庄市、邢台市安置区数量分别为10个、7个和3个（见图1）。

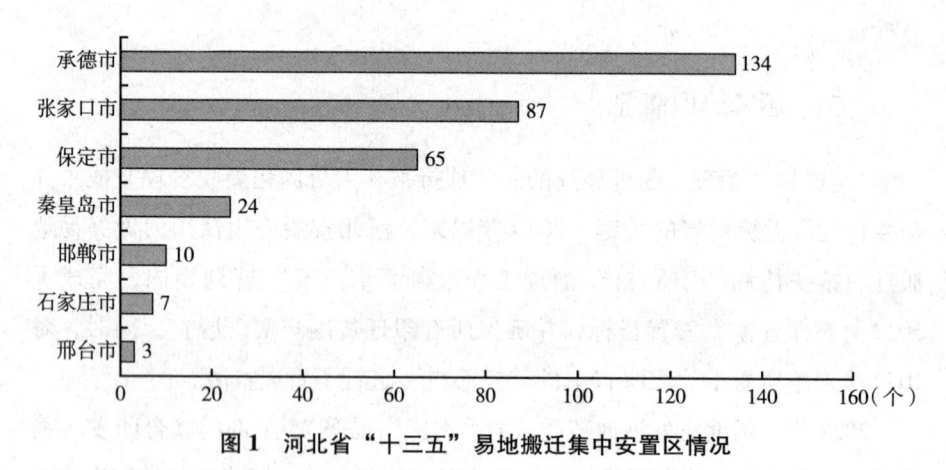

图1 河北省"十三五"易地搬迁集中安置区情况

资料来源：河北省乡村振兴局。

（一）承德县

1. 产业发展和就业

通过12个安置区的两期同建项目和配套产业园区，实现了555户998人就业,不仅为搬迁户提供了稳定的收入来源,还使他们经济自立。各安置区配备的农业和工业园区提供了多样化的就业机会,使搬迁户能够根据自己的能力和兴趣选择合适的工作。

2. 社区治理和基础设施建设

坚持就近安置原则,强化当地党组织和村委会管理,并成立了业主委员会,加强社区自治。此外,社区基础设施建设得到全面加强,包括教育、医疗、交通、公共服务等设施,为搬迁户提供了更加便利和舒适的生活环境。

3. 财政支持

承德县财政局每年投入100万~200万元用于产业扶持和基础设施建设,确保了项目的顺利实施。

4. 教育和医疗服务

承德县重视搬迁户子女的教育问题,通过整合教育资源,提高了教育质量。同时,确保了搬迁户享有基本医疗服务,提高了医疗服务的可达性和效率。

5. 防返贫监测机制

构建全面的防返贫监测机制,确保搬迁户的经济状况稳定,有效避免搬迁户再次陷入贫困。

6. 生态保护和环境改善

通过公益林和村庄绿化等项目,加强了对生态环境的保护,改善了搬迁区域的生态环境,提升了居民的生活质量。

7. 文化旅游发展

推广文化活动和旅游项目,丰富了社区的文化生活,同时为当地居民创造了新的就业机会。这不仅提升了搬迁户的文化水平,也为当地的经济发展带来了新的动力。

8. 民政、人社等部门的政策支持

强化社会保障和就业培训,确保搬迁户能够顺利融入新环境并享受平等的社会福利。

综上所述,承德县的易地搬迁项目不仅为搬迁户提供了更好的居住环境

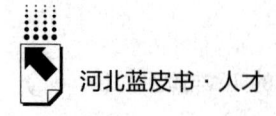

和生活条件，还通过产业发展、教育改善、医疗服务质量提升、社区治理加强、生态保护和文化旅游发展等方面的综合措施，全面提升了发展质量。

（二）青龙满族自治县

1. 易地搬迁规模和成效

青龙满族自治县自2016年开始执行易地搬迁工作，共完成了1657户6184人的搬迁任务，成功将一部分农村贫困人口转移到更有利于发展的地区，增进了民生福祉。

2. 后续扶持和产业发展

青龙满族自治县通过建立产业园区、提升资产收益和鼓励发展特色产业，为搬迁户提供了后续扶持。通过这些举措，搬迁户不仅获得了经济收益，也获得了就业机会，从而有效实现经济自立。

3. 社区治理和服务

在社区治理和服务方面，青龙满族自治县采取了多项措施来提升搬迁户的融入感和满意度。县内的每个搬迁安置区都成立了服务管理机构，通过组织文体活动如秧歌队表演，提升了居民的生活质量和幸福感。此外，搬迁安置区还成立了社会组织，以促进居民之间的互动交流，增强社区凝聚力。

4. 就业培训和帮扶

青龙满族自治县在就业方面采取了积极措施，如搭建线上线下招聘平台、提供公益性岗位以及实施职业培训等。这些措施不仅帮助搬迁户实现就业，还提升了他们的职业技能，使他们能够更好地适应新的生活环境和就业市场。

5. 基础设施建设和公共服务提供

青龙满族自治县在基础设施建设和公共服务提供方面也取得了显著成就。为了改善搬迁户的居住条件，进行了一系列基础设施建设，如道路硬化、生活用电和安全饮用水供应等。此外，通过建立社区服务中心和购买社会服务，青龙满族自治县有效提升了社区管理和服务水平，确保了搬迁群众的基本生活需求得到满足。

6.防返贫监测和社会融合

青龙满族自治县重视防返贫监测和帮扶工作，确保了搬迁户的稳定脱贫。同时，社区的多元化活动和服务有助于搬迁户更好地融入新的社会环境，增强了他们的归属感和认同感。

总体来看，青龙满族自治县的易地搬迁工作不仅是对传统农村地区居民生活的一次重大改善，也是该县实施新型城镇化战略的一个重要组成部分。通过努力，青龙满族自治县成功地将易地搬迁项目转化为区域经济发展和社会进步的动力，展现了新型城镇化的广阔前景。

（三）张北县

1.易地搬迁项目基本情况

张北县的易地搬迁项目涉及多个乡镇，覆盖了大量的建档立卡户和同步搬迁人口。张北县通过集中安置的方式，建设了新型住房和配套设施，为搬迁户提供了良好的居住环境。同时，提供医疗、教育、文化和娱乐等公共服务设施，满足了居民的基本生活需要。其中，义合美新城最为典型，共安置搬迁户8711户22295人，涉及全县15个乡镇175个行政村369个自然村；易地搬迁项目建设安置房27栋2252套，安置搬迁户2472户5667人；"空心村"治理集中安置区项目建设安置房72栋6320套，安置搬迁户6239户16628人。2021年6月，义合美新城党工委、管委会正式成立，全面负责安置区的管理和运行，同时建立"党工委—社区党委—党支部—党小组"四级组织体系，成立4个社区党委。按照楼栋相邻、方便管理的原则，以"11+5"（11个整村搬迁党支部+5个功能型党支部）形式成立党支部，组建26个楼栋党小组，实现了党组织全覆盖。

2.产业发展与就业

在产业发展方面，张北县强调产业与安置区的紧密结合，创造了多个就业岗位。安置区附近的特色农业园区、电商微工厂、服装加工产业园等不仅为搬迁群众提供了就业机会，还带动了周边地区的经济发展。此外，县政府还实施了多个就业培训项目，提高了搬迁群众的就业技能和市场适应能力。

3. 社区治理与服务

张北县在社区治理与服务方面采取了创新措施，通过建立健全党组织体系，加强了对安置区的管理。同时，推行网格化管理，设置公益性岗位，提供多元化社区服务，大大提高了社区的治理效能和居民的生活质量。特别是在社区文化建设方面，县政府通过举办各类文化、教育和体育活动，丰富了居民的精神文化生活。

4. 经济与社会效益

易地搬迁项目不仅改善了搬迁群众的居住条件和生活条件，还在经济和社会层面产生了深远影响。一方面，促进了地区经济的发展，增加了农户收入，提高了地区的整体经济水平。另一方面，通过提供更好的教育、医疗和文化服务，提升了居民的生活质量和幸福感。

（四）阜平县

1. 防返贫监测与帮扶机制

阜平县在易地搬迁后续扶持工作中构建了防返贫监测与帮扶机制，包括责任落实、监测帮扶、政策保障、部门会商、工作落实等方面，确保不发生规模性返贫。

2. 产业发展与就业

阜平县大力推动搬迁劳动力就业，通过基础数据建设、专项活动开展、培训提技助力、兜底政策保障，促进了搬迁劳动力的稳定就业，特别是通过数字化工具提升了信息传播效率，扩大了就业服务的覆盖范围。北果园镇通过设立劳动服务岗助力大枣村集体产业发展，为乡村振兴开辟了新路径。通过特色产业发展和劳动服务岗位设置，实现了村集体经济增长，推动了农户就业和收入增加。

3. 基层治理

阜平县在基层治理方面也取得显著成效。借鉴"枫桥经验"，建立了"老区义警"治安志愿者队伍，改善了社区治安环境，增强了居民的安全感。大台乡创新数字化治理模式，通过开发智慧社区小程序，提升了社区基层治理水平和效率。数字化治理的实施使政策传达更为高效、居民参与更为便捷，进一步推动了乡村治理现代化。

三 河北易地搬迁安置区人口融入新型城镇化实践经验

（一）"五心"联动助力易地搬迁后续扶持

丰宁满族自治县（以下简称"丰宁县"）在易地搬迁后续扶持方面积极探索，创新"五心"联动实践，为易地搬迁后续扶持工作开辟了一条高效的道路。"五心"指"安心""聚心""同心""舒心""暖心"五大工程，旨在全面提高搬迁群众的生活质量，加强社区管理，培育文明风尚，提供优质服务，解决搬迁群众的实际困难。

1. 加强生计保障，实施"安心"工程

该工程致力于通过多种措施如产业帮扶、就业服务、职业培训等增加搬迁群众的收入。特别是在产业帮扶方面，丰宁县多措并举，建设了光伏项目和高标准日光温室，引进了扶贫工厂，为搬迁群众提供了丰富的就业机会。此外，通过建立就业服务站、举办大型招聘会和不断开展就业培训，丰宁县帮助大量搬迁群众实现就业，有效增加了他们的收入来源。

2. 增强社区凝聚力，实施"聚心"工程

以党建为引领，在基层党支部的设立和党员活动的开展中发挥搬迁党员的模范带头作用。采用网格化管理模式，通过片区长、楼栋长和单元长的管理，强化社区环境卫生和公共设施维护，及时解决居民的问题和矛盾，促进社区的和谐。居民自发成立了各类组织，提升了社区的自治水平。

3. 培育文明共识，实施"同心"工程

通过思想引导、文化感染、习惯养成、氛围营造等手段，让搬迁群众逐渐融入新环境。通过举办"道德讲堂"活动、评选先进典型等，鼓励搬迁群众树立道德榜样，丰富文化生活。通过设立"道德银行+爱心超市"，推动搬迁群众形成文明新风尚。

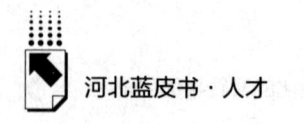

4. 提升社区服务品质，实施"舒心"工程

在多个方面精准服务，包括子女教育、医疗保障、交通设施、物业管理等。以搬迁群众的需求为导向，让他们更加方便地享受社区服务，提高生活质量。志愿服务队的定期活动也增强了社区的凝聚力，使搬迁群众感到温暖和关怀。

5. 解决特殊困难，实施"暖心"工程

建立了防返贫监测机制，对易返贫户采取有针对性的帮扶措施。完善物业补贴机制、防贫济困机制，为特殊群体提供有效的保障。健全关心关爱机制，让独居老人得到更多照顾和服务，增强了他们的归属感和认同感。

（二）党建引领社区治理易地搬迁再谋新篇

张北县在易地搬迁工作后续阶段积极探索社区治理的有效模式，通过一系列创新提升了服务水平和社区治理效能。

1. 充分发挥党建引领作用

张北县建立"党工委—社区党委—党支部—党小组"四级组织体系，有助于强化党的领导，确保党组织在社区治理中发挥核心引领作用。此外，积极推动信息化建设，将线上与线下相结合，提高了治理效率和透明度，为社区治理提供了坚实的基础，确保了各项工作顺利推进。

2. 问题导向的管理方式

张北县采取了问题导向的管理方式，建立了"工委直报县委"绿色通道，定期召开多方协商会，搭建了共治平台。这种做法有助于及时发现和解决社区治理中的问题，确保了治理工作的针对性和高效性。县内还推行了"三位一体"工作模式，强化社区居民委员会、业主委员会、物业公司的共建共治，以提升社区党委领导社区建设的效能。通过这种模式，社区治理的责任更加明确，工作更加有力。

3. 补齐治理短板，强化网格化管理

在社区治理方面，张北县注重补齐短板，特别是在网格化管理方面建立了"管委会—社区居委会—网格长—网格员（楼门长）"四级管理体系，

完善工作包联制、问题反馈制、考核考评制，使社区服务更加贴近居民需求，社区治理更加精细化和精准化，更好地解决居民的诉求，社区的和谐程度明显提高。

4. 培育文明新风，提升居民素质

为提升社区文明水平，张北县组建了文化宣传队、志愿服务队等多样化的团队，鼓励居民积极参与社区治理，促进社区和谐。此外，县内还通过典型人物评选和"三讲一改一树"等活动推进精神文明建设，提高社区的文明程度。这些举措有助于在社区内营造更加和谐、文明的氛围，提升居民的生活品质。

5. 整合资源，为搬迁群众增收

张北县通过整合物业、企业等多方力量，为搬迁群众提供增加收入的机会。通过多方合作，鼓励居民创业和就业，提高生活水平。这种做法有助于为搬迁群众提供更多的经济支持，使他们能够脱贫致富。

（三）坚持"四个依托""四个确保"为易地搬迁保驾护航

阜平县易地搬迁工作"四个依托"和"四个确保"模式取得了显著的成效，具体分析如下。

1. 依托科学规划，确保"一张蓝图绘到底"

阜平县分三批开展全县的搬迁工作，对138个行政村和528个自然村进行了详细规划，有条不紊地推进搬迁工作，避免了资源浪费。

2. 住宅与配套同步推进，确保基本公共服务不缺位

在建设集中安置区时，阜平县采取了一系列措施，以确保搬迁居民的基本需求得到满足。统一进行室内装修，同步规划和建设水、电、路、气、通信以及垃圾处理等基础设施，确保了基本公共服务的全面覆盖，为居民提供更便捷的生活条件。

3. 依托"两区同建"，确保搬迁群众脱贫

阜平县依托"两区同建"，积极拓宽就业渠道，在全县39个集中安置区建立了各类扶贫产业园区，包括养殖园区、种植园区、高效林果基地和手

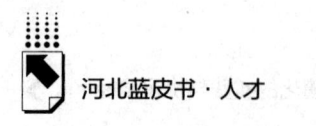

工业加工厂等，为搬迁群众提供了可持续的增收机会。

4. 依托"三大体系"，确保后续管理有保障

阜平县完善了社区管理体系，强化基层党组织和村民自治组织的建设，引入物业管理单位参与小区物业管理，建立了综合服务组织，以提供更好的社区服务；完善了公共服务体系，解决了搬迁群众的社会保障、教育、医疗和就业问题，确保搬迁群众与当地居民享有同等的社会保障服务和发展权益；完善教育培训体系，通过教育引导、实践养成和制度保障等方式，不断提高居民的文明水平。

（四）敲门送温暖、观灯解困难、教育断穷根

涞源县在福泽园和恩泽园两个社区积极开展一系列温暖人心的活动，以关怀和支持易地搬迁群众，帮助他们更好地适应新的生活环境。

1. 敲门送温暖

为了更好地了解搬迁户的需求和困难，涞源县在福泽园和恩泽园两个社区积极开展了"敲门送温暖"活动。这一活动由社区党总支领导，并组建了由社区和搬迁村党员干部组成的"红马甲"志愿服务队，每位成员负责1~2户年迈、体弱、无劳动能力、不熟悉煤气和卫生设施使用的搬迁户。他们定期走访搬迁户，了解他们生活中的困难和问题，并提供力所能及的帮助，如清洁卫生、洗衣和烹饪等。特别是对于孤寡老人，志愿服务队安排专职人员每天进行走访，确保他们的需求得到及时满足。

2. 观灯解困难

涞源县构建了"领导包片、干部包楼、党员包户"的网格化管理体系，在搬迁片区实施了"观灯解困难"行动。责任片区根据村民的居住情况划分，每个片区至少有一名村"两委"干部负责统筹协调各项工作。此外，每栋楼都推选了一名党小组组长，与社区工作人员和警务室工作人员一起负责楼栋的日常服务和管理工作。福泽园社区还投入了100万元安装智能门禁报警系统，为高楼层独居老人提供额外的保障，以确保他们在特殊情况下能够及时联系物业办公室。

3. 教育断穷根

涞源县妇联在福泽园社区发起了"爱育未来"公益项目，组建了"爱育未来"涞源团队，开展了早期教育公益项目，旨在为社区家长提供科学规范的家庭早教知识，让他们与孩子一起享受多姿多彩的亲子活动。项目还提供"一对一"上门早教指导服务，向家长传授科学的育儿理念和育儿方法，解决了他们在家庭早教中遇到的问题。项目自启动以来，已举办了65次空间开放活动，受益人数达到1463人；组织了36次科普活动，受益人数达到750人；开展了36场亲子活动，受益人数达到1036人；服务了1000户家庭，广大家长和幼儿都收获了知识和快乐。

通过这些关怀活动，涞源县向搬迁户传递了党的关怀和温暖，帮助搬迁户更好地融入新社区，提升了他们的生活质量，为他们提供了重要的支持和帮助。涞源县为其他地区提供了可借鉴的经验，展示了如何通过人性化的服务和关怀来改善易地搬迁群众的生活条件。

四 河北易地搬迁安置区人口融入新型城镇化的优化路径

（一）推动三大产业有机融合

以第一产业为基础支撑、第二产业为动力、第三产业为主导，通过产业互动、资源集聚、技术交融、机制革新等措施，促进资本、技术、资源等要素高效配置，实现三产协同进步，最终达到延伸产业链、扩展产业界限的目标。

着力提升农业现代化水平，沿着三产融合发展的路径前行，拓展三产融合发展的链条。构建具有市场竞争力的产业集群，以扩大产业规模为目标，发挥农业的根本作用，有效利用易地搬迁安置区的特色农业和旅游业优势，推动三产有机融合。积极发展副食品加工、生物制造等产业，促进第一产业和第二产业的融合发展，借助第二产业的发展拉动第一产业；在第一产业和第二产业融合发展的基础上，通过发展生态观光、乡村旅游、休闲度假等推动第三产业发展，巩固以水果、水稻、草本植物为主的种植业和以黑猪、牛、羊为主的畜牧业等特色农业。提高产业融合程度，实现资源和要素的高效配置，以促进产业结构调整，帮助搬迁贫困户摆脱贫困并致富。优化三次产业结构，推动三次产业融合发展，建立现代化产业体系，以促进符合产业政策、市场需求的绿色产业的发展。

加大产业链建设力度，延伸产业链，并利用产业链的影响力带动更广泛的发展。产业链的构建应以生态友好、特色鲜明、优质高效、长期可持续为重点，以建设农村合作社、集体畜牧示范基地和家庭农场等项目为核心，致力于推进产业化经营、规模化生产、标准化建设和信息化支撑，努力打造生态、休闲度假型特色乡镇。遵循规范化管理、专业化服务、科技化生产的原则，提升产品的附加值。创新"企业+基地+合作社+农户+市场"的复合发展模式，重点培育经营主体，以领军企业为核心，带动整个产业链变得更强大、更优质。

（二）建立职业指导和就业服务平台

1. 设立专业职业指导机构

为助力河北易地搬迁人员更好地融入新型城镇化建设与发展，应设立专业职业指导机构，聚焦搬迁人员的个性化需求，致力于提供详尽的职业规划和发展建议。通过深入了解个体的技能、兴趣和职业目标，制定符合其需求的职业发展计划。这一措施旨在为搬迁人员提供有针对性的职业指导，使他们更好地适应城市工作环境，增强就业竞争力。

2. 完善就业服务平台

建设全方位支持体系，着力建立一体化的就业服务平台。及时发布就业信息，为搬迁人员提供精准的职位推荐，并提供专业的面试辅导，帮助其更好地应对就业挑战、融入城市就业市场。

（三）提供全方位的保障措施

1. 就业创业保障

制定全面的就业创业保障政策，为搬迁人员提供多方位的支持，包括职业培训补贴、创业启动资金以及社会保险等，以减轻搬迁人员经济压力，提高创业的成功率。

2. 法律体系建设

建立健全法律体系，简化创业注册流程，提供税收优惠政策，制定创业补贴和奖励政策，为搬迁人员创造一个公平有序的创业环境，使其在创业过程中更加安心。

3. 社会支持网络

建立搬迁人员社会支持网络，积极与当地社区、企事业单位建立合作关系，为搬迁人员提供创业资源支持，同时整合社会资源，为他们提供更多的帮助。

（四）提高搬迁社区融合能力

1. 完善社区服务

基于对搬迁群众具体需求的调查和了解，通过完善社区的休闲文化场所等基本设施开展便捷服务。建立社区服务体系，为搬迁群众提供就业创业咨询、技能培训、矛盾调解等服务。不断强化社区功能，扩大服务范围，在提供基础服务的同时，强化社区的交流互动、人际联系、组织参与和互助等特殊功能，以加速搬迁群众与社区的融合。通过社区服务，深入了解搬迁群众，帮助他们与社区原有居民沟通交流，建立和谐的社区关系。

2. 解决文化、经济、身份层面融入难问题

搬迁群众迁入城镇后面临多维度的融入难题。首先，在文化方面，搬迁群众从农村进入城镇的过程中面临文化融入难题，其行为准则和价值观念可能与市民存在差异。因此，进行文化引导，帮助搬迁群众增强认同感和凝聚力是至关重要的。文化建设是持续发展的内在驱动力，是实现文化适应的关键。社区文化建设的基本任务是形成搬迁群众和社区居民共同认同的社区精神，并发挥对思想和行为的引导作用，促进社区发展，最终实现搬迁群众在文化方面的融入。其次，在经济方面，搬迁群众迁入城镇后，他们的谋生方式发生变化，不再依赖土地。因此，稳定就业是实现经济融入的关键。应加强文化教育培训和职业技能培训，提高搬迁群众的文化和劳动素质，引导和鼓励他们参与各种培训，提高综合能力，有效提升经济适应力。同时，加速城镇经济发展，提供多样的就业机会，确保搬迁群众有门路可走、有平台可用，并实现就业增收。最后，在身份方面，身份认同是个体或群体在社会体系中生存和发展的前提。搬迁群众在文化和经济层面的融入可能较为迅速，但身份转变可能相对缓慢。应引导搬迁群众自觉参与社区事务，增强社区主人翁意识，实现身份转变。解决社区阶层化问题是推动搬迁群众融入社区的重要手段。社区原有居民应转变观念，理性看待搬迁群众，加深对搬迁群众的生活方式、文化心理、价值观念、行为习惯等的认同，促进和谐社区的构建。

（五）强化搬迁社区治理能力

1. 完善社区治理参与机制

确保社区治理的有效性，需要一个健全的制度框架作为前提和基础。为了提升搬迁群众的体验，要优化社区治理参与结构，建立社区决策机制。考虑到搬迁群众的户籍通常尚未转移，他们大多无法真正参与社区事务，因此建立户籍居民和非户籍居民共同参与的社区决策机制至关重要，以引导搬迁群众更广泛地参与民主决策。此外，应完善"社区管理+居民自治"参与结构，为搬迁群众提供更高效、更便捷的服务，同时发挥党员的引领作用，设立社区业主委员会，建立楼层和单元长管理制度，创建搬迁居民自治平台，从而强化搬迁后续的管理服务工作。继续实施"结对共建+挂点帮扶"，解决搬迁群众在生产生活中遇到的困难。构建搬迁群众利益表达机制，整合相应的法律法规，使搬迁群众能充分行使利益表达权。增强搬迁群众的参与意识，社区可利用各种媒体对搬迁群众进行知识宣传、教育和引导。

2. 拓宽社区治理参与渠道

首先，借助居民会议开展多种形式的社区协商，逐步实现基层协商的常态化、规范化和制度化。其次，在互联网快速发展的当下，需要充分利用网络的作用，鼓励和支持网络参与，开通网络交流平台、社区官方社交媒体账号、电子邮箱等，并确保网络参与渠道的畅通。最后，设立社情民意交流站，逐步建立"社区—交流站—群众"三级社情民意交流平台。通过问政于民、问需于民，引导群众积极参与社区治理，畅通群众利益表达渠道。

3. 创新社区治理参与模式

持续帮助搬迁群体更好地融入新环境，实现从农业社会向城市社会的平稳过渡。观察现有社区治理结构，虽存在多个治理主体如居委会、党组织、物业、其他社会组织，但多元治理格局尚处于初级阶段，尚未形成有效的多中心治理模式。因此，社区治理应从"自上而下"的模式向以居民为主的"自下而上"的模式转变，确立以居民为中心、社会参与、政府引导的多中心治理新模式。在治理内容上，充分发挥政府引导作用，尊重居民主体地位，保障他们的知情权和参与权；在治理方式上，着重培育居民自治意识，提升居民自我管理能力。

4. 理顺关系，稳步推进社区治理

首先，明确搬迁社区居委会的管理体系和范围。由于搬迁社区成员具有多样性，社区治理面临较大挑战。在户籍、社保、医保等方面，应积极与迁出地进行对接，尊重搬迁群众的意愿，合理处理户籍迁移等事项。为防止社区工作行政化，需明确社区自治权、监督权和协管权。社区基础设施建设、科教文卫事业发展、精神文明建设等工作应归属于社区居委会。其次，明确搬迁群众与原村委会和现居委会之间的关系。在搬迁群众的土地未成功流转、户籍未迁移的情况下，他们在农村的土地及户籍仍归原村委会管理，而他们的日常生活、行为规范管理等由现居城镇社区的居委会负责。应厘清搬迁群众与原村委会和现居委会之间的关系，强化社区管理功能，对搬迁群众进行分类管理，即原村委会负责林地承包、土地流转等权益的管理，现居委

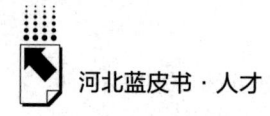

会负责人口和居住房屋的管理。再次，重新梳理政府与社区组织的职责权限与关系。应明确区分政府与社区组织的职责，通过资源配置、机构设置与机制设计来明确社区组织间的关系，并以此规范政府与社区组织的行为。最后，加强社区管理。在条件允许的情况下，可让迁出地村干部或驻村队员参与社区管理，促使搬迁群众顺利适应社区生活；在少数民族聚居地区，应重视宗教事务管理，避免宗教和习俗问题引发社区居民间的矛盾。

参考文献

何玲玲、区小兰：《易地扶贫搬迁与新型城镇化协调发展——基于广西深度贫困地区的实践研究》，《改革与战略》2019年第11期。

刘华香、朱万花：《产业扶贫助力精准脱贫的启示——以河北省阜平县为例》，天津市社会科学界第十五届学术年会，天津，2019。

吕翠丽、邱汉明：《易地扶贫搬迁与城镇化耦合路径研究——以广西N县为例》，《唐山师范学院学报》2018年第6期。

孙健夫、李博颖：《易地扶贫搬迁成效与未来之策——以河北省涞源县为例》，中国财政学会2019年年会暨第22次全国财政理论研讨会，北京，2019。

魏亚华：《阜平县移民搬迁对农户生计的影响研究》，硕士学位论文，河北农业大学，2021。

张丹卿：《乡村振兴战略视角下丰宁县精准扶贫实践研究》，硕士学位论文，天津财经大学，2021。

赵双：《易地扶贫搬迁在推进城镇化进程中面临的主要问题及对策探析——以X乡为例》，《小城镇建设》2018年第12期。

年度热点篇

B.13 京津冀人才一体化背景下河北协同发展路径研究

周爱军[*]

摘 要： 随着京津冀协同发展战略向纵深推进，其对区域人才一体化的要求也越来越高。本报告从协同发展的视角探讨河北助力京津冀人才一体化的发展路径。首先，从凝聚三方共识、服务国家战略、教育科技人才一体化、人才交流合作4个方面对河北协同推进京津冀人才一体化的成效进行了综合评估；其次，系统总结了当前河北在协同推进京津冀人才一体化过程中面临的挑战，包括认知偏差、人才发展不均衡等；再次，全面梳理了国内外典型城市群人才一体化的特征并进行比较分析；最后，提出了河北协同推进京津冀人才一体化的思路与对策，涉及理念协同、机构协同等方面。

关键词： 人才一体化 京津冀 河北

---

[*] 周爱军，河北省社会科学院人力资源与劳动经济研究所副所长、研究员，主要研究方向为人才战略与人才政策、劳动就业与社会保障。

面对百年未有之大变局，京津冀协同发展、长三角一体化、粤港澳大湾区建设等区域重大战略被寄予厚望。优化区域内要素配置，特别是推动区域人才一体化，是加快区域高质量发展的重要手段。京津冀人才一体化一直是国内理论界和政府工作部门探索的重大议题，多年来三地沟通交流不断，但实质性进展尚未达到预期。京津冀协同发展战略从国家层面为京津冀人才一体化提供了更为宏观的破题思路与政策遵循，京津冀三地编制了《京津冀人才一体化发展规划（2017—2030年）》，提出了"一体、三极、六区、多城"的总体布局和相应的任务安排，取得了一定成效。但长期以来，区域内人才分布与流动不平衡，"首都效应"所导致的"单极人才虹吸现象"十分突出，津冀处在引才留才"下风口"的局面尚未得到有效扭转，区域内人才冗余与人才短缺并存，严重影响了经济结构与空间布局重构，成为京津冀协同发展的堵点。在新时代新阶段，面对新的国际挑战、信息技术机遇以及更为坚实的交通、教育、产业和公共服务一体化基础，京津冀人才一体化必须有新的思路，河北作为"转化极"要有新的协同发展路径，这是当前亟待解决的重大战略问题。

一 河北协同推进京津冀人才一体化成效评估

（一）推动部际协调、凝聚三方共识卓有成效

1. 建立京津冀人才一体化发展部际协调小组工作机制

三地组织部门采取轮值方式，每年召开一次部际协调小组会议，研究部署年度工作任务，为全年工作开展指明方向与重点。部际协调小组办公室将年度工作细化为具体任务，明确责任单位，实行挂账管理。有关部门、区市主动"认责领活"，加强对接沟通，共同组织推进落实。在部际协调小组的指导推动下，三地对口单位、相关区市间普遍签订全面或专项框架协议，交流协作更加紧密、深入、务实。

2. 三地有关部门每年举办各类活动

三地有关部门、区市主动谋划、联合举办"京津冀高层次人才国情研

修班""京津冀国有重点企业研修班""社会工作专业人才高级研修班""京津冀人才工作者培训班暨高端人才论坛""京津冀青年科学家论坛""京津冀农业科研人才协同发展研讨会""通武廊专家理论读书班"等系列活动，有针对性地加强相互交流。通过研修、培训、交流，有效增进了各方对京津冀协同发展战略的认识与了解，强化深度参与、服务保障协同发展的思想共识与行动自觉。

（二）服务国家战略、推出创新举措效益初显

1. 雄安新区不断推出人才创新举措

制定新增产业准入目录和负面清单，组织举办"京津冀产业转移'1+N'系列对接活动""北京市百强民营企业产业对接会"等重点推介活动，努力以产业项目的转移联动人才发展。发布《关于打造创新高地和创业热土聚集新人才的若干措施》（即"雄才十六条"），涵盖人才引进奖励、创业支持、生活保障等全周期政策，对顶尖创新团队最高给予1亿元资助。截至2024年7月，雄安新区共发放1.3万多张"雄才卡"，5万多名大学生到雄安新区交流研学，2400多名应届毕业生获生活补贴，新增3万多名创业创新人才。[1]

2. 通武廊人才示范区建设有序推进[2]

截至2024年6月，依托《通武廊人才一体化发展协调办公室工作机制》，廊坊市兴远高科、中南高科等27个科创园共入驻京籍企业560余家，吸引一批国家高层次人才集聚。开展校校、校企联合育才行动，与京津开展中高职教育"3+2"贯通培养，联合培养技能人才134名。廊坊燕京职业技术学院与北京翔宇集团、中关村软件园等多家单位开展联合办学，建设校外实训基地27个，在校生近千人。廊坊市制定出台《关于进一步吸引京津科

---

[1] 《聚要素，雄安超给力》，腾讯网，2025年3月8日，https：//news.qq.com/rain/a/20250308A07VIT00。

[2] 《"通武廊"人才一体化发展示范区加快建设》，凤凰网，2024年7月2日，https：//hebei.ifeng.com/c/8asjHkR7GF2。

技成果在廊转移转化的若干措施》，与京津高校院所累计开展对接活动432场，签订合作协议60项，吸纳京津技术合同成交额97.5亿元。

（三）三地教育科技人才一体化进展迅速

1. 教育协同发展取得可喜进展[①]

自2014年京津冀协同发展上升为国家战略以来，国家及三地政府共发布21份重要政策文件，为京津冀教育协同发展提供了方向、目标、思路、布局和重点任务指导。京津冀政学研主体签订多项资源共建共享协议，聚焦师资课改提质，兼顾整体资源扩充，丰富合作项目，构建联盟共同体，以线上线下相结合的形式广泛开展教学教研资源共享、名师名校长协作、名校办分校、"手拉手"帮扶、校地合作和学生交流活动，优质基础教育资源种类多样，教师、学生和学校均在京津冀优质教育资源共建共享中获得多方面赋能，总体满意度和资源匹配度均超70%。

2. 科技协同发展取得良好成效

2016年，《京津冀协同发展科技创新专项规划》发布，提出北京聚焦原始创新、天津侧重研发转化、河北承接产业化的分工模式。三地科技部门联合举办协同创新共同体高峰论坛、创投峰会、青年科学家论坛，组织京津科技人才河北行，促进项目对接与成果转化；签署新一轮科技合作协议，联合设立基础研究合作专项，支持协同攻关，建立创新券合作机制，推动大型科学仪器设备平台开放共享。据统计，2013~2023年，京津冀协同创新指数从100提升至298.2，年均增速达11.5%；研发经费占地区生产总值的比重从3.22%提升至4.27%，高于全国1.62个百分点；北京流向津冀的技术合同成交额累计超2800亿元，河北吸纳京津技术合同成交额810.1亿元，同比增长101%。[②]

[①] 李璐、冯洪荣：《京津冀教育协同发展的政策演进、实践进展与特色模式》，《人民教育》2024年第23期。

[②] 《京津冀协同创新指数年均增速达11.5%》，新华网，2025年1月6日，http://www.bj.xinhuanet.com/20250106/573d76af862442f8a4f1289785bb681e/c.html。

3. 人才一体化进程明显加快

三地人社部门联合制定实施意见，推进专业技术人员继续教育区域合作，推动人才职业资格和技术职称互通互认互用。推动人才市场准入协同，发布全国首个《人力资源服务京津冀区域协同地方标准》，统一人力资源服务规范和服务机构等级评定标准。三地还共同成立了外籍人才服务联合体，搭建外籍人才服务协同平台，形成外籍人才协同发展机制，为京津冀协同发展提供国际化人才支撑。[1] 优化职称互认机制，三地职称证书在区域内实现"无感认证"，已有202名在京津地区取得职称的专业技术人才在张家口市申报并晋升到高一级职称；重点打造"张家口乐张垣康养师""怀来京西北康养工"等7个高品质家政品牌，2024年新增从业人员2100人，其中138名"河北福嫂"乘坐"点对点"专车赴京就业、现场签约。[2]

（四）三地人才交流合作、创新平台共建共享不断深入

1. 人才交流合作逐步深入

河北省张家口市分别与北京市朝阳区、延庆区联合成立国际人才交流驿站，共建西北部生态涵养区人才管理改革试验区；依托张家口驻北京流动党委职能优势和人才资源优势，在北京挂牌建立17个"人才飞地"性质的人才服务驿站。[3] 河北省三河市和兴隆县与北京市平谷区、天津市蓟州区建立联席会议制度，联合制定人才合作新机制和三年行动计划，组织开展首都专家"平蓟三兴"行活动。河北省衡水市与北京市海淀区举办科技创新合作对接恳谈会，加强与海淀区知名高校、企业的交流。河北省沧州市与天津市滨海新区签订全面推进协同发展的框架协议，互派干部人才开展挂职交流。

---

[1]《京津冀人才一体化发展按下加速键》，北京市人力资源和社会保障局网站，2023年9月7日，https://rsj.beijing.gov.cn/xwsl/mtgz/202309/t20230907_3253669.html。
[2]《张家口加快融入京津冀协同发展 共筑三地民生同心圆》，腾讯网，2025年3月6日，https://news.qq.com/rain/a/20250306A03IQG00。
[3]《张家口在京设立17个人才服务驿站》，河北党网，2023年10月18日，http://www.hebdj.gov.cn/eportal/cms/jsp/site001/article.jsp?a1b2dd=7xaac&articleId=2c940e858b07eb01018b4210935d04b8&fchannelidenty=rencai。

2.创新平台共建共享取得良好进展

河北省唐山市与北京通州区、天津宝坻区共同制定的《"通宝唐"区域创新平台共享共用目录》自2019年开始发布，截至2024年，已累计纳入42家平台载体，涵盖医药健康、生物科技、检验检测、先进制造、新材料等多个重点领域。① 邯郸市立项支持北京大学在邯郸建设创新研究院，引进大数据与人工智能、新能源材料与技术、智能装备、生命科技、现代农业技术等多个高水平科研团队。衡水市依托中科衡水科技成果转化中心，加快建设京津技术成果转化及产业承接基地，实现集中引进院士团队的新突破。沧州市渤海新区围绕化工产业转型，与南开大学深入对接，共建绿色化工研究院。

综上所述，河北在京津冀人才一体化工作中主动作为、积极协同，在服务国家战略、促进区市交流、推动三地教育科技人才一体化发展方面做了大量努力，在共享京津高端人才和科创资源、带动河北地方发展方面取得初步成效。

二 河北协同推进京津冀人才一体化面临的挑战

诺贝尔经济学奖获得者简·丁伯根认为，区域一体化是通过区域之间的相互协作与统一，消除、弱化阻碍经济活动有效运作的因素，以使区域实现最优要素配置和经济高效能，其核心要义是资源配置。同理，人才一体化的核心是人才资源的有效配置。京津冀协同发展战略实施以来，三地认真贯彻落实习近平总书记重要指示精神，合力打造人才一体化共同体，推动"北京研发、津冀转化"，促进人才协同动能持续释放，为京津冀协同发展注入强大人才内驱力，但三地在人才资源跨域流动与配置共享这一核心问题上还面临重大挑战。

---

① 《2024年度"通宝唐"区域创新平台共享共用目录发布》，搜狐网，2024年11月26日，https：//www.sohu.com/a/830545056_121798711。

（一）三地在认知上仍存在偏差

区域人才合作是市场经济发展的必然要求和结果。市场经济发展要求突破区域的界限，实现包括人才资源在内的市场要素跨区域自由流动和优化配置。综观京津冀人才合作的发展历程，虽有进展，但距离形成"人才开发共同体"相去甚远。究其原因，主要是三地在认知上存在偏差，特别是在人才一体化上尚未达成共识。京津冀长期以来的功能定位差异、文化背景差异及经济水平差异，使京津对于人才的集聚效应远远大于其对河北的辐射效应。因此，从京津视角看，其与河北的人才合作动力不足；但从另一个角度来看，人才极化效应也给京津地区造成了住房、就业等方面的巨大压力，加之京津冀协同发展战略的推进，京津两地也在主动谋求与河北的交流与合作，但动力仍然不足。对于河北而言，其在长期的人才合作中处于弱势，三地还需在区域利益和地方利益之间继续"破冰"。

（二）三地人才发展不均衡

人才问题是关系京津冀协同发展的基础性、战略性问题。推动京津冀协同发展，必然要优先实现人才的协同发展，要在京津冀区域内实现人才的自由流动和优化配置，从而使整体产业布局、社会需求与人才分布结构完美契合，充分释放人才发展红利，最大限度地发挥人才要素在京津冀协同发展中的支撑和引领作用。但长期以来，京津冀之间的差异造成三地人才资源分布不均衡，尤其是京冀之间存在"断崖式"人才落差。根据第七次全国人口普查数据，从全国每10万人口中拥有大专及以上文化程度的人口比例来看，北京和天津以41.98%和26.94%分列第1位和第3位，而河北仅为12.42%，排在第24位，尚不及全国平均水平。2024年《中国统计年鉴》显示，2023年，河北获授权发明专利数为14213件，与天津的14319件相当，但与北京的107875件差距甚大。北京在高端人才方面的绝对强势地位，津冀在争夺北京辐射与自身发展方面的内在竞争，都导致人才发展不均衡现象长期存在，在一定程度上阻碍了京津冀人才一体化的深入推进。

（三）三地对跨域建设"人才飞地"缺乏顶层设计与统筹安排

从国内城际"人才飞地"建设来看，大多是欠发达城市围绕核心城市群，依托企业平台、园区孵化平台或人才工作站，获取优质科创资源，向"飞入地"转移转化。但京津冀在"人才飞地"建设上没有统一的顶层设计，很容易导致"飞入地"和"飞出地"在数据统计、税收分配、资源要素统筹配置上产生冲突。一是在招商引资、产业发展方面，由于行政区划不同，加之现行制度安排，"飞入地"和"飞出地"尚未建立成熟的资源分配机制，双方仍会在自主事权范围内比拼政策优惠、展开盲目竞争。二是在税收分享方面，"飞入地"的企业如果注册在"飞出地"，于招引人才不利，不利于实现"飞出地"建设目标。但如果注册在"飞入地"，"飞出地"又无法分享税收等经济收益。并且，由于跨行政区域，双方商谈税收分成存在困难，可操作性也不强。

（四）面对首都的疏解与外溢资源，河北的承载与吸纳能力亟待提高

人才像种子一样需要合适的土壤，即承载人才发展的平台。不管是院士工作站、重点实验室、博士后科研工作（流动）站、工程（技术）研究中心等传统平台，还是产业技术创新联盟、科技孵化器、众创空间、企业总部等新兴平台，河北吸纳京津人才还有很大的发展空间。而且，河北对首都人才需求和各地人才政策缺乏深入研究，很难实现产业发展与人才布局的精准匹配。另外，已经疏解落地的首都人才更关注良好的综合发展环境，而在公共文化环境、医疗卫生条件、社会保险标准及现行人才政策的灵活性、激励性方面，河北与京津仍有差距，导致人才来了"留不住"。因而，要让京津人才在河北真正"落地生根"，还需要下大气力。

三 国内外典型城市群人才一体化的特征与比较分析

（一）国外典型城市群人才一体化特征

通过对美国波士华、英国伦敦、日本东京3个典型城市群的人才发展进

程进行系统梳理，发现它们在人才一体化方面具有以下特征。

1. 内部行政壁垒普遍较少

虽然典型城市群各地方政府拥有自己的税源，但整个城市群内部实现了高度一体化，中心城市之间几乎没有行政壁垒。地方税收不依靠工业征收，而主要依靠房地产和销售税，这样就有利于工业自由选址、集聚，形成集聚型产业链，进而形成多赢格局。同时，典型城市群具有的教育、医疗、社保优势，可以有效消除行政壁垒，破除人才流动阻碍，促进人才资源自由流动。

2. 拥有人才自主流动配置的生态网络

人才个体利益追求与城市综合环境共同塑造了人才流动的关联网络。高端人才在选择就业单位或居住城市的过程中，基于个体利益的追求，较为关注经济水平、创新配套、发展机会和情感支撑等。在全球化与知识经济时代，经济格局的变迁引发了高端人才的流动与集聚，随之而生的创新经济将重塑区域网络化格局，从而影响高端人才的区域集聚模式，而"人才磁场"的强弱最终由经济、政策、社会环境等要素所构成的城市综合环境决定。

3. 重视人才承载平台和配套设施建设

典型城市群都拥有一流的高等学校和科研机构，以优质的初级、中级职业教育作为基础支撑，形成了比较完善的人才培育体系，为地区经济发展、协同合作提供了强有力的人才资源和源源不断的智力要素。区域间便捷的交通解决了房价高昂产生的"不可达"问题，助力形成区域内经济发展水平相对均衡、通勤有保障的格局。

4. 重视人才政策的催化作用

在人才发展实践中，经济起到决定性作用，人才政策具有催化作用，这是典型城市群的共同理念。因此，忽视经济基础、盲目比拼政策优惠的做法无异于"在沙漠中建高楼"。只有切实提升区域经济能级、增加劳动者收入，才能更好地发挥人才政策的效能。

（二）国内典型城市群人才一体化特征

通过对长三角、粤港澳两个典型城市群的人才发展进程进行系统梳理，

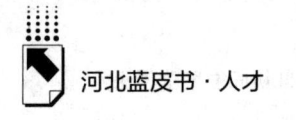

总结国内典型城市群人才一体化特征。

1. 从顶层设计上构建常态化协商机制

长三角G60科创走廊建立了人才工作联席会议制度，广东省政府与香港优才及专才协会、澳门专才发展学会互设了人才协作办公室，致力于在编制总体人才规划、协调人才工作地方利益等方面下好"一盘棋"，实现联动发展。

2. 从人才评价上推动区域内人才互认

前海粤港澳人才合作示范区在区域内广泛开展人才执业资格互认互评，主要采取免试执业、职称直认、以培代考等方式，以破除港澳专业人才向内地流动的障碍。长三角一体化示范区则组建了职业技能等级联合评审委员会，在示范区内开展职业等级联合认定。在此基础上，对部分通用且成熟的专业技术资格，在长三角区域内建立统一评价标准，开展统一认定。另外，在共认外国高端人才工作许可等涉外人才工作上率先创新，为打造国际人才高地奠定了扎实基础。

3. 从公共服务上致力于打破行政区域壁垒和推动服务共享

在税制改革上，前海粤港澳人才合作示范区对标香港，实施企业所得税和个人所得税"双15%"政策，有力促进了港澳企业入驻前海。在医疗一体化上，长三角一体化示范区采用数字技术，坚持"让数据跑路"，实现居民就医"同城化"。此外，长三角还积极探索建立统一的人才数据目录、口径、格式，力求在全国率先实现区域内人才供求信息共享、互联互通和实时查询。

4. 从平台建设上采取共建共享方式以促进区域内人才深入交流与互动

不管是粤港澳还是长三角，在打造人才共同体和协同创新共同体等方面都不遗余力。在这样的政策氛围下，人才载体和创新平台密集涌现，包括青年梦工场、创新中心、新型研发机构、院士博士后驿站、海外人才离岸创新创业基地、人才峰会等。

（三）国内外城市群人才一体化实践比较分析

虽然不同城市群有不同的发展特点和差异化的文化创新环境，并且处于不同的发展阶段，但都建立了协商协调、互联互通、合作共享等机制。我国城市群在上述机制上已有一系列尝试，也形成了一些区域特色经验，但从总体来看，各城市群人才一体化程度不一，在凝聚多方共识、协调地方利益等方面尚有一些障碍要突破。因此，只有做好顶层设计，在机构设置、教育改革、科技创新、产业升级、政策优化等方面做到系统协同，才能真正有效推动区域人才一体化。

四 河北协同推进京津冀人才一体化的思路与对策

（一）总体思路

实现京津冀人才一体化需要明确政府宏观调控的大思路。京津冀人才一体化不是均等化、一致化，而是三地职能定位与分工明确、各展优势、协同互补的一体化。京津冀应融入一体化发展，弱化虹吸效应，强化辐射效应，争取形成真正跨区域的人才大循环。要形成京津冀跨行政区域的产业链，依托产业链形成分布各地的人才链，实现高度互补，构建不同岗位、不同层次衔接的"金字塔形"人才梯队，使河北成为坚实的塔基和不可或缺的组成部分。

（二）基本原则

1. 兼顾前瞻性与现实性

协同融入京津冀人才一体化大局，既要目光长远，也要立足当下。要紧紧围绕京津冀协同发展这一国家战略，聚焦京津冀世界级城市群与世界人才高地这一发展前景，突出城市间人才政策协同发展的未来导向，积极争取国家和京津对河北的支持。要把握好河北在京津冀协同发展中的职能定位，补齐现实短板，在对接京津、服务京津中充分发挥河北的比较优势。

2. 兼顾统一性和差异性

协同融入京津冀人才一体化大局，既要制定三地统一的人才规划，也要兼顾三地的比较优势。要突出区域整体利益，在规划设计中从区域全局角度确立共同的发展目标、路径、重点任务、保障措施等，打破三地间的行政壁垒和地方利益约束。同时，在维护全局利益的前提下，突出地方的比较优势与利益诉求，通过合理的分工实现各自利益的最大化。

3. 兼顾稳定性和创新性

协同融入京津冀人才一体化大局，既要稳扎稳打，也要敢于创新求变。要遵循城市群建设和人才流动的客观规律，把握好京津冀人才一体化总体目标任务与不同阶段的发展特征，结合三地的实际进展，统筹协调人才一体化的整体进程。同时，三地要围绕规划中不同的职责任务，立足地方实际和比较优势，在夯实地方人才基础和推动区域人才共建共享方面实现"点上突破"，从而带动人才一体化全面快速发展。

（三）协同之策

1. 理念协同

三地需坚持"全景视角"，从世界级城市群和世界人才高地的定位来看待京津冀协同发展与人才一体化，以国家战略和京津冀整体利益为出发点，同时树立比较优势理念和差异化意识，遵循人才流动规律和市场规律，促进人才在京津冀区域内自由有序流动，以人才的跨区域配置优化带动区域人才一体化向纵深发展，从而为京津冀协同发展提供强大助推力。

2. 机构协同

京津冀人才一体化是一项系统工程，需要国家和地方政府深度参与、密切配合。首先，在京津冀人才一体化部际协调小组的基础上，积极争取国家职能部门参与，升级为更高层级的协调机构。其次，在组织部门牵头、人社部门主导的基础上，吸纳交通、产业、教育、科技等更多三地职能部门参与，进一步加强各部门间的协调联动。最后，引导三地成立更多社会组织性质的产业联盟、教育联盟、引才联盟，以及创新共同体、服务共同体等，进一步促进三地人才的社会性流动与共享。

3. 产业协同

做好空间布局中"京保石发展轴"和"京唐秦发展轴"的产业转移与人才集聚。"京保石发展轴"是沿北京、保定、石家庄、邢台、邯郸主要城镇打造的京津冀地区先进制造业发展轴,要以这一发展轴为依托承接使用好首都疏解外溢的央企制造业精英;"京唐秦发展轴"是沿北京、宝坻、唐山、秦皇岛主要城镇打造的京津冀地区产业转型升级发展轴,要以这一发展轴为依托承接使用好首都高端创新创业人才。要以新机场临空经济区、张承生态功能区等一批特色园区以及白洋淀科技城为支撑,积极承接北京相关产业转移,以产业集聚引领大批首都人才集聚。

4. 教育协同

打造大规模教育集群是京津冀人才一体化的重要基础。北京知名高校林立、高等教育资源丰富,可在全盘统筹的基础上推动北京向河北疏解部分高等教育资源。同时,河北要积极推动省内"双一流"高校建设,搭建国家实验室、博士后流动站等科教平台,提高人才承载力,并充分发挥省内职业教育的基础优势,全力对标新业态,打造紧跟新时代发展步伐的职业教育集群,大力培养卓越工程师和高技能人才。

5. 科技协同

"京津研发、河北转化"是京津冀协同发展的重要决策,要进一步发挥河北省、市、县三级科技部门的引导作用和企业的创新主体作用,切实提高京津科技成果向河北转移转化的成效。一是通过项目合作强化京津科技成果源头供给。加强与京津高校院所的合作,吸引其来河北设立研究院、创新中心、成果转化基地等,构建"研究院+产业园"模式;采用"揭榜挂帅"等方式,面向京津发布尖端技术攻关任务,协同攻关重点领域"卡脖子"技术。二是通过平台建设夯实京津科技成果转移转化中间端基础。打造三地科技信息一体化服务平台,常态化征集最新原创成果和企业创新需求,建立三地共享的成果库和需求库,实现京津科技成果供给与河北企业需求的精准匹配。在河北推动建设一批中试基地,吸引京津技术成果入驻孵化,切实提升科技成果转移转化成效。三是引导京津科技成果瞄准企业需求端。推动省内传统产业"有中生新"、新兴产业"新中向强"、未来产业"无中生有"，把科技成果转化为实质生产力。

6. 政策协同

三地在出台或修订地方性人才政策前，需在协同发展的大框架下把握好人才政策定位，提前做好沟通协调，避免出现"信息孤岛""政策割据"等负面影响，解决"内卷式"竞争导致的政策和体制问题。可依托京津冀人才一体化发展部际协调小组，开展人才一体化政策文件常态化梳理，整理不利于区域整体发展的地方性人才政策、法规清单，由所属地区部门逐步清减或修订完善，营造城市间公平竞争、协同发展的政策氛围，凝聚区域间人才一体化合力。

7. 疏解协同

对河北而言，承接首都人才智力既是机遇也是挑战，难点在于对各层各类人才成建制、成批量地吸纳与使用。一是立足环首都五市实际，综合考虑交通、土地、能源、环境、人口及经济社会发展状况等，建设若干定位明确的"微中心"，承接部分中央行政及企事业单位，尤其是知名的科研、教育、医疗、文化单位，引进一大批科教文卫高端人才。二是强化河北省院士联谊会对区域内高端人才的承载能力，按照京津冀协同发展战略提出的新任务新要求，在承接方式、内容、重点以及机制上不断完善创新，全力推进院士联谊交流工作全方位、深层次、实效化发展。三是把雄安新区打造成承载京津高端智力要素外溢的人才新城，充分发挥区位和生态优势，广泛吸引京津两地战略科学家、产业领军人才和科技骨干来雄安新区创新创业，努力使雄安新区成为京津高端人才创新创业的首选地。

8. 服务协同

在服务理念上，从"限"向"促"转变，消除不合时宜的限制性政策，推动人才在干事创业方面敢求突破、敢担责任；在服务内容上，对标国内发达地区人才政策，为人才在住房、医疗、社保、配偶安置、子女入学、居留和出入境等方面提供全方位服务保障；在服务方式上，设立"一站式"服务窗口，实行服务专员制度，提供全程"一对一"专业服务，让人才体会到尊重和价值，增强人才在河北创新创业的归属感和幸福感。

参考文献

北京市组织学习与城市治理创新研究中心、北京市人力资源研究中心：《世界级城市群人才发展规律及对京津冀人才一体化发展的借鉴研究报告》，载北京市党的建设研究会主编《北京党的建设研究报告（2018）》，社会科学文献出版社，2018。

陈丽君、卞青阳：《城市群一体化发展中人才政策协同机制研究》，《今日科苑》2023年第11期。

刘凯：《从粗放竞争到协同竞合：长三角一体化背景下城市间人才政策协同模式研究》，硕士学位论文，宁波大学，2022。

袁方成：《城市人才流动新动向新特征与新动能》，《人民论坛》2021年第29期。

张猛、丁百川、郭曼：《粤港澳大湾区"人才大循环"机制与路径研究——兼议广东高校"科技—产业—人才"的合理配置与协调发展》，广东省高等教育学会2023学术研讨会，江门，2023。

B.14
河北省平台经济促进劳动就业研究

郝雅辉 杨卓异 邢明强*

摘　要： 随着互联网技术的迅猛发展，平台经济快速兴起。平台经济依托大数据资源，凭借独特的优势，通过互联网技术达成了信息的高度集聚与共享。平台经济的繁荣发展，为劳动就业领域带来了机遇与挑战。本报告深入剖析了平台就业的概念与特征，继而对河北省平台经济促进劳动就业的现状展开论述，针对平台经济促进劳动就业面临的现实挑战提出了有针对性的对策，包括完善劳动关系法律法规体系、制定行业标准、增强服务意识等，旨在推动平台经济实现健康、可持续发展，进一步促进劳动就业。

关键词： 平台经济　劳动就业　新就业形态　河北

平台经济已成为经济发展的核心驱动力之一，近年来呈现迅猛的发展态势。这种经济模式依托互联网平台搭建起一座沟通供需双方的桥梁，实现了二者高效且精准的对接。[1] 通过整合各类资源，互联网平台能够根据消费者的多样化需求，快速匹配并提供相应的产品与服务，大大提升了消费体验，已成为创新能力、灵活性与高效性的典型代表。同时，互联网平台突破了地

---

* 郝雅辉，河北省人力资源社会保障科学研究所助理研究员，主要研究方向为平台经济、社会保障；杨卓异，河北师范大学法政与公共管理学院硕士研究生，主要研究方向为社会保障；邢明强（通讯作者），河北省人力资源社会保障科学研究所副所长、研究员，河北师范大学硕士研究生导师，主要研究方向为人力资源、社会保障。

[1] 李春利、高良谋、安岗：《数字平台组织的本质及演进：基于分工视角》，《产经评论》2021年第6期。

域、时间等传统因素的限制，为企业开辟了更为广阔的市场空间，使其能够接触来自不同地区、不同层次的海量潜在客户，从而为企业的业务拓展与成长壮大提供了有力支撑。

随着平台经济的蓬勃发展，越来越多的劳动者开始将目光投向互联网平台，以此作为实现灵活就业的重要渠道。这种就业选择的转变，对劳动者自身而言意味着工作方式发生了根本性变革。他们不再受困于传统就业模式下长期雇佣关系的束缚，无须遵循固定的工作时间，也不再局限于特定的工作地点，能够根据自身的实际情况和个人意愿更加自主地安排工作时间和工作内容，更好平衡工作与生活。① 从宏观层面来看，大量劳动者向互联网平台涌入深刻地重塑了劳动力市场的结构。这一转变标志着劳动力市场正从传统的以长期雇佣关系、固定工作时间和工作地点为主要特征的就业模式，逐步向更为灵活、更强调个体化的新型工作方式演进。

《美团外卖 2018 社会影响力报告》和《2023 年美团骑手权益保障社会责任报告》显示，在美团平台上获得收入的外卖骑手规模从 2018 年的 270 万人增长至 2023 年的 745 万人，增长了约 1.76 倍，其中来自河北省的美团骑手人数占比在 5% 左右。此外，根据河北省人力资源和社会保障厅的数据，截至 2021 年 11 月，全省新就业形态企业有 60 多万家，平台企业劳动者注册人数为 236 万人，每天活跃人数为 33.34 万人。② 以上数据充分表明，劳动者和企业对更加灵活的工作模式的需求不断增长，平台经济带动的劳动就业已成为中国就业市场中越来越重要的组成部分，这一变化趋势不仅得益于互联网技术支持，也迎合了当代劳动者的工作偏好和企业的灵活用工需求，将持续对劳动力市场产生深刻而广泛的影响。

---

① 纪雯雯、赖德胜：《网络平台就业对劳动关系的影响机制与实践分析》，《中国劳动关系学院学报》2016 年第 4 期。
② 《河北明确新就业形态劳动者劳动保障权益 给新就业形态劳动者撑起一把伞》，"人民资讯"百家号，2021 年 11 月 12 日，https://baijiahao.baidu.com/s?id=1716221504506461859&wfr=spider&for=pc。

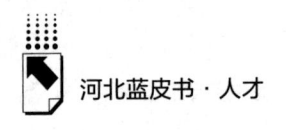

一 平台就业的概念与特征

（一）平台就业的内涵

平台就业是一种依托互联网平台有效连接劳动力供给和需求的创新型就业模式。在学术研究领域，对于平台就业的概念界定存在不同的观点。一部分研究认为平台就业与新就业形态具有相同含义。根据人力资源和社会保障部的相关文件，新就业形态劳动者主要指的是那些接受互联网平台发布的配送、出行、运输、家政服务等工作任务，按照平台要求提供网约服务，通过劳动获取报酬的劳动者。另一部分研究则强调平台就业与零工经济之间的紧密联系。零工经济模式下，平台就业的关键在于充分发挥互联网平台的优势，精准匹配劳动力需求与供给，使劳动力资源能够在更广泛的范围内实现优化配置。综合来看，学术界和实践领域尚未对平台就业的定义达成共识，但可以从平台就业所呈现的特征入手，深入剖析并进一步理解平台就业的丰富内涵。

（二）平台就业的特征

1. 就业结构多元复杂

平台经济作为一种新兴的经济形态，以前所未有的态势打破了传统产业之间相对固化的边界，使劳动就业结构产生深刻转变。回溯传统劳动就业模式，企业基于自身发展战略规划与实际业务需求，通过各类招聘渠道，以"一对多"的方式将劳动者招募至企业内部。劳动者进入企业后，严格遵循企业既定的规章制度、工作流程以及任务分配要求，完成各项工作任务。在此过程中，企业与劳动者之间建立明确的劳动关系，这种关系受到劳动法律法规的严格约束和规范，从劳动报酬的支付、工作时间的界定到劳动保护与社会保障等，都有着清晰的权利义务界定。然而，在平台经济下，就业发生了根本性改变。劳动者拥有了更大的自主选择权，他们能够依据自身的兴趣爱好、专业特长以及职业发展规划，在种类繁多的互联网平台上筛选契合自身需求的岗位。并且，借助互联网平台所提供的一系列数字化工具，劳动者得以实现高效的自我管理，包括自主安排工作时间、灵活调整工作进度等。与此同时，企业依据自身动态发展需求，在互联网平台上发布招聘信息，突破地域、时间等传统限制，能够更广泛地吸引人才。在这样的新型就业场景中，劳动者与企业之间的关系不再是传统意义上的雇佣关系，而是更强调双方基于平等、自愿、互利的原则开展合作，双方在合作过程中各自发挥优势，共同完成特定的工作任务或项目，形成了一种充满活力的新型合作关系，为就业市场注入了新的发展动力。

2. 就业方式较为灵活

传统劳动就业是以"用人单位"为基础，通过签订劳动合同实现的。而在平台经济下，劳动者不再局限于服务某个企业或单位，而是通过互联网平台以"自由职业者"的身份工作。这一灵活就业方式的特性主要体现在以下两个方面。第一，劳动者拥有主动发布服务项目并获取报酬的能力。例如，以滴滴出行为代表的大型互联网出行平台与数量庞大的司机合作。司机们可以在平台上自主注册，发布自身可提供的出行服务项目，如快车、专车、顺风车等。凭借这些服务，司机们依据平台规则和乘客订单获取相应报酬，实现了从受雇于出租车公司到依托平台自主运营的转变。类似的还有猪八戒网，这是一个综合性服务众包平台，平台上汇聚了众多拥有不同技能的自由职业者，他们可以发布设计、编程、文案撰写等各类服务项目，等待有需求的客户下单，完成任务后获取报酬，大大拓展了劳动者的就业途径和收入来源。第二，劳动者能够自主通过平台选择适合自己的服务项目并获得报酬。许多小型企业基于成本控制和业务灵活性的考虑，与快递公司合作，将企业的物流业务外包。在这个过程中，快递员等劳动者可以通过网络平台自主选择服务的企业和对应的物流业务订单。比如，菜鸟裹裹平台快递员可以根据自身的工作时间和所在区域，从平台上众多的包裹配送任务中挑选适合自己的订单，完成配送任务后获得相应的劳动报酬。

3.就业质量得到提升

在平台经济蓬勃发展的当下，劳动就业规模呈现持续扩大的态势。数字经济作为驱动力量，挖掘并释放传统就业市场长期被忽视的潜在能量，使就业人数总量持续攀升。从产业升级与新业态催生新岗位的维度来看，数字技术深度融入传统产业，为产业转型升级注入强大动力，电子商务、网络直播等新兴业态如雨后春笋般涌现。以电子商务为例，除了传统的运营岗位，还催生了电商主播、数据分析师、供应链管理专员等新岗位。这些新岗位不仅吸引了大量年轻的求职者，还为那些具有相关专业背景或兴趣爱好的社会群体提供了就业机会。从满足劳动者创新创业需求的角度出发，平台经济搭建了高效的劳动力对接平台，为高技能劳动者提供了一条将自身知识、技能、经验以及闲置资源直接转化为经济收益的便捷通道。比如，在知识付费领域，许多专业人士通过在线教育平台，将自己的专业知识制作成课程售卖，实现知识变现。这不仅有助于劳动者充分发挥个人才能，创造社会价值，还能为创业者打造广阔的业务拓展空间。此外，平台经济借助信息共享和快速传递的优势，降低了创业的固定成本。创业者无须租赁昂贵的办公场地，也无须大规模采购设备，仅借助网络平台就能开展业务，这激发了创业者的工作热情和生产积极性，促使更多的创新想法转化为实际的商业活动，进一步推动了就业市场的繁荣发展。

二 河北省平台经济促进劳动就业的现状

平台经济下新就业形态成为吸纳劳动力的"蓄水池"。目前，平台就业成为一个吸纳劳动力的重要渠道，为从业者提供了更多的就业机会，河北省的一些电商直播基地如辛集的皮革城直播基地、白沟的箱包直播基地等发展迅速，培育了大量的电商主播，同时带动了直播运营、场控、策划等相关岗位的就业。许多年轻人通过直播平台展示产品、与观众互动，实现了就业创业，也吸引了周边地区的人员前来求职。美团自2020年4月13日起开展了针对河北省建档立卡贫困户的外卖配送员专项招聘，定向提供外卖配送员就业岗位4000个，并提供专项帮扶资金，给予稳岗就业、培训学习、健康保险、子女大病等补贴。定州市针对包括外卖骑手在内的新业态就业群体进行行业规范和职业技能培训，并开展网约配送员职业技能大赛，符合条件的授予"职业技术能手"，提升从业人员的职业素养和技能水平。以上举措对于缓解社会就业压力、促进经济稳定增长、推动劳动力市场多元化发展以及未来就业形态创新都具有重要意义。

平台经济下新就业形态职业不断涌现。2022年9月，人力资源和社会保障部正式颁布了修订后的《中华人民共和国职业分类大典（2022年版）》。与2015年版大典相比，新版大典新增了158个职业类别，并且首次对数字职业予以明确标识，共涵盖97个类别，占职业类别总数的6%。这一变化彰显了对经济发展与技术进步所引发的职业领域动态变化的积极回应，表明数字化转型趋势已成为相关政策制定过程中的关键考量要素。随着短视频、直播等网络终端营销新业态的迅猛兴起，互联网营销从业人员数量快速增长，同时涌现出房地产主播经纪人、探店达人等全新职业。例如，来自河北廊坊的"90后"王影在快手平台发布486个短视频，带观众云看房、云选房。与传统房地产经纪人相比，线上用户群更广，客户量较之前翻了近十倍，还组建了包括摄影师、线下选房师等的探房团队。这一趋势体现了互联网技术的不断创新和消费者需求的日益多样化推动了数字营销领域的蓬勃发展和就业形态变革。

平台经济中的新就业形态持续促进就业效率提高。平台经济呈现双边市场结构特征，一端由广大用户群体构成，另一端则集结了提供各类商品或服务的商家。平台在其中扮演着至关重要的信息匹配角色，同时为双边交易营造了虚拟环境。一方面，平台凭借其大流量特质，将数量众多的潜在求职者与企业汇聚一处。这一汇聚效应使空缺职位与合适候选人相遇的概率大幅提升，并且通过集中化的市场效应，大大提升了匹配速度，有效降低了求职者与企业的成本。另一方面，平台借助算法匹配技术，能够依据求职者的期望与能力，迅速为其匹配到合适的岗位，同时助力企业精准筛选人才，显著提高了人才与岗位匹配的质量和准确度。此外，平台所具备的快速响应机制，使招聘周期有效缩短。例如，河北省泊头市工商业联合会组织当地网络平台举办了公益网络直播招聘会，在2024年1月3日的网络直播招聘中共收到简历400余份，初步达成劳务协议100余人。河北省邯郸市邱县开发使用"灵工邦"平台小程序，为各类务工人员提供线上线下求职登记、就业指导、劳务对接等"一条龙"服务。截至2024年10月，"灵工邦"平台注册人数已达21000余人，共发布招聘信息650余条，"点对点"到企业输送对接2870人，达成就业意向1680余人。

社会公众对新职业的认可度不断提升。以往，临时工作和兼职等非正规就业被学者定义为低质量就业，此类就业模式具有工作稳定性欠佳、社会保障体系存在缺口以及职业晋升空间受限等显著特征，这些特征从多个方面对从业者的职业认可度产生了消极影响，使非正规就业在职业评价体系中处于相对较低的位置。然而，在数字化和网络化的背景下，非正规就业的内涵和性质正在发生根本性的变化。例如，2023年11月，保定市总工会创办电商直播实训基地，截至2024年12月9日，已累计培训学员3340人，学员上岗率超过80%。有学员原是企业下岗职工，参加培训后回家做电商直播，后又返回基地参加技能提升培训，现在卖羊绒毛线，一天直播4小时，月收入约10000元，还被基地返聘为老师。可以发现，一方面，人们的就业观念逐渐从传统思维向多元化、个性化转变。另一方面，平台就业的收入可观，大众对新职业的社会包容度不断提升，人们从事新职业的环境相对宽松，从业者的职业感受也有所改善，社会公众对平台就业的认可度逐步提升。

三　平台经济促进劳动就业面临的现实挑战

当前，平台经济是推动社会经济发展的重要力量，通过提高生产效率和扩大市场规模，为经济发展提供了新动力。然而，现行劳动法律对平台就业的劳动关系界定不够明晰，平台用工形式和劳动者的权利保障机制不完善，使平台就业面临一些挑战。

（一）对于不断涌现的平台用工形式，缺乏及时有效的法律规范

平台经济依托互联网等现代信息技术为商品或服务的供需双方构建网络交易平台。在该平台上，供需双方能够自主开展一系列经济活动。当前，平台经济主要包括电子商务、社交、生活服务以及新闻信息等类型。在我国，关于平台用工的法律规范主要有《中华人民共和国劳动法》《中华人民共和国劳动合同法实施条例》《劳务派遣暂行规定》等。但是，由于平台用工形式具有多样化特征，对其管理规制具有一定难度，相关法律规范存在滞后性。以劳动者与平台的关系为例，平台用工灵活、非标准化，相关法律法规尚未对其做出明确且具体的规定。[①] 因此，平台用工在实际操作中存在一定局限性，这也相应增加了劳动者权益保障的难度。

（二）劳动者权益常常遭受一定程度的侵害

在传统劳动就业中，用人单位要承担为劳动者缴纳社会保险的责任，确保自身的基本权益得到保障。[②] 但在平台就业背景下，平台企业往往通过收取高额管理费的方式获取经济收益。平台企业不仅将与劳动者相关的费用纳入成本核算体系，而且针对劳动者实施业绩考核、工作评估等一系列管理行为。在这样的情形下，若平台企业未依照法律法规为劳动者缴纳相应的社会保险，劳动者的合法权益将受到严重的侵害。从实际状况来看，部分平台企业会克扣劳动报酬、拖欠工资，以降低自身的运营成本，这无疑对劳动者的切身利益产生了直接且消极的影响。

（三）对于平台经济的监管较为薄弱

随着互联网的高速发展，平台经济已成为至关重要的经济形态之一。平

[①] 闫慧慧、杨小勇：《平台经济下数字零工的劳动权益保障研究》，《经济学家》2022年第5期。

[②] 王伟进、王天玉、冯文猛：《数字经济时代平台用工的劳动保护和劳动关系治理》，《行政管理改革》2022年第2期。

台经济的蓬勃发展在为社会带来众多积极影响的同时，暴露了一系列问题。[1] 比如，当前部分平台企业存在恶性竞争、侵犯劳动者权益等现象。部分平台企业运用不正当手段占据市场优势地位，致使劳动者的生存空间受到压缩。而且，平台企业具有较强的灵活性和自主性，在劳动用工过程中缺乏有效的监管机制。在我国现行法律框架下，平台企业在劳动关系认定、劳动报酬支付、工作时长、休息休假安排等方面拥有较大的自主裁决空间。这不仅对平台经济的健康、有序发展形成阻碍，也是制约劳动者权益保障的主要因素，迫切需要通过完善法律法规、加大监管力度等措施来解决，在推动平台经济发展的同时保障劳动者权益。

（四）部分企业缺乏社会责任

在平台经济发展过程中，部分企业过度注重经济利益获取，忽视对劳动者权益的保障。[2] 当纠纷出现时，平台往往将责任推卸给劳动者，使劳动者被迫承担全部损失。众多平台企业没有与劳动者签订劳动合同，一旦发生纠纷，劳动者在维护自身权益的过程中会遭遇诸多阻碍。此外，大量平台企业运用低价策略吸引客户，以恶意竞争的手段争夺市场份额。这种低价策略引发了一系列消极影响，其中最为显著的是致使劳动者工资待遇下降，进而对劳动者的生活质量产生了负面影响。

四 平台经济促进劳动就业的对策

在互联网迅猛发展的时代浪潮下，平台经济作为一种新兴的经济形态，逐步成为推动经济社会发展的重要模式，劳动者的就业模式也经历了显著变革。为推动平台经济健康可持续发展，促进劳动就业，可采取以下措施。

---

[1] 匡亚林、梁晓林、张帆：《新业态灵活就业人员社会保障制度健全研究》，《学习与实践》2021年第1期。
[2] 肖红军、李平：《平台型企业社会责任的生态化治理》，《管理世界》2019年第4期。

（一）完善劳动关系法律法规体系

与平台就业相关的劳动关系法律法规体系存在一定程度的不健全。这一现状致使劳动者的合法权益处于易受侵害的高风险状态。与此同时，现行法律针对平台就业中的劳动关系规定相对宽泛，缺乏明确清晰的法律规范以及切实可行的保障机制。2021年颁布的《关于维护新就业形态劳动者劳动保障权益的指导意见》（以下简称《意见》）明确规定，不完全符合确立劳动关系情形但企业对劳动者进行劳动管理的，指导企业与劳动者订立书面协议，合理确定企业与劳动者的权利义务。但需特别强调的是，该规定不适用于劳务派遣用工情形。另外，若企业未为员工购买意外伤害险等商业保险，事故发生后，员工获取相应理赔的难度将大大增加。基于以上情况，相关部门应积极履职，进一步完善法律法规，对劳动关系进行明确清晰的界定。对于不符合劳动关系情形的用工行为，必须依法予以处理，以切实维护劳动者的合法权益。与此同时，相关部门还需进一步加大监管力度，对平台企业的各类违规行为依法予以严厉惩处，进而形成强大的威慑效应，推动平台经济朝着健康、有序的方向发展。

（二）制定行业标准，规范平台用工行为

在平台经济模式下，众多企业借助网络信息技术实现商品的直接交易，并依托平台开展数据采集与分析工作，以此实现对用户的精准画像。平台经济所呈现的劳动就业灵活性与多样化特征愈加显著。为了规范平台用工行为，切实保障劳动者权益，《意见》指出，强化职业伤害保障，以出行、外卖、即时配送、同城货运等行业的平台企业为重点，组织开展平台灵活就业人员职业伤害保障试点，平台企业应当按规定参加，鼓励平台企业通过购买人身意外、雇主责任等商业保险，提升平台灵活就业人员保障水平。《意见》还着重强调，各级人力资源和社会保障行政部门要加大劳动保障监察力度，督促企业落实新就业形态劳动者权益保障责任，依法维护劳动者权益。在河北，承德市人力资源和社会保障局印发了《新就业形态劳动合同

和书面协议订立指引》《灵活用工单位建立工时和休息休假制度合规性指引》《新就业形态劳动用工政策指引》等文件，旨在规范平台企业的用工行为。与此同时，承德市人力资源和社会保障局简化了新就业形态劳动者的培训报名手续与工作流程，并将网约配送员、快递员等40余个工种纳入培训补贴目录。这一系列规定的出台，对于规范平台用工行为、推动平台经济的健康发展具有积极意义。

（三）平台企业应积极履行社会责任，增强服务意识

在业务开展过程中，企业应积极履行社会责任，坚决杜绝垄断、不正当竞争等行为。[①]平台企业作为市场经营主体的重要组成部分，需要秉持合法合规的经营理念，切实维护广大劳动者的合法权益，致力于构建和谐稳定的劳动关系。不仅如此，平台企业应当强化服务意识，借助培训、激励等多元手段，助力劳动者掌握新技能，进而实现自身素质的提升。在新技术层出不穷的时代背景下，平台企业要主动承担起培养数字化人才的重任，不断完善培训机制，为劳动者提供专业、系统的职业技能培训服务。作为劳动者权益保障的关键主体之一，平台企业更应高度重视对劳动者权益的保障。一方面，在合作协议中制定公平合理的条款，确保各方权益得到保障；另一方面，为劳动者提供人身安全等方面的保障。同时，设立劳动者权益保障基金，为劳动者权益保障筑牢资金后盾。此外，积极推动工会组织建立，充分发挥工会在维护劳动者权益方面的桥梁和纽带作用。

（四）创新治理模式，加强平台监管

平台经济的快速发展对传统的治理模式提出了挑战。面对平台经济发展带来的新问题，监管模式改革迫在眉睫。[②]第一，强化对平台经济的监管。平台经济深度融入社会经济生活的各个领域，为了有效激励并推动平台经济

[①] 孙晋：《数字平台垄断与数字竞争规则的建构》，《法律科学》2021年第4期。
[②] 李凌：《平台经济发展与政府管制模式变革》，《经济学家》2015年第7期。

持续健康发展，相关管理部门有必要创新监管手段，对监管流程进行优化，同时致力于构建全面、完善且科学合理的法律法规体系，为平台经济的规范发展筑牢制度根基。第二，着重加强行业组织在平台经济规范管理中的作用。行业组织凭借其独特的信息优势与资源整合能力，能够精准识别并有效解决平台经济发展过程中出现的各类问题，进而为平台经济的有序运行提供有力支持。第三，引入第三方评估机构具有重要意义。第三方评估机构能够凭借其专业性和独立性，及时、全面地洞察和把握企业的运营状况，精准定位企业在运营过程中存在的问题，为平台经济的健康、有序发展提供客观、科学的决策依据。例如，石家庄市开辟维权绿色通道，公布投诉举报电话，设立劳动仲裁、劳动保障监察、法律援助"一站式"服务窗口，对新就业形态劳动者维权案件实行"快立、快调、快办、快结"。承德市畅通线上、线下举报投诉渠道，为涉及新就业形态的劳动争议案件开辟绿色通道，简化处理流程。河北省其他地市应借鉴石家庄市和承德市的有效做法，进一步加强平台监管，为平台就业营造更加优质的环境。

B.15 河北省科技人才制度对企业劳动生产率的影响机制研究

张博 张玉涛[*]

摘 要： 近年来，河北省通过制定科技人才制度不断缓解企业科技人才供给不足与劳动生产率提升受限问题，但对于科技人才制度影响企业劳动生产率的机制尚未形成一致结论。本报告基于河北省制造业企业构建了科技人才制度影响企业劳动生产率的机制模型，并形成人才集聚与创新能力的中介效应分析框架，以评估并解释科技人才制度对企业劳动生产率的影响及其作用路径。研究发现，科技人才制度对企业劳动生产率的影响受人才集聚水平、企业创新能力和区域经济特征的制约。相比科技人才资源丰富地区，科技人才制度在人才流动活跃、创新基础较强的区域更能提升企业劳动生产率。科技人才制度促进企业创新的效果受研发投入、专利产出和技术升级影响，以优化人才结构为导向的科技人才制度更具长期效益。此外，科技人才制度效果在经济发达地区、高技术行业和大型企业更显著，而科技基础较弱或人才依赖度高的地区应成为重点优化试点。本报告基于研究发现提出优化科技人才制度目标、完善科技人才激励机制等对策建议。

关键词： 科技人才 制度创新 劳动生产率 河北

---

[*] 张博，河北省社会科学院人力资源与劳动经济研究所助理研究员，主要研究方向为企业与人力资源管理；张玉涛，河北国兴人力资源服务有限公司执行董事、总经理，主要研究方向为人力资源开发管理和产业人才队伍建设。

一 引言

科技人才是推动企业创新和劳动生产率提升的核心要素，创新是提升企业竞争力和促进经济高质量发展的关键动力。党和政府长期以来高度重视科技人才的培养、引进与合理配置，并不断深化人才发展体制机制改革，以优化科技创新生态，增强企业竞争力。党的二十大报告明确提出，"实施更加积极、更加开放、更加有效的人才政策""完善人才战略布局""建设规模宏大、结构合理、素质优良的人才队伍"。党的二十届三中全会进一步强调"教育、科技、人才是中国式现代化的基础性、战略性支撑"，并提出要"深化人才发展体制机制改革"。随着创新驱动发展战略的深入实施，如何形成合理有效的人才结构，提高科技人才配置效率，已成为地方政府优化科技人才制度的重要议题。然而，对于如何立足人才结构优化的视角调整地方科技人才制度，并通过优化人才资源配置提升企业劳动生产率，从而推动地区经济高质量发展这一问题，政府和学界尚未给出系统性的回答。

现有研究和实践表明，各地科技人才制度主要通过购房补贴、科研资金支持、户籍优惠等措施吸引人才集聚，但关于科技人才制度的创新效果，学界尚未形成一致的结论。一方面，有研究认为，人才集聚效应[1]、政府补贴激励[2]、科技投入提升[3]能够有效促进企业技术创新，进而提高劳动生产率。另一方面，有研究指出，科技人才制度的实施存在区域适配性问题，部分地区的制度过度依赖人才引进，但在企业内部的人才结构优化、科研资源配置等方面缺乏系统规划，导致效果不及预期，甚至可能加剧人才错配问题。[4]

---

[1] 张丽华、林善浪、汪达钦：《我国技术创新活动的集聚效应分析》，《数量经济技术经济研究》2011年第1期。

[2] 余英、熊子雯：《政府人才补助对企业创新的影响》，《经济发展研究》2023年第1期。

[3] 余淼杰、李晋：《进口类型、行业差异化程度与企业生产率提升》，《经济研究》2015年第8期。

[4] 高中华、王建龙、周锦来：《理念、目标和工具：我国人才政策的三维图景——基于党的十八大以来的人才政策文本分析》，《技术经济》2025年第1期。

此外，科技人才制度与企业劳动生产率并非简单的线性关系，不同制度可能在不同产业和行业中呈现不同的效果。① 同时，科技人才制度的人才集聚效应不等于人才结构优化，仅从人才集聚的视角难以有效解释地方科技人才制度对企业劳动生产率的影响机制。② 综上，现有文献主要探讨人才集聚是否为科技人才制度影响企业创新的重要机制，但关于科技人才制度如何影响企业劳动生产率的研究仍较为有限。本报告基于科技人才结构优化视角，揭示了科技人才制度对制造业企业劳动生产率的影响机制，并进一步分析了科技人才制度的复杂激励效应，为相关领域研究提供了新的学理框架，同时为政府未来优化科技人才制度以促进企业提升劳动生产率提供了理论与经验参考。

二 制度演变与现状

（一）河北省科技人才制度的演变

科技人才制度创新是推动地方经济高质量发展的重要抓手。近年来，河北省在国家科技创新战略的引领下，不断完善科技人才制度体系，通过优化人才培养机制、推动人才引进、提升企业科技研发能力等措施加快科技人才制度创新。河北省科技人才制度经历了三个阶段的演变。2000~2010年，科技人才制度处于初期探索阶段，人才引进与培养主要围绕科研院所和高校展开，政府鼓励地方高校和科研院所加强科技人才培养，同时吸引省外人才。2006年，河北省政府根据国务院印发的《国家中长期科学和技术发展规划纲要（2006—2020年）》，明确提出要加强科技人才队伍建设，推动高层次创新人才培养。2011~2017年，河北省科技人才制度逐步向企业层面延伸，随着科技创新驱动经济增长的理念逐步深化，科技人才制度更加注重科技人才与企业

---

① 刘春林、田玲：《人才政策"背书"能否促进企业创新》，《中国工业经济》2021年第3期。
② 孙文浩：《地方人才政策、人才数量结构优化与制造业企业创新》，《数量经济技术经济研究》2025年第2期。

创新需求的结合。2015年出台的《河北省科技创新"十三五"规划》提出，要加快建立以企业为主体、市场为导向、产学研深度融合的技术创新体系，促进科技成果转化，提高企业技术创新能力。2018年至今，河北省科技人才制度进入精准引才与结构优化阶段，进一步推动人才引进、培育、评价和激励机制改革，强调提升科技人才与产业发展需求的匹配度。《河北省科技创新"十四五"规划》提出，要围绕先进制造、新能源、新材料等重点领域构建科技人才梯队，提升高端科技人才引育能力，通过优化科技人才政策支持高新技术企业、科技型中小企业发展，促进企业科技人才合理配置。河北省科技人才制度从人才引进到人才结构优化演变，从高校、科研院所向企业延伸。当前，河北省科技人才制度正逐步从"数量扩张"向"质量提升"过渡，以实现科技人才对企业劳动生产率的深度提升。

（二）河北省现行科技人才制度体系

河北省现行科技人才制度体系主要包括科技人才引进计划、科技人才培养机制、企业科技人才支持和科技人才评价与激励4个方面。首先，河北省实施了一系列科技人才引进计划，以提升科技人才总量，增强区域科技创新能力。其中，燕赵英才计划重点引进高层次科技创新人才和科技创业领军人才，并给予科研经费、住房补贴等支持；河北省杰出青年科技人才支持计划鼓励青年科技人才在关键技术领域发挥创新引领作用，为高科技企业提供高端人才储备。其次，为了提高本地科技人才供给能力，河北省政府加大了对科技人才培养的政策扶持力度，推动产学研合作，鼓励企业与高校、科研院所联合培养科技人才，促进科研成果向企业转移，并设立科技企业孵化器和人才培训基地，为科技人才提供创业辅导和技术创新支持。再次，在企业科技人才支持方面，河北省通过财政补贴、税收优惠等政策措施，支持企业吸纳科技人才，促进科技人才在企业中发挥作用。例如，设立科技创新专项资金，对企业研发支出进行补助，提高企业对科技人才的吸引力；为符合条件的科技型中小企业、高新技术企业提供专项扶持，包括人才引进奖励、创新券等。最后，河北省不断优化科技人才评价与激励机制，提高科技成果市场化应用水平，在职称评定改革方面强调科技成果转化和研发贡献，将研发经验纳入科技人才职称评定体系；优化知识产权收益分配机制，鼓励高校和科研院所科技人才在企业进行科技成果转化，提高科技创新成果的市场转化效率。总体来看，河北省的科技人才制度体系正朝着精准引才、优化结构和增强企业创新能力的方向不断完善，以提升区域科技竞争力和企业劳动生产率。

（三）河北省企业劳动生产率

河北省企业劳动生产率近年来稳步提升，但与京津地区相比仍存在一定差距。根据国家统计局数据，2023年河北省制造业企业的劳动生产率较2018年增长约15个百分点，但仍低于京津地区的平均水平。影响河北省企业劳动生产率的主要因素包括企业类型、企业规模和行业属性。首先，高新技术企业的劳动生产率显著高于传统制造业企业，科技人才制度对高技术行业的作用更加明显，而在劳动密集型企业中的效果相对有限。其次，企业规模对劳动生产率影响较大，规模较大的企业能够更好地吸纳科技人才，并通过规模效应提高劳动生产率，而中小企业受限于资金和技术，能承接的科技人才制度溢出效应相对较弱。最后，在行业层面，河北省重点发展的钢铁、新能源、装备制造等行业在技术升级和智能制造方面具有较大潜力，但科技人才制度的精准匹配机制仍需优化。科技人才制度在推动企业劳动生产率提升方面发挥着积极作用，进一步优化科技人才制度，提高科技人才与企业需求的匹配度，是未来制度改革的重要方向。

三 影响机制分析

科技人才制度如何影响企业劳动生产率，是制度制定和优化的重要理论与实践问题。现有研究表明，科技人才制度的作用路径主要有政策激励作用、人才资本积累效应、创新能力提升等。河北省近年来通过优化科技人才制度、推动高端人才引进、强化科技研发支持、加强知识产权保护和促进产业协同发展等措施，力图构建"人才—创新—生产率"的良性循环机制。然而，不同地区、不同类型企业对科技人才制度的响应可能存在差异，其具体作用机制仍需深入探讨。

（一）作用路径

河北省通过一系列科技人才制度创新，优化企业科技人才结构，提高企业创新能力，最终推动企业劳动生产率的提升。基于现有研究和实践，本报告总结了科技人才制度影响企业劳动生产率的主要路径。

1. 政策激励作用

科技人才制度通过财政补贴、税收优惠、科技项目资助等方式，降低企业引进和培养科技人才的成本，提高企业吸纳科技人才的积极性。[①] 例如，相关制度提出对承担国家级、省级科技创新项目的企业给予资金支持，以鼓励其加大研发投入力度。财政补贴和税收优惠能够有效降低企业的用工成本，增强企业对技术创新和研发活动的投入意愿，从而推动企业劳动生产率的提升。

2. 人才资本积累效应

科技人才的积累是提升企业劳动生产率的关键。通过科技人才制度的引导和扶持，企业能够吸引高端科技人才，并通过长期的人才资本积累，提升知识创新能力和技术研发能力。[②] 例如，河北省杰出青年科技人才支持计划鼓励高层次科技人才进入企业研发岗位，提升企业的自主创新能力。高端科技人才的引进不仅有助于提升企业的研发能力，还能通过知识溢出效应促进企业间的技术交流和创新合作。

3. 创新能力提升

科技人才的集聚直接影响企业的创新能力，而创新能力的提升是劳动生

[①] 李香菊、杨欢：《财税激励政策、外部环境与企业研发投入——基于中国战略性新兴产业A股上市公司的实证研究》，《当代财经》2019年第3期。

[②] 钱亚蕊：《创新驱动政策对我国装备制造业转型升级的影响》，《产业创新研究》2023年第23期。

产率提高的重要途径。现有研究表明，企业的科技人才数量与研发投入强度、专利授权数量、新产品开发周期等创新能力指标密切相关。[1] 河北省通过政策引导，鼓励企业提升科技研发能力，例如，《河北省科技型中小企业成长计划》要求科技企业设立独立研发机构，推动企业创新能力建设。创新能力的提升使企业能够更快地进行技术升级，降低单位成本，从而提高劳动生产率。

（二）人才集聚的中介作用

人才集聚是科技人才制度发挥作用的重要中介机制。河北省通过优化科技人才制度，吸引高端科技人才向创新能力较强的企业集聚，从而形成规模化的创新人才生态，提高区域企业整体的劳动生产率。

1. 人才集聚形成机制

人才集聚主要受到政策引导、市场需求和创新环境的影响。[2] 河北省燕赵英才计划提出，要通过提高科技人才待遇、提供科研经费支持、优化人才发展环境等方式，增强河北省对科技人才的吸引力。这些措施有利于促进高端科技人才向高新技术企业和创新型产业集聚，提高科技资源在企业中的配置效率。

2. 人才集聚对企业劳动生产率的影响

人才集聚主要通过以下两种效应影响企业劳动生产率。一是知识外溢效应。科技人才的高度集聚使企业间的技术交流更加频繁，有助于企业间的知识溢出，提高行业整体的创新能力，从而推动劳动生产率的提升。[3] 二是团队协作效应。人才集聚不仅提升了科研人员的创新能力，也优化了企业内部的团队协作模式，提高了企业整体的技术开发和生产管理水平，从而降低生产成本，提高生产效率。[4]

---

[1] 徐佳、崔静波：《低碳城市和企业绿色技术创新》，《中国工业经济》2020年第12期。
[2] 陈丹阳等：《广州市创新型产业用地规划管理优化策略》，《规划师》2022年第8期。
[3] 邵帅、张可、豆建民：《经济集聚的节能减排效应：理论与中国经验》，《管理世界》2019年第1期。
[4] 肖仁桥等：《低碳城市试点政策对企业绿色创新的影响及其作用机制》，《中国人口·资源与环境》2023年第5期。

(三)创新能力的中介作用

创新能力在科技人才制度与企业劳动生产率之间起着关键的中介作用。企业的创新能力越强,科技人才制度对劳动生产率的影响越明显。

1. 创新能力的衡量指标

企业的创新能力主要通过以下指标进行衡量。

研发经费投入:企业用于技术开发的资金,反映了企业的自主创新能力。

专利申请和授权量:企业申请的发明专利数量和授权专利数量,体现了企业的技术创新水平。

新产品研发能力:企业推出的新产品数量及其市场占有率,代表了企业的创新能力对劳动生产率的贡献。

2. 创新能力提升如何影响劳动生产率

技术改进与工艺优化:创新能力的提高使企业能够快速采用新技术和新工艺,提高生产自动化水平,减少低效率的人工操作,从而提升劳动生产率。

新产品开发与市场竞争力增强:创新能力强的企业能够快速开发新产品,提高产品附加值,拓展市场空间,进而提高企业的生产效率和盈利能力。

(四)外部环境的调节作用

科技人才制度的实施效果受到多种外部环境因素的影响,不同地区、不同类型企业的制度响应程度可能存在差异。

1. 区域经济发展水平

经济发达地区的企业通常具有更完善的研发体系和更强的科技吸纳能力,因此科技人才制度在这些地区的作用更为显著。[1] 例如,北京、上海、

---

[1] 王群勇、陆凤芝:《环境规制影响农民工城镇就业的空间特征》,《经济与管理研究》2019年第6期。

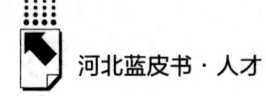

深圳等城市的高新技术产业集群具有强大的科技人才吸引力，使科技人才制度的实施效果更加明显。

2. 行业特征

不同行业的技术密集度不同，科技人才制度对不同行业企业劳动生产率的影响程度也有所不同。① 高技术产业（如半导体、新能源、生物医药等）对科技人才的依赖程度较高，因此科技人才制度对这些行业企业的劳动生产率提升作用更为突出。而在传统制造业和劳动密集型产业中，科技人才制度的影响相对较小。

3. 企业规模

大企业通常具有较强的科技人才吸纳能力和研发投入能力，因此科技人才制度对大企业的作用更加显著。② 相比之下，中小企业由于资金和资源有限，难以充分利用科技人才制度优势，制度效果相对较弱。

四 实证分析

科技人才制度对企业劳动生产率的实际影响如何，制度效果是否在不同企业、行业和区域中存在异质性，是科技人才制度优化的重要理论和实践问题。本部分基于河北省制造业企业微观数据，结合国家和地方科技人才制度的实施情况，采用计量经济学方法进行实证分析，评估科技人才制度对企业劳动生产率的影响，并探讨影响机制及异质性。

（一）数据来源

本部分所使用的数据主要包括河北省制造业企业微观数据、科技人才制度数据、地区经济和产业特征数据以及其他控制变量数据。首先，企业数据来自国家统计局工业企业数据库，涵盖河北省2008~2023年规

---

① 高虹：《城市人口规模与劳动力收入》，《世界经济》2014年第10期。
② 罗双成、刘建江、熊智桥：《人才政策支持与重污染企业绿色创新绩效——来自高层次人才补助的经验证据》，《产业经济研究》2024年第1期。

模以上制造业企业的基本情况、生产经营、研发投入等信息，主要包括企业劳动生产率、研发投入、专利授权数量、科技人才占比等核心变量。数据时间跨度覆盖了河北省科技人才制度实施前后的关键阶段，能够有效反映制度效果的动态变化。样本为河北省规模以上制造业企业，共计12500家，其中高新技术企业占比约为25%，传统制造业企业占比约为75%。样本覆盖了石家庄、唐山、保定等11个地级市，具有较强的区域代表性。

其次，科技人才制度数据主要基于河北省及各地市政府出台的相关政策文件，通过量化科技人才制度的强度和覆盖面来评估制度影响。时间跨度为2010~2023年，重点分析了《河北省科技创新"十三五"规划》和《河北省科技创新"十四五"规划》的实施效果。

最后，地区经济和产业特征数据来源于相关年份《河北统计年鉴》和各地市科技发展年报，获取地区生产总值、高新技术企业占比等宏观变量，以研究区域经济发展水平对企业劳动生产率的影响。此外，企业规模、资本密集度、市场竞争程度等控制变量数据来自 Wind 数据库和河北省经济普查数据。为确保数据的可靠性和一致性，本部分采用匹配处理、数据清理和缺失值填补等方法，对企业面板数据进行整理，并结合制度文本分析，构建科技人才制度变量，以提供更加严谨的实证分析。

（二）变量设定与模型构建

1. 主要变量设定

变量包括因变量、核心解释变量、中介变量和控制变量，如表1所示。因变量为劳动生产率，主要采用人均工业增加值（企业总工业增加值/从业人员数量）进行衡量，同时采用全要素生产率作为稳健性检验指标。核心解释变量为科技人才制度强度，量化方式包括科技人才相关政策文件数量、政策资金投入、企业获得政策支持占比。中介变量包括人才集聚度和企业创新能力，其中人才集聚度用于衡量地区科技人才及企业内部科技人才占比，企业创新能力则通过研发投入强度、专利申请量、专利授权率等指标进行测度。此外,控制变量涵盖企业规模、资产负债率、资本密集度、行业类别、地区生产总值、人均可支配收入、产业结构,以确保模型的稳健性和科学性。

表1 变量定义

变量类型	变量名称	定义与衡量方式
因变量	劳动生产率	人均工业增加值(企业总工业增加值/从业人员数量)
	全要素生产率	作为稳健性检验指标,采用生产函数法计算
核心解释变量	科技人才制度强度	科技人才相关政策文件数量、政策资金投入、企业获得政策支持占比
中介变量	人才集聚度	地区科技人才及企业内部科技人才占比
	企业创新能力	研发投入强度、专利申请量、专利授权率等
控制变量	企业规模	企业员工数量或总资产规模(取自然对数)
	资产负债率	企业负债总额/资产总额
	资本密集度	企业固定资产/员工数量
	行业类别	根据行业分类标准进行分类(如高技术行业、传统制造业等)
	地区生产总值	企业所在地区的生产总值
	人均可支配收入	企业所在地区的人均可支配收入
	产业结构	企业所在地区的高新技术产业占比

2. 计量模型构建

为检验科技人才制度对企业劳动生产率的影响,本部分采用双重差分模型进行分析。基本模型设定如下:

$$LP_{it} = \alpha + \beta_1 TalentPolicy_{it} + \beta_2 X_{it} + \gamma_t + \delta_i + \varepsilon_{it}$$

其中,LP_{it}代表企业i在时期t的劳动生产率;α代表基准值,反映企业在没有科技人才制度影响时的劳动生产率;β_1代表关注的核心系数,反映科技人才制度对劳动生产率的影响;$TalentPolicy_{it}$代表科技人才制度的强度;β_2代表关注的其他系数,反映企业规模、研发投入强度等对劳动生产率的影响;X_{it}代表控制变量向量,如企业规模、资本密集度等;γ_t代表时间固定效应;δ_i代表企业固定效应;ε_{it}代表随机误差项。

(三)实证结果分析

1. 基准回归

基准回归结果表明(见表2),科技人才制度强度系数为0.042,且在1%的水平上显著,表明科技人才制度对企业劳动生产率具有显著的正向影响。科技人才制度强度每提升1%,劳动生产率提高4.2%。企业规模系数为0.031,且在1%的水平上显著,表明企业规模越大,劳动生产率越高。这可能是因为大企业具有更强的资源整合能力和规模效应。地区生产总值系数为0.015,且在5%的水平上显著,表明地区经济发展水平对企业劳动生产率有正向影响。这可能是因为经济发达地区具有更好的基础设施和创新环境。

表2 基准回归结果

变量	系数	标准误差	显著性	经济意义
科技人才制度强度	0.042	0.012	$p<0.01$	科技人才制度强度每提高1%,劳动生产率提高4.2%
企业规模	0.031	0.008	$p<0.01$	企业规模每扩大1%,劳动生产率提高3.1%
地区生产总值	0.015	0.005	$p<0.05$	地区生产总值每增长1%,劳动生产率提高1.5%

2. 机制检验

采用中介效应模型进一步分析科技人才制度的作用机制(见表3),人才集聚度系数为0.028,且在1%的水平上显著,表明科技人才制度通过促进人才集聚提升企业劳动生产率。人才集聚度每提高1%,劳动生产率提高2.8%,说明科技人才的集聚效应是企业劳动生产率提升的重要因素。研发投入强度系数为0.031,且在1%的水平上显著,表明科技人才制度通过加大研发投入强度提升企业劳动生产率。研发投入强度每提高1%,劳动生产率提高3.1%。专利申请量系数为0.024,且在5%的水平上显著,表明科技人才制度通过提升企业创新能力间接提高了劳动生产率。专利申请量每提高

1%，劳动生产率提高2.4%，说明技术创新是企业劳动生产率提升的重要驱动力。总体来看，科技人才制度不仅直接推动了企业劳动生产率的提升，还通过促进人才集聚和增强企业创新能力，进一步提升了经济效益，为企业的长期可持续发展提供了有力支撑。

表3 机制检验结果

中介路径	系数	标准误差	显著性	经济意义
人才集聚度	0.028	0.090	$p<0.01$	人才集聚度每提高1%，劳动生产率提高2.8%
研发投入强度	0.031	0.008	$p<0.01$	研发投入强度每提高1%，劳动生产率提高3.1%
专利申请量	0.024	0.006	$p<0.05$	专利申请量每提高1%，劳动生产率提高2.4%

（四）异质性分析

进一步分析科技人才制度对不同类型企业的影响，发现制度效果因区域、行业和企业规模的不同而存在显著差异（见表4）。在区域维度，经济发达地区系数为0.056，且在1%的水平上显著，表明科技人才制度在经济发达地区的效果更为显著。这可能是因为经济发达地区具有更好的创新环境和更强的人才吸引力。经济欠发达地区系数为0.018，且不显著，表明制度效果较弱。这可能是因为经济欠发达地区的基础设施和创新环境较差，限制了制度效果的发挥。科技人才制度需要结合地方产业结构和经济基础，以增强适配性。在行业维度，高技术行业系数为0.056，且在1%的水平上显著，表明科技人才制度对高技术行业的促进作用更为显著，高技术行业对科技人才的依赖度更高。传统制造业系数为0.012，且不显著，表明制度效果较弱。这可能是因为传统制造业的技术创新需求较低，制度激励作用有限。制度应进一步向劳动密集型产业倾斜，以提升整体生产效率。在企业规模维度，大型企业系数为0.048，且在1%的水平上显著，表明科技人才制度对大型企业的促进作用更为显著。这可能是因为大型企业具有更强的资源整合能力和研发投入能力。中小企业系数为0.015，且不显著，表明制度效果较弱。这可能是因为中小企业的资金和技术积累有限，难以充分利用制度红利。总体来看，科技人才制度的实施效果受区域、行业和企业规模等因素的影响，未来制度应更加精准匹配不同区域、行业和企业的实际需求，以提高有效性、扩大覆盖面。

表4 异质性分析结果

分类维度	子类别	系数	显著性	经济意义
区域	经济发达地区	0.056	$p<0.01$	劳动生产率提高5.6%
	经济欠发达地区	0.018	不显著	效果较弱（1.8%）
行业	高技术行业	0.056	$p<0.01$	劳动生产率提高5.6%
	传统制造业	0.012	不显著	效果较弱（1.2%）
企业规模	大型企业	0.048	$p<0.01$	劳动生产率提高4.8%
	中小企业	0.015	不显著	效果较弱（1.5%）

五 研究结论、对策建议、局限性及展望

科技人才制度对提升企业劳动生产率具有重要作用。近年来，河北省围绕科技人才引进、培养、激励与配置优化实施了一系列政策措施，旨在推动科技创新与经济高质量发展。基于实证分析与理论探讨，本报告系统揭示了河北省科技人才制度对企业劳动生产率的影响机制，并提出对策建议。

（一）研究结论

制度的直接效应显著：科技人才制度通过财政补贴、税收优惠等措施，显著降低了企业人才引进与培养成本，直接提升了企业劳动生产率。这一效应在高技术行业和大型企业中尤为突出，表明制度在技术密集型领域效果更显著。

人才结构优化的核心作用：制度效果与企业内部人才结构密切相关。当人才结构得到优化时，制度可通过集聚效应提升企业劳动生产率；反之，结构错配可能削弱制度效果。因此，制度设计需优先关注人才结构优化，而非单纯增加人才数量。

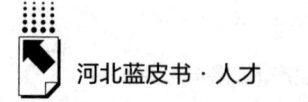

区域与行业异质性明显：经济发达地区和高技术行业因创新环境优越、人才吸引力强，制度效果更显著；而经济欠发达地区与传统制造业的制度效果有限，需结合区域经济水平与行业特征制定差异化措施。

中小企业适配性不足：受限于资金、技术与人才储备，中小企业对制度响应较弱，需提供有针对性的支持以扩大制度惠及面。

长期效应需动态优化：短期内，制度通过人才引进与研发投入提升效率；长期则需依赖人才结构动态优化与创新能力持续提升，制度设计应注重长效机制，避免短期化倾向。

（二）对策建议

首先，优化科技人才制度目标，提升人才结构匹配度。目前，科技人才制度主要侧重于人才的引进与集聚，而如何精准匹配企业需求仍需进一步研究。建议建立政府、企业、高校三方合作平台，加强科技人才与企业岗位需求的精准匹配，减少人才错配现象，同时推进"人才+项目+产业"模式，通过重大科技攻关项目引导高端人才向重点产业集聚，提高科技人才制度的针对性和精准度。

其次，完善科技人才激励机制，增强企业吸纳人才的能力。企业是科技人才制度的核心载体，提高企业吸纳和培养科技人才的积极性对于制度效果的发挥至关重要。建议加大财政支持力度，设立企业科技人才专项资金，支持企业提供具有市场竞争力的薪酬和研发环境，同时优化知识产权收益分配机制，提高企业科技人才在成果转化中的收益比例，鼓励科技人才长期扎根企业，推动技术创新向现实生产力转化。

再次，强化区域科技人才制度协同，提升制度适配性。河北省不同区域的经济发展水平和产业结构存在较大差异，科技人才制度的实施效果"因地而异"。建议依托京津冀协同发展战略，推动科技人才跨区域流动，探索人才共享机制，实现科技人才资源的高效配置，并针对不同地区的产业结构制定个性化的科技人才扶持政策。例如，在经济发达地区重点扶持科技型企业，在经济欠发达地区加强科技人才培训和产业技术升级。与此同时，支持科技型中小企业发展，扩大制度惠及面。科技型中小企业是创新的重要主体，但由于资金、技术和人才储备不足，往往难以充分享受科技人才制度带来的红利，建议扩大科技人才制度覆盖范围，在现有制度基础上加大对科技型中小企业的支持力度，如降低企业享受科技人才补贴的门槛，建立科技人才与企业的对接机制。同时，政府可搭建科技人才共享平台，为企业提供科研支持，增强企业的创新能力。

最后，健全科技人才制度实施效果评估机制，提高制度实施精准性。科技人才制度的实施效果需要科学评估，以便及时调整优化，提高制度的精准性。建议建立科技人才制度数据监测体系，收集和分析科技人才制度实施情况，跟踪制度对企业创新能力和劳动生产率的实际影响，并构建科技人才制度绩效考核机制，对实施效果进行动态评估，确保制度及时调整，避免资源浪费。

（三）局限性及展望

尽管本报告基于河北省制造业企业数据较为系统地分析了科技人才制度对企业劳动生产率的影响，但仍存在一定局限性，未来研究可在以下方面进行改进和拓展。首先，在数据层面，本报告主要基于河北省制造业企业数据，未来可以扩展到其他省份或更多行业，进行跨区域、跨行业对比研究，以提高研究的普适性和推广价值。其次，在制度实施效果的动态分析层面，未来研究可采用更长期的数据，分析科技人才制度的长期效果，探讨制度的持续性影响，以更全面地评估制度的稳定性和有效性。最后，本报告主要关注科技人才制度如何通过人才集聚和创新能力影响企业劳动生产率，未来可以进一步探讨其他可能的作用机制，如产业升级、市场竞争等，以全面揭示科技人才制度对企业劳动生产率的深层次影响。

社会科学文献出版社

皮 书
智库成果出版与传播平台

❖ 皮书定义 ❖

皮书是对中国与世界发展状况和热点问题进行年度监测，以专业的角度、专家的视野和实证研究方法，针对某一领域或区域现状与发展态势展开分析和预测，具备前沿性、原创性、实证性、连续性、时效性等特点的公开出版物，由一系列权威研究报告组成。

❖ 皮书作者 ❖

皮书系列报告作者以国内外一流研究机构、知名高校等重点智库的研究人员为主，多为相关领域一流专家学者，他们的观点代表了当下学界对中国与世界的现实和未来最高水平的解读与分析。

❖ 皮书荣誉 ❖

皮书作为中国社会科学院基础理论研究与应用对策研究融合发展的代表性成果，不仅是哲学社会科学工作者服务中国特色社会主义现代化建设的重要成果，更是助力中国特色新型智库建设、构建中国特色哲学社会科学"三大体系"的重要平台。皮书系列先后被列入"十二五""十三五""十四五"时期国家重点出版物出版专项规划项目；自2013年起，重点皮书被列入中国社会科学院国家哲学社会科学创新工程项目。

权威报告·连续出版·独家资源

皮书数据库
ANNUAL REPORT(YEARBOOK) DATABASE

分析解读当下中国发展变迁的高端智库平台

所获荣誉

- 2022年，入选技术赋能"新闻+"推荐案例
- 2020年，入选全国新闻出版深度融合发展创新案例
- 2019年，入选国家新闻出版署数字出版精品遴选推荐计划
- 2016年，入选"十三五"国家重点电子出版物出版规划骨干工程
- 2013年，荣获"中国出版政府奖·网络出版物奖"提名奖

皮书数据库　　"社科数托邦"微信公众号

成为用户

登录网址www.pishu.com.cn访问皮书数据库网站或下载皮书数据库APP，通过手机号码验证或邮箱验证即可成为皮书数据库用户。

用户福利

- 已注册用户购书后可免费获赠100元皮书数据库充值卡。刮开充值卡涂层获取充值密码，登录并进入"会员中心"—"在线充值"—"充值卡充值"，充值成功即可购买和查看数据库内容。
- 用户福利最终解释权归社会科学文献出版社所有。

数据库服务热线：010-59367265
数据库服务QQ：2475522410
数据库服务邮箱：database@ssap.cn
图书销售热线：010-59367070/7028
图书服务QQ：1265056568
图书服务邮箱：duzhe@ssap.cn

社会科学文献出版社 皮书系列
卡号：311268137579
密码：

S 基本子库
SUB DATABASE

中国社会发展数据库（下设 12 个专题子库）

紧扣人口、政治、外交、法律、教育、医疗卫生、资源环境等 12 个社会发展领域的前沿和热点，全面整合专业著作、智库报告、学术资讯、调研数据等类型资源，帮助用户追踪中国社会发展动态、研究社会发展战略与政策、了解社会热点问题、分析社会发展趋势。

中国经济发展数据库（下设 12 专题子库）

内容涵盖宏观经济、产业经济、工业经济、农业经济、财政金融、房地产经济、城市经济、商业贸易等 12 个重点经济领域，为把握经济运行态势、洞察经济发展规律、研判经济发展趋势、进行经济调控决策提供参考和依据。

中国行业发展数据库（下设 17 个专题子库）

以中国国民经济行业分类为依据，覆盖金融业、旅游业、交通运输业、能源矿产业、制造业等 100 多个行业，跟踪分析国民经济相关行业市场运行状况和政策导向，汇集行业发展前沿资讯，为投资、从业及各种经济决策提供理论支撑和实践指导。

中国区域发展数据库（下设 4 个专题子库）

对中国特定区域内的经济、社会、文化等领域现状与发展情况进行深度分析和预测，涉及省级行政区、城市群、城市、农村等不同维度，研究层级至县及县以下行政区，为学者研究地方经济社会宏观态势、经验模式、发展案例提供支撑，为地方政府决策提供参考。

中国文化传媒数据库（下设 18 个专题子库）

内容覆盖文化产业、新闻传播、电影娱乐、文学艺术、群众文化、图书情报等 18 个重点研究领域，聚焦文化传媒领域发展前沿、热点话题、行业实践，服务用户的教学科研、文化投资、企业规划等需要。

世界经济与国际关系数据库（下设 6 个专题子库）

整合世界经济、国际政治、世界文化与科技、全球性问题、国际组织与国际法、区域研究 6 大领域研究成果，对世界经济形势、国际形势进行连续性深度分析，对年度热点问题进行专题解读，为研判全球发展趋势提供事实和数据支持。

法律声明

"皮书系列"(含蓝皮书、绿皮书、黄皮书)之品牌由社会科学文献出版社最早使用并持续至今,现已被中国图书行业所熟知。"皮书系列"的相关商标已在国家商标管理部门商标局注册,包括但不限于LOGO( )、皮书、Pishu、经济蓝皮书、社会蓝皮书等。"皮书系列"图书的注册商标专用权及封面设计、版式设计的著作权均为社会科学文献出版社所有。未经社会科学文献出版社书面授权许可,任何使用与"皮书系列"图书注册商标、封面设计、版式设计相同或者近似的文字、图形或其组合的行为均系侵权行为。

经作者授权,本书的专有出版权及信息网络传播权等为社会科学文献出版社享有。未经社会科学文献出版社书面授权许可,任何就本书内容的复制、发行或以数字形式进行网络传播的行为均系侵权行为。

社会科学文献出版社将通过法律途径追究上述侵权行为的法律责任,维护自身合法权益。

欢迎社会各界人士对侵犯社会科学文献出版社上述权利的侵权行为进行举报。电话:010-59367121,电子邮箱:fawubu@ssap.cn。

社会科学文献出版社